Bernd Frederich

Das Liebesrisiko

Bernd Frederich

Das Liebesrisiko

Was hilft,
wenn die Beziehung
krank macht

Kreuz

Inhalt

Einleitung

Die naturwissenschaftliche Hochschulmedizin hat seit der Jahrhundertwende bis heute beeindruckende Erfolge zu verzeichnen. Die Möglichkeiten der Unfall- und Intensivmedizin, die Vielfalt der Antibiotika, Herz- und Kreislaufmittel sowie die Palette der Insuline und manch anderes mehr haben vielen Menschen das Leben gerettet oder machen für einige das Leben erst möglich.

Ich selber zum Beispiel verdanke mein Leben der Kunst eines wunderbaren Herzchirurgen.

Nach wie vor greife ich daher auf die Denkweise und die Instrumente der Organmedizin zurück – da, wo ihr Einsatz Erfolg verspricht.

Andererseits musste ich aber während meiner Hausarzttätigkeit recht bald die bittere Erfahrung machen, dass ich vielen Erkrankungen hilflos gegenüber stand: Die Bronchialasthmatiker hatten weiter ihre nächtlichen Atemnotsattacken, die Neurodermitiker mussten sich weiter unaufhörlich kratzen und dabei ihre Haut zerstören, Menschen mit nervösen Herzbeschwerden spürten immer wieder ein Stechen in der linken Brustkorbgegend und depressive Leute kamen trotz aller Medikamente nicht aus ihrem Stimmungstal heraus. (Die Reihe der Diagnosen, bei denen ich für meine Patienten kein ausreichendes linderndes Angebot hatte, ließe sich beliebig fortsetzen!)

Da ich mir mein Studium mühsam selber finanziert hatte, konnte ich mich gelegentlich eines gewissen Grimms gegenüber der Hochschule und den Kliniken nicht erwehren, war ich doch schlicht und einfach miserabel für meine

Hausarzttätigkeit vorbereitet worden – obwohl ich im landläufigen Sinne eine gute Ausbildung hinter mir hatte und meine Abschlussnoten zwischen gut und sehr gut lagen. Auch meine weiteren intensiven Fortbildungsbemühungen bei verschiedensten medizinischen Kongressen brachten für die Wirksamkeit meines hausärztlichen Tuns keinen Fortschritt.

Da es besser ist, *für* etwas zu sein und aktiv zu werden, als tatenlos herumzusitzen und zu klagen, absolvierte ich die Zusatzausbildung zum Psychotherapeuten mit der Qualifikation zur tiefenpsychologisch fundierten Psychotherapie. Aber auch dieses Instrumentarium griff in meinen Händen nur in den seltensten Fällen. Später wurde ich in dieser Erfahrung durch die Arbeiten von Klaus Grawe von der Universität Bern bestätigt, welche er in seinem Buch »Psychotherapie im Wandel« darstellt: Die Psychoanalyse, so zeigt er, hat bisher noch nie bewiesen, dass sie hilft! (Es fragt sich, warum diese Therapie heute noch von den Kassen bezahlt wird!)

Neben der enttäuschenden Erkenntnis meiner häufigen Ohnmacht als Hausarzt meinen Patienten und ihren Erkrankungen gegenüber, kam ich zu zwei konstruktiven Einsichten, die für mein weiteres Leben entscheidend wurden. Sie lauten:

1. Nicht der Patient ist krank, sondern die Beziehung, in der er lebt.
2. Viele Beziehungen sind deshalb krank, weil über den Mechanismus des Sich-Verliebens einst die Falschen zusammengekommen sind.

Zu 1:

Anlässlich von Hausbesuchen musste ich immer wieder feststellen, wie feindselig einzelne Familienmitglieder miteinander umgingen, sei es höflich verdeckt oder auch in aller

Offenheit ganz brutal. Die Patienten waren oft diejenigen, denen es »verboten« war, ihre Feindseligkeiten nach außen abzureagieren. Sie waren gezwungen, ihre Enttäuschungen und die daraus resultierenden Aggressionen gegen sich zu richten und – durch Kombination mit ungünstigen Erbfaktoren oder zufällig anwesenden Bakterien, Viren oder anderen schädigenden Einflüssen – eine Krankheit zu entwickeln.

Zu diesem Zeitpunkt meiner Erkenntnisse über die Ursachen von Krankheiten lernte ich die Heidelberger Gruppe um Helm Stierlin kennen, die sich mit dem Konzept der Familientherapie, geboren in den Vereinigten Staaten, befasste. Ich konnte feststellen, dass sich deren Einsichten mit meinen trafen, und so bekam ich endlich ein therapeutisches Instrumentarium in die Hand, mit dem ich Krankheiten zum Abklingen bringen konnte, denen ich bisher völlig hilflos gegenüber gestanden hatte.

Ein unglückseliger, ja gelegentlich feindseliger Umgang miteinander kann Krankheiten mitbedingen! In Patienten-Familien wird demnach »gemobbt«, psychologisch unzweckmäßig miteinander umgegangen: Krankheit für den so genannten Schwächsten in einem solchen Kommunikationssystem kann die Folge sein.

Als Familientherapeut verstehe ich mich somit am ehesten als eine Art Kommunikationstrainer, der Rat Suchenden zeigen kann, wie jeder einzelne mit sich selbst besser kommunizieren kann und wie alle Mitglieder eines Familiensystems gelungener als bisher miteinander umgehen können.

Im Rahmen der Familientherapie wollen wir die Erweiterung der Handlungsspielräume, die Erweiterung der Denkmöglichkeiten und die Erweiterung der Gefühlsmöglichkeiten der Klienten: Wir möchten erreichen, dass in Zukunft ein jeder »über einen vollen Werkzeugkoffer an Lebensbewältigungsstrategien« verfügt und es somit niemand mehr nötig hat, andere zu unterdrücken, zu quälen oder gar zu vernichten (siehe z.B. die Geschichte vom Rotkäppchen oder ein Schicksal von Leukämie).

Nun, mit *beiden* Sichtweisen zusammen, der traditionellen Körpermedizin, die den einzelnen Kranken isoliert untersucht, *und* der Beziehungsmedizin, die das Umfeld des Patienten unter die Lupe nimmt, komme ich zu Erfolgen, die früher nicht vorstellbar gewesen wären. Wenn also die Kunst der naturwissenschaftlichen Medizin an Ihnen gescheitert ist, so könnte dieses Buch eine Hoffnung für Sie sein.

Bei folgenden Erkrankungen konnte ich mit dem Instrumentarium der Familienberatung dem Index-Patienten, so nennen wir den Erkrankten, und seiner Familie behilflich sein: Magersucht, Neurodermitis (atopisches Ekzem), chronischer Reizmagen, Zwölffingerdarmgeschwüre, Reizdickdarm (irritables Colon), Colitis Ulcerosa (blutige Durchfälle bei entzündlichem Dickdarm), allergisches Asthma bronchiale, allergischer Fließschnupfen und allergische Bindehautentzündung, Hautekzem, nervöser Haarausfall (Glatze ohne krankhaften Organbefund), nervöser Juckreiz (am After oder im Bereich der Scheide), Reizblase, chronische Verspannungen der Schulter-Nackenmuskulatur, nervöser Ausfluss und chronischer Pilzbefall der Scheide, viele Formen der Depression, der Schlafstörungen, Ängste aller Art, Infektanfälligkeit, Herzneurose, nächtliches Einnässen von Kindern, sexuelle Störungen, Gehbehinderung (Lähmung eines Beines ohne organische Grundlage) und viele andere mehr.

Alle oben angeführten Erkrankungen sind Beispiele aus meiner Familienberatungs-Praxis. Rund drei Viertel aller Patienten (auch Familienberatung ist kein Allheilmittel) konnte durch die Zusammenarbeit mit der Familie und mir die Beschwerden zum Abklingen bringen. Die Beratungsdauer betrug vier bis maximal zweiunddreißig, im Durchschnitt zwanzig Stunden. Wir trafen uns alle vier bis fünf Wochen, verteilt über ein bis anderthalb Jahre.

Es mag Sie vielleicht verwundern, dass ich nicht mehr von Familientherapie (-Therapeut), sondern vielmehr von Familienberatung (-Berater) spreche. Nun, ich kann den bei mir um Rat Suchenden wirklich nur meine Beobachtungen mitteilen. Ich kann den Patientenfamilien jedoch nicht die Arbeit abnehmen, ihr Erleben und Verhalten umzustellen; jeder muss diese Arbeit für sich alleine leisten. Das ist in vielen Fällen ein beschwerlicher Weg. Da die Betroffenen aber selber entscheiden, wo, wann, wie und ob sie etwas an ihrer Wirklichkeit ändern wollen, ist jeder Manipulation von außen ein Riegel vorgeschoben. Denn jeder ist zu einem großen Teil für sein Schicksal selbst verantwortlich – und damit auch für seine Gesundheit.

Immer wieder wird mir die Frage gestellt: »Wie kann denn ›nur miteinander reden‹ überhaupt helfen?« Oder andere befürchten: »Da wird ja doch nur wieder schmutzige Wäsche gewaschen, da werden die Leute fertig gemacht!« Wieder andere knurren mürrisch vor sich hin: »Was soll dieses Gerede! Zeitverschwendung! Ich bin schon immer alleine zurecht gekommen!«

Da möchte ich zunächst an die Einrichtung der Unternehmensberatung erinnern. Jeder Firma kann es eines Tages passieren, dass sie auf einmal, niemand weiß warum, rote Zahlen produziert. Nur einem außenstehenden, unbefangenen und unparteiischen Beobachter ist es möglich, die unzweckmäßigen Handlungsweisen der einzelnen Mitarbeiter aufzudecken und – ohne Schuldverteilung – Vorschläge zur Verbesserung auszuarbeiten.

Gelegentlich protestiert mitten in einer Beratungsstunde ein Familienmitglied: »Ja, aber das habe ich doch meiner Frau auch schon hundert Mal gesagt! Das ist doch überhaupt nichts Neues! Und dafür muss ich hier so viel Geld bezahlen?« Richtig! Aber *wie* er dies bisher seiner Frau gesagt hat, und *mit welcher Absicht*! Vielleicht tat er es weniger, um ihr zu helfen, als viel mehr, um sie niederzumachen. Und sein Verhalten, das zum Handeln oder Nichthandeln seiner Frau mit beitrug, ließ er natürlich geflissentlich außer Acht. Er unterstellte ihr schuldhaftes Verhalten – und wer mag da noch etwas eingestehen?

Die Familienberatung wirkt größtenteils dadurch, dass sie dem Rat Suchenden neue Sichtweisen aufzeigt. Der spontane Satz eines Familienmitgliedes: »Ja, so habe ich das überhaupt noch nie gesehen!«, ist für mich jeweils einer der schönsten Augenblicke in meiner Arbeit.

Stets nehme ich an, dass sich alle Mitglieder einer Patientenfamilie intensiv bemüht haben, dem Erkrankten, dem Symptomträger, zu helfen. Ein jeder tut dies aus seiner – ihm in seiner Jugend anerzogenen – Sichtweise heraus; leider ohne Erfolg. Gelingt es nun dem Berater, das Familienproblem von einer anderen Seite her zu beleuchten, so ergibt sich auf einmal eine zweckmäßigere Betrachtungsweise ein und desselben Problems – und siehe da, es können sich jetzt Lösungsmöglichkeiten auftun, die allen Beteiligten bisher verborgen bleiben mussten.

Peggy Papp, eine erfolgreiche amerikanische Familientherapeutin, der ich für meine Arbeit viel verdanke, schreibt: »Wir halten uns an das Konzept der Selbstregulierung, wenn wir das Symptom mit dem (Familien-)System verbinden und damit eine der wichtigsten Prämissen umkehren, unter denen die Familie handelt – den Gedanken nämlich, dass das Symptom ein ›fremdes‹, ein dem System nicht zugehöriges Element sei und sich separat verändern lasse. Wenn die Familie zur Therapie kommt, hat sie das Symptom sozusagen abgekoppelt und bittet den Therapeuten, es zu verändern, ohne dabei ihr System zu verändern. Der Therapeut verknüpft Symptom und System miteinander, um zu zeigen, dass sich das eine nicht ohne das andere verändern lässt, und konfrontiert so die Familie mit ihrem Dilemma. Dieses

Dilemma der Veränderung, und alles, was damit zusammenhängt, wird zum Fokus der therapeutischen Arbeit. Das zentrale therapeutische Thema ist nicht die Überlegung, wie man das Symptom beseitigen kann, sondern die Überlegung, was geschehen wird, wenn es beseitigt ist: Das Interesse verlagert sich von der Frage, wer das Problem hat, wodurch es hervorgerufen wurde und wie man es loswerden könnte, auf die andere Frage, wie die Familie ohne das Problem funktionieren wird, welcher Preis für seine Beseitigung zu zahlen sein wird, wer ihn bezahlen wird und ob die ganze Sache sich lohnt.« (Papp 1989)

Überspitzt formuliert möchten wir Familienberater gar nicht heilen. Vielmehr sehen wir unsere Aufgabe darin, durch anteilnehmendes, neugieriges Fragen die Familien auf ihr tatsächliches Problem aufmerksam zu machen. Wobei jede Familie – selbstverständlich unbewusst – äußerst kreativ dabei ist, diese Kiste voller Sprengstoff vor sich und ganz besonders vor jedem Außenstehenden zu verbergen. Mit allen Mitteln wird versucht (im Extremfall bis zur Selbstmorddrohung), dass das von der Familie erklärte Vorzeigesymptom, zum Beispiel das Asthma bronchiale, die Neurodermitis, die Magersucht usw. im Scheinwerferlicht der Betrachtung steht, und dass auf gar keinen Fall an den dahinter brodelnden Konflikten gerührt wird.

Und genau in diese von den Patientenfamilien ausgelegte Falle sind wir Mediziner getappt. Mit dem blinden Vertrauen an die ausschließliche Wirksamkeit des hochschulmedizinischen Instrumentariums stürzten wir uns auf jedes von den Patienten dargebotene Symptom, um es mit Stumpf und Stiel auszurotten.

Bei dieser Vorgehensweise wird allerdings nur der Rauch, nicht das Feuer bekämpft. Denn: Krankheiten sind nicht immer reiner Zufall, sondern sie machen einen ganz bestimmten Sinn; sie sind für das betreffende Familiensystem notwendig. Sie sind *die* Lösung für den Patienten und sein Umfeld.

Versuche ich nun der Patientenfamilie die Erkrankung, also ihre ganz besondere Form, Probleme zu lösen, wegzunehmen, so wird entweder der Patient mit aller Macht versuchen, sein Symptom zu behalten, oder aber er legt sich ein neues zu. Möglich ist auch, dass ein anderes Familienmitglied erkrankt.

Der bisherige medizinische Grundsatz, Symptome müssen möglichst schnell und wirkungsvoll zum Verschwinden gebracht werden, wird von der mechanistischen Denkweise des letzten Jahrhunderts getragen: Eine Ursache bewirkt eine Krankheit. So bewirkt beispielsweise ein Tuberkelbakterium eine Lungentuberkulose.

Aus dieser Erkenntnis folgte konsequent die Entwicklung entsprechender Medikamente, die diese Krankheitserreger erfolgreich vernichteten, und der Patient wurde wieder gesund. Außer Acht gelassen wurde dabei die Tatsache, dass nicht jeder, der mit einem Tuberkelbakterium in Berührung kam, auch eine entsprechende Lungentuberkulose entwickelte. *Und* es gibt auch Erkrankungen, bei denen kein von außen einwirkender Schädling gefunden werden kann.

So sind wir Mediziner heute zu der Auffassung gekommen, dass bei vielen Erkrankungen mehrere Faktoren eine Rolle spielen können, wie zum Beispiel:

- ungünstige Erbfaktoren
- belastende Umwelteinflüsse wie Bakterien, Viren, Strahlen, Zigarettenrauch, Asbest, Lärm, Ozon usw.
- Bewegungsmangel
- Mangel- bzw. Fehlernährung, wie etwa zu cholesterinreiches Essen, und
- *psychologische Faktoren.*

Die ersten vier Größen gehören zum Bereich der Körpermedizin. Sie sind ausreichend definiert und untersucht worden. Der Begriff »psychologische Faktoren« dagegen wird von jedem Arzt wieder anders verstanden. Hier herrschte bis vor kurzem große Verwirrung und Unklarheit. Inzwischen können wir aber sagen, dass derjenige Mensch dazu neigt, gesund zu bleiben, der folgende Fähigkeiten in sich vereinigt:

Gesundheitserreger
1. **Selbstbestimmung:** ***Für*** etwas sein (eigene und fremde Wünsche; Herausforderung, Aufgabe, Verantwortung tragen)
2. **Selbstvertrauen** (Sein und Können)
3. **Souveränität** (Fähigkeit zur Selbst- wie auch zur Fremdkritik)
4. **Kooperation** (koordinieren, sich abstimmen, kooperieren = lieben; wertschätzend, wohlwollend verhandeln)
5. **Wohlbefinden** (Unterstützung, Herausforderung, positive Bestätigung)
6. **Angstfreiheit (»frei von Füchsen sein«)**
7. **Ausgewogenheit zwischen Harmonie und Konfrontation**
8. **Ernährung und Körperpflege**
9. **Bewegung**
10. **Sexualität** (aufeinander zugehen)
11. **Religion** (Sinn des Lebens, Geborgenheit)
12. **Humor** (Freude, Lachen, Genuss)

Die Punkte 1 – 4 habe ich in meinem Buch »Die Verliebtheitsfalle« (Kreuz Verlag 1998) abgehandelt. Auf die Punkte 8 – 10 bin ich nur zu Teilen eingegangen, weil ich hier andere Autoren für kompetenter halte.

Der Inhalt des vorliegenden Buches beschäftigt sich intensiv mit den Bereichen »Wohlbefinden«, »Ausgewogenheit zwischen Harmonie und Konfrontation« und »Angstfreiheit (›frei von Füchsen sein‹)«.

Ich tue dies ganz besonders gern, weil ich der Auffassung bin, dass ich hier etwas Entscheidendes entdeckt habe.

An einem kleinen Beispiel vorweg möchte ich diesen Sachverhalt illustrieren:

Eine junge Patientin, die seit längerem unter den Symptomen von Verfolgungsideen (Schizophrenie) litt, berichtete mir eines Tages folgendes Erlebnis: »Letzthin war ich ganz alleine zu Hause, die Eltern und die Großmutter waren auf dem Markt zum Einkaufen. Ich nutzte die Zeit zum Häkeln. Es sollte eine Kaffeedecke für den Wohnzimmertisch werden. Auf einmal stellte ich mir vor, wie nachher meine Mutter mein Werk begutachten, das heißt es wieder wie üblich als ›Mist‹ befinden würde. In diesem Augenblick tauchten all die bekannten bedrohlichen Gesichter um mich herum auf. Ich war wieder voll in meinem schizophrenen Schub. Übrigens, als Mutti nach Hause kam, trennte sie auch gleich wieder mein ganzes Werk auf, da es angeblich zu stramm gearbeitet war!«

Manchen Hochleistungssportlern erzähle ich hier wohl nichts Neues. Ein Knüppel im Kopf, wie sie sagen, kann die beste körperliche Kondition zunichte machen. Nur wenn es einem Athleten gelingt, »sich einzustellen«, den so genannten Tunneleffekt herbeizuführen, das heißt, alle störenden, angstbesetzten Gedanken fern zu halten, wird ihm eine maximale Entfaltung seiner Kräfte möglich sein.

Umgekehrt nützt gelegentlich ein nicht ganz so fairer Wettkämpfer dieses Wissen, indem er seinem Konkurrenten kurz vor dessen Einsatz zuruft: »Du, ich habe eben deine Freundin mit dem Sepp in seinem Zimmer verschwinden sehen!«

Mit anderen Worten: *Anerzogene Ängste schränken Handlungsmöglichkeiten ein und können auf Dauer Mitauslöser für die verschiedensten Erkrankungen sein!*

Zu 2:

Dass Liebe ein Risiko ist, ist schon in meinem letzten Buch »Die Verliebtheitsfalle« deutlich geworden: Eine gestörte familiäre Kommunikation und die damit verbundenen Probleme und Erkrankungen gehen häufig auf den fatalen Mechanismus des Sich-Verliebens zurück. Aber so, wie man aus Liebe krank werden kann, kann man auch wieder geheilt werden, oder besser: eigene Wege zur Gesundheit finden. Das vorliegende Buch zeigt Ihnen, wie das geht.

Mein Ansatz ist es, die Organmedizin mit dem klassischen Vorgehen der systemischen Familienberatung zu verbinden: Ich sehe meine Aufgabe darin, alle Beteiligten eines Familiensystems mit ihren bisher verborgenen, angstbesetzten Gedanken vertraut zu machen und ihnen Wege aufzuzeigen, wie sie sie loswerden können.

Die Sichtweise der Familienberatung ist nicht nur eine nützliche Ergänzung zur Körpermedizin – ich meine, ein Arzt sollte heute beide Techniken gleichzeitig beherrschen –, sondern sie beinhaltet noch einen ganz besonderen Reiz: Familienberatung ist Wissenschaft und Kunst zugleich.

Wissenschaftlich nennen wir eine Erkenntnis- und Vorgehensweise dann, wenn ihre Ergebnisse die Folge einer systematischen Beobachtung sind, wenn sie auf logischen Schlüssen beruhen und wenn sie übertragbar sind, das heißt, dass auch andere Menschen bei Anwendung einer beschriebenen Methode zu den gleichen Resultaten kommen.

Kunst dagegen ist spontan. Ein gewonnener Einfall lässt sich nicht auf logisches Denken zurückführen. Kunst ist nicht messbar und auch nicht übertragbar.

Einige Elemente der Familienberatung genügen nun den Bedingungen der Wissenschaftlichkeit, andere Anteile sind eher dem Bereich der Kunst zuzuordnen. Ich denke hier an die Kunst des Einfühlungsvermögens, die Kunst der spontanen Einfälle und die Fähigkeit des Beraters, seine Vermutungen über das Kernproblem der Familie in griffige Sätze kleiden zu können.

Eine künstlerische Möglichkeit des Beraters, die verborgenen Ängste, das *Familiengeheimnis* der bei ihm um Rat Suchenden ans Tageslicht zu fördern, sind Märchen, Sagen und Legenden. Es ist für mich immer wieder verblüffend zu erleben, wie treffend die Lieblingsgeschichte eines Menschen seine ihm eigene Problematik widerspiegelt (was diesem oft gar nicht bewusst ist).

Auch bieten diese Geschichten für die Mitglieder einer Patientenfamilie einen gewissen Schutz. Es ist für alle Beteiligten schonender, über die Probleme zu reden, die in einem Märchen dargestellt sind, als gleich die eigenen Schwierigkeiten zu offenbaren. Es soll erlaubt sein, sich erst einmal hinter einer altbekannten Erzählung zu verstecken.

Abschließend noch einige grundsätzliche Bemerkungen über Psychotherapie:

Der Psychomarkt heute ist sicherlich verwirrend. Über hundertfünfzig Verfahren sind bekannt und werden angeboten.

Die Forschung darüber, was denn nun eigentlich im Rahmen einer psychotherapeutischen Arbeit wirkt, hat ergeben, dass sechs Dinge erfüllt sein müssen, damit ein Patient seine Beschwerden loswerden kann:

Der Patient muss sich bei seinem Therapeuten/Berater *wohl fühlen*. Zeichnet sich ein Berater durch 1.Glaubwürdigkeit, 2.Einfühlungsvermögen und 3.Akzeptierenkönnen Ihrer bisherigen Lebensweise aus, so werden Sie sich bei ihm wohl fühlen. Ist er in der Lage, 4. klar und deutlich zu formulieren, besitzt er 5. den Mut, Sie höflich, aber doch auch deutlich mit unangenehmen Dingen zu konfrontieren, so werden Sie sich zu ihm hingezogen fühlen. Und wenn Sie jetzt noch spüren, dass er 6. mit hohem Engagement an Ihre Problematik herangeht, so werden Sie ihm großes Vertrauen entgegenbringen.

Weiterhin sollte der Therapeut/Berater in der Lage sein, dem Patienten (und seiner Familie) eine einleuchtende Deutung für seine/ihre Problematik anbieten zu können. Nur das, wofür wir Menschen ein Wort, einen Satz haben, ist für uns Wirklichkeit und damit handhabbar. Dinge, Tatsachen, für die wir keinen Namen haben, existieren für uns nicht. Daher kann ein Berater nur wirksam werden, wenn es ihm gelingt, all die verschiedenen Schwierigkeiten einer Familie auf einen Nenner zu bringen, wenn möglich in einem einleuchtenden, vielleicht bildhaften Satz zusammengefasst.

Erfüllt ein Berater/Therapeut auf Dauer und auch auf Ermahnung Ihrerseits diese Kriterien nicht, so sollten Sie sich einen anderen suchen.

Wir Familienberater arbeiten unter der an uns selber gestellten Forderung, dass sich nach zehn bis maximal fünfzehn Beratungsstunden etwas bewegt haben muss; das heißt, es muss ein Rückgang der Symptome wahrzunehmen sein. Dieser Anspruch an unsere Effektivität gilt auch für schwierige Erkrankungen, wie zum Beispiel für eine seit Jahren bestehende Magersucht, Depression oder Neurodermitis!

Nach dreißig erfolglosen Stunden bemühe ich mich, die betroffene Familie bei Kollegen unterzubringen, in der Hoffnung, dass dort »die Nasenspitzen besser zusammenpassen«.

Ich selber habe seit über vier Jahren mit einer Krankenkasse folgende Vereinbarung getroffen: Nach der letzten Beratungsstunde – die ich mit der Familie gemeinsam beschließe – schreibt ein jedes Familienmitglied einen Bericht über mich und die erfahrene Therapie an diese ihre Krankenkasse. So kann der Versicherungsträger stets überprüfen, wie effizient ich arbeite. Und ich werde auch nur so lange bezahlt, als ich bei rund 66% Erfolg liege.

Mein Buch »Die Verliebtheitsfalle« hat inzwischen viele Freunde gefunden. Einige konnten, so wurde mir berichtet, nur durch die Lektüre angeleitet, Beschwerden bei sich und

Ungereimtheiten in ihrer Familie abstellen. Andere wurden ermutigt, eine Familienberatung aufzusuchen.

Über allem steht meine tiefe Bewunderung für die Patienten und ihre Familien, die neues Erleben und Verhalten gewagt haben, die den Mut aufbrachten, althergebrachte Sichtweisen aufzugeben und so zu günstigeren Ergebnissen gelangt sind: Die verschiedensten Erkrankungen erübrigten sich auf einmal. Die Patientenfamilien waren die Fähigen, die Gesundheit herbeiführten!

In den folgenden Kapiteln möchte ich zeigen, wie das Untersuchen von familiären Beziehungen (Netzwerkdenken bzw. das Entdecken von familiären Wechselwirkungen) klassische Diagnosen auf einmal aufzulösen vermag und dadurch der Index-Patient wieder gesund wird. (In der Sprache der Familientherapie sprechen wir auch vom »Verflüssigen von Diagnosen«.)

Ich hoffe, dass auch Ihnen die Lektüre manch neue Einsicht bringt und Sie ein anderes Verständnis für Krankheiten bekommen. Vor allem aber soll Ihnen das Buch auch Spannung und Freude bereiten.

1.

Märchen – eine Möglichkeit, Familiengeheimnisse zu entdecken

Das kleine Mädchen mit den Schwefelhölzern

Es war entsetzlich kalt, es schneite und der Abend dunkelte bereits; es war der letzte Abend im Jahr, Silvesterabend. In dieser Kälte und in dieser Finsternis ging auf der Straße ein kleines armes Mädchen mit bloßem Kopf und nackten Füßen. Es hatte wohl freilich Pantoffeln angehabt, als es von zu Hause fortging, aber was konnte das helfen! Es waren sehr große Pantoffeln, sie waren früher von seiner Mutter gebraucht worden, so groß waren sie, und diese hatte die Kleine verloren, als sie über die Straße eilte, während zwei Wagen in rasender Fahrt vorüber jagten: der eine Pantoffel war nicht wieder aufzufinden, und mit dem anderen machte sich ein Knabe aus dem Staube, welcher versprach, ihn als Wiege zu benutzen, wenn er einmal Kinder bekäme. Da ging nun das kleine Mädchen auf den nackten zierlichen Füßen, die vor Kälte ganz rot und blau waren.

In ihrer alten Schürze trug sie eine Menge Schwefelhölzer, und einen Bund hielt sie in der Hand. Während des ganzen Tages hatte ihr niemand etwas abgekauft, niemand ein Almosen gereicht. Hungrig und frostig schleppte sich die arme Kleine weiter und sah schon ganz verzagt und eingeschüchtert aus. Die Schneeflocken fielen auf ihr langes blondes Haar, das schön gelockt über ihren Nacken hinabfloss, aber bei diesem Schmucke weilten ihre Gedanken wahrlich nicht. Aus allen Fenstern strahlte heller Lichterglanz, und über alle Straßen verbreitete sich der Geruch von köstlichem Gänse-

braten. Es war ja Silvesterabend, und dieser Gedanke erfüllte alle Sinne des kleinen Mädchens.

In einem Winkel zwischen zwei Häusern, von denen das eine etwas weiter in die Straße vorsprang als das andere, kauerte es sich nieder. Seine kleinen Beinchen hatte es unter sich gezogen, aber es fror nur noch mehr und wagte es trotzdem nicht, nach Hause zu gehen, da es noch kein Schächtelchen mit Streichhölzern verkauft, noch keinen Heller erhalten hatte. Es hätte gewiss vom Vater Schläge bekommen, und kalt war es zu Hause ja auch: sie hatten das bloße Dach gerade über sich, und der Wind pfiff schneidend hinein, obgleich Stroh und Lumpen in die größten Ritzen gestopft waren. Ach, wie gut musste ein Schwefelhölzchen tun! Wenn es sich nur wagen dürfte, eins aus dem Schächtelchen herauszunehmen, es gegen die Wand zu streichen und die Finger daran zu wärmen! Endlich zog das Kind eins heraus. Ritsch! wie sprühte es, wie brannte es. Das Schwefelholz strahlte eine helle warme Flamme aus, wie ein kleines Licht, als es das Händchen um dasselbe hielt. Es war ein merkwürdiges Licht: es kam dem kleinen Mädchen vor, als säße es vor einem großen eisernen Ofen mit Messingbeschlägen und Messingverzierungen; das Feuer brannte so schön und wärmte so wohltuend! Die Kleine streckte schon die Füße aus, um auch diese zu wärmen – da erlosch die Flamme. Der Ofen verschwand – sie saß mit einem Stümpfchen des ausgebrannten Schwefelholzes in der Hand da.

Ein neues wurde angestrichen, es brannte, es leuchtete, und an der Stelle der Mauer, auf welche der Schein fiel, wurde sie durchsichtig wie ein Flor. Die Kleine sah gerade in die Stube hinein, wo der Tisch mit seinem blendend weißen Tischtuch und feinen Porzellan gedeckt stand, und köstlich dampfte die mit Pflaumen und Äpfeln gefüllte gebratene Gans darauf. Und was noch herrlicher war, die Gans sprang aus der Schüssel und watschelte mit Gabel und Messer im

Rücken über den Fußboden hin: gerade die Richtung auf das arme Mädchen schlug sie ein. Da erlosch das Schwefelholz, und nur die dicke kalte Mauer war zu sehen. Sie zündete ein neues an. Da saß die Kleine unter dem herrlichsten Weihnachtsbaum: er war noch größer und weit reicher ausgeputzt als der, den sie am Heiligabend bei dem reichen Kaufmann durch die Glastür gesehen hatte. Tausende von Lichtern brannten auf den grünen Zweigen, und bunte Bilder, wie die, welche in den Ladenfenstern ausgestellt waren, schauten auf sie hernieder, die Kleine streckte beide Hände nach ihnen in die Höhe – da erlosch das Schwefelholz. Die vielen Weihnachtslieder stiegen höher und höher, und sie sah jetzt erst, dass es die hellen Sterne waren. Einer von ihnen fiel herab und zog einen langen Feuerstreifen über den Himmel. »Jetzt stirbt jemand!« sagte die Kleine, denn die alte Großmutter, die sie allein freundlich behandelt hatte, jetzt aber längst tot war, hatte gesagt: »Wenn ein Stern fällt, steigt eine Seele zu Gott empor!«

Sie strich wieder ein Schwefelholz gegen die Mauer, es warf einen weiten Lichtschein ringsumher, und im Glanze desselben stand die Großmutter, hell beleuchtet, mild und freundlich da.

»Großmutter!«, rief die Kleine, »so nimm mich mit dir. Ich weiß, dass du verschwindest, sobald das Schwefelhölzchen ausgeht, verschwindest wie der warme Kachelofen, der köstliche Gänsebraten und der große flimmernde Weihnachtsbaum!« Schnell strich sie den ganzen Rest der Schwefelhölzer an, die sich noch im Schächtelchen befanden, sie wollte die Großmutter fest halten: und die Schwefelhölzer verbreiteten einen solchen Glanz, dass es heller war als am lichten Tage. So schön, so groß war die Großmutter nie gewesen: sie nahm das kleine Mädchen auf ihren Arm, und schon schwebten sie empor in Glanz und Freude: Kälte, Hunger und Angst wichen von ihm – sie waren bei Gott.

Aber im Winkel am Hause saß in der kalten Morgenstunde das kleine Mädchen mit roten Wangen, mit Lächeln um den Mund – tot, erfroren am letzten Tage des alten Jahres. Der Morgen des neuen Jahres ging über der kleinen Leiche auf, die mit Schwefelhölzern, wovon fast ein Schächtelchen verbrannt war, da saß. »Sie hat sich wärmen wollen!«, sagte man. Niemand wusste, was sie Schönes gesehen hatte, in welchem Glanze sie mit der alten Großmutter zur Neujahrsfreude eingegangen war.

Seit einiger Zeit bin ich dazu übergegangen, die einzelnen Mitglieder einer Patientenfamilie selber ihr Lieblingsmärchen deuten zu lassen. Oft erfahre ich auf diese Weise Interpretationen, die mir beim besten Willen nie eingefallen wären.

Am Beispiel von Nadine und Rainer möchte ich Ihnen die Wirkungsmöglichkeiten von Märchen aufzeigen.

Nadine erschien eines Tages bei mir in der Hausarztpraxis und bat um Termine für eine Psychotherapie; sie leide unter Depressionen.

»Was ist mit Ihrem Mann? Kommt der mit?«, wollte ich von Nadine wissen. »Der hat keine Zeit. Der bastelt an seinem Nobelpreis! Er ist promovierter Physiker und Entwicklungsleiter bei einem Computer-Konzern. Der ist so beschäftigt, der kommt nie hierher!«

»Tja, damit ist dann unser Gespräch im Grunde schon beendet, denn ohne Ihren Mann möchte ich mit Ihnen nicht arbeiten. Zum besseren Verständnis darf ich Ihnen noch ein paar Gründe für meine Widerspenstigkeit nennen: Selbst wenn Sie noch so ehrlich sind, Sie alleine können mir viel erzählen. Nehmen wir an, Sie machten mir klar, dass Sie die Pünktlichkeit in Person sind, und ich sehe dann das milde Lächeln Ihres Mannes …« »Woher wissen Sie das denn schon, dass ich mit meiner Zeiteinteilung nicht zurecht komme? Das wirft er mir ja schon vom ersten Tag unserer Ehe an vor«, unterbrach sie mich.

»Das war ja nur ein Beispiel von mir und Zufall, dass ich da gleich in ein Wespennest gestochen habe. Aber vielleicht merken Sie jetzt schon, wie wichtig die Anwesenheit Ihres Mannes ist. Wenn wir beide uns alleine treffen, könnte es außerdem passieren, dass Ihr Mann zu Hause, völlig unabsichtlich, Ihren Veränderungswünschen harten Widerstand entgegensetzt. Sie kämen so in Ihrer Weiterentwicklung nicht voran, würden scheitern. Oder aber Sie sind erfolgreich, Ihr Mann aber bleibt der Alte, und nun passen Sie nicht mehr zueinander: die Ehe geht in die Brüche. Als dritte Möglichkeit könnte er jetzt krank werden. Und, Psychotherapie und damit auch die Familienberatung ist eine sehr intensive, persönliche Begegnung, das heißt, Sie könnten sich in mich verlieben. Dann habe ich wieder Ihren Mann am Hals. Ist er aber von Anfang an dabei, sozusagen als Kontrolleur und Informationslieferant, so kann all dies, was ich eben ausgeführt habe, nicht passieren.«

»Und wenn er jetzt trotz alledem nicht mitkommt, was ist dann?«, beharrte Nadine.

»Dann gibt's von mir keine Beratung! Aber ich denke, wo Sie so hartnäckig mit mir zu verhandeln vermögen, da werden Sie es auch schaffen, Ihren Mann hierher zu bringen.

Da ich Ihnen zutraue, Ihren Mann zu motivieren, nenne ich Ihnen gleich die Voraussetzungen für den Beginn der ersten Stunde: Erstens: Jeder von Ihnen hält schriftlich fest, was er sich von der Zusammenarbeit mit mir erhofft. Also, Sie könnten zum Beispiel schreiben, Sie wünschen sich, Ihre Depressionen mögen endlich verschwinden; dass Sie in Zukunft besser mit der Zeiteinteilung zurechtkommen; dass Ihr Mann sich mehr um Sie kümmert. Wenn Sie Ihr Auto in die Werkstatt bringen, geben Sie ja den Leuten auch eine genaue Anweisung, was sie machen sollen.

Zweitens nennen Sie mir bitte Ihre Befürchtungen, was die Familienberatung anbelangt. Ich kenne Leute, die hatten Angst, es würde ihnen zur Scheidung geraten oder aber ihnen nachgewiesen, dass sie ganz schlimme Menschen seien. Nennen Sie mir einfach die Fettnäpfchen, in die ich möglichst nicht treten soll.

Drittens formulieren Sie bitte einmal Ihre Theorie, Ihre Vermutungen über Ihr Krankheitsgeschehen. Sind Sie der Auffassung, dass die Depression Sie völlig zufällig heimgesucht hat, oder haben Sie vielleicht eine Idee, wodurch Ihr Leiden bedingt sein könnte.

Jeder von Ihnen arbeitet bitte diese drei Fragen in Stichworten schriftlich aus, und vor allem jeder für sich alleine. Keiner schaut dem anderen über die Schulter! Und noch etwas. Bringen Sie zu jeder Stunde eine neue 90er Tonband-Kassette mit. Wir nehmen jede Stunde auf Band auf, das Sie dann mit nach Hause nehmen. Hausaufgabe wird sein, jeweils vor der nächsten Stunde das Band mindestens einmal gemeinsam oder auch alleine durchzuhören, sich eventuell Notizen zu machen. Ich habe die Erfahrung gemacht, dass dieses Band die Anzahl der Beratungsstunden drastisch reduziert. Außerdem haben Sie durch dieses Band, sollten Sie zu Hause einmal durcheinander geraten und ich nicht erreichbar sein, eine gute Stütze.

Also, wenn Sie Ihren Mann so weit haben, rufen Sie mich bitte noch einmal an, damit wir dann definitiv Termine ausmachen können.« Damit entließ ich Nadine. Kurz darauf rief sie an.

»Mein Mann wäre bereit mitzukommen. Aber nur am Samstag. Wie ich euch Ärzte aber kenne, arbeitet ja keiner mehr am Samstag. Also, kann ich jetzt alleine kommen?«
»Sie haben Pech, Nadine! Wir könnten übernächsten Samstag beginnen, elf Uhr. Was halten Sie davon?«

Rainer war ein großer, stattlicher Mann, der allerdings

wenig Aufwand für sein Äußeres zu treiben schien. Er leitete die Entwicklung von computergesteuerten Robotern, die später sich selber reparieren, sich durch eine Art kreative Intelligenz auszeichnen sollten.

Sie dagegen war eine attraktive Erscheinung.

Der Reigen konnte beginnen. Familienberatung erscheint mir gelegentlich wie ein Tanz. In der ersten Stunde meist förmlich wie im Zeitalter des Rokoko. Später schon etwas beschwingter, aber immer noch sehr distanziert wie ein Walzer beim Wiener Opernball, und dann kann es fröhlich werden wie ein Volkstanz. Nur, wer macht den ersten Schritt?

Es sei nicht verschwiegen, dass ich vor einer ersten Stunde stets auch etwas Lampenfieber habe. Ist die Zeit für uns alle reif? Werde ich die richtigen Einfälle haben? Kann die Familie mir meine Fehler verzeihen?

Nadine brachte als erste ihren Briefumschlag hervor und warf ihn in einem eleganten Bogen vor mir auf den Tisch:

»Da! Ihre Hausaufgaben. Wie in der Schule. Hat mich ganz schön genervt. Ich weiß ja nicht, was Sie hören wollen. Möglich, dass ich alles falsch gemacht habe!«

»Also, erstens gibt es hier keine Noten! Sie können es nur richtig machen, denn Sie werden sicher das notiert haben, was Ihnen im Augenblick wichtig erscheint – und somit ist es in Ordnung. Und zum anderen hätte ich gerne, dass Sie Ihre Ausarbeitung selber vortragen!«

Drei Blätter, Vor- und Rückseite, waren voll geschrieben. Sie hatte versucht, nichts auszulassen: »Ich möchte, dass meine Schlafstörungen, meine Angstträume, meine totale Antriebslosigkeit verschwinden. Manchmal denke ich sogar an Selbstmord! Dann diese Kopfschmerzen, das heißt, es tut ja überall weh am Körper. Mal da, mal dort. Die Ärzte halten mich ja schon für einen Spinner. Dann kommen wieder diese Tobsuchtsanfälle, wo ich schon manches zerschmissen habe.«

»Grins nicht so blöd!«, fauchte sie plötzlich ihren Mann an. »Dann komme ich mit meinem Vater nicht zurecht. Jedes Mal, wenn der mir einen seiner sadistischen Briefe geschrieben hat, meldet sich wieder mein Magen über Tage. Ja, und dann möchte ich, dass Sie meinem Mann beibringen, sich wieder mal zu Hause blicken zu lassen. Das möchte ich auch mal tun dürfen. Den ganzen Tag mit Robotern rumspielen. Wie die kleinen Jungs. Und nachts am Bleistift kauen, weil ihm nichts einfällt!«

Aus den Augenwinkeln beobachtete ich Rainer. Es war erstaunlich, er saß da wie ein steinerner Gast. Keine Regung im Gesicht. Die Hände bewegungslos im Schoß gefaltet. Ich fragte ihn jetzt, ob er aus seiner Sicht noch eine Ergänzung zum Auftrag seiner Frau hätte, was sie sich eventuell noch zusätzlichen wünschen könnte.

»Schwer zu sagen«, begann er vorsichtig. »Ich bin der Meinung, also wie soll ich sagen, ich denke, du müsstest das mit dem Alkohol noch erwähnen.«

Ihre Reaktion war heftig.

»Dein Lieblingsthema, natürlich! Dabei säufst du genauso viel wie ich. Du hast bloß das Glück, dass man es dir nicht anmerkt. Du bist ja so abgestorben, dass du nicht mal mehr auf Alkohol reagierst. Ich lass mir doch nicht von dir vorschreiben, wie viel ich trinken darf und wie viel nicht. Und außerdem, mir macht es Spaß, hin und wieder angesäuselt zu sein!«

Ich schaute fragend zu ihm rüber. Ein kaum angedeutetes Schulterzucken war die Antwort, mehr nicht.

»Also, jetzt haben wir einmal *Ihren* Auftrag. Für mich ist das alles klar und verständlich. Das gibt mir gute Hinweise für unsere weitere Arbeit. Jetzt interessieren mich Ihre Befürchtungen«, machte ich Nadine Mut, fortzufahren. »Gut, dass ich das hier auch gleich loswerden darf«, ging sie auf meine Aufforderung ein. »Ich habe ja nun Ihr Buch gelesen. Ganz hübsch geschrieben, aber weitergebracht hat es mich auch nicht. Aber, es ist ja nun nicht schwer, aus Ihren Zeilen herauszulesen, dass Sie auch so ein Angst-vor-Schwäche-Typ sind. Genau wie mein Mann. Dann habe ich jetzt also zwei solche Monster gegen mich und werde damit endgültig in die Pfanne gehauen. Deswegen wollte ich auch alleine kommen. Einer ist ja vielleicht noch zu schaffen. Und außerdem sind Sie ja nur ein Mann. Wir Frauen sind nun halt mal komplizierte Wesen. Wie soll ich mich da bei Ihnen überhaupt je verstanden fühlen?«

»Sie sprechen einen wichtigen Punkt an«, konnte ich ihr mühelos Recht geben. »In manchen Beratungsstunden habe ich mir auch schon gewünscht, eine Frau als zusätzliche Beraterin dabei zu haben. Und es ist auch richtig, dass mir gelegentlich noch einmal Ausrutscher aus meiner Vergangenheit unterlaufen. Ich schlage vor, Sie ziehen dann einfach die gelbe Karte, machen mich auf mich aufmerksam. Aber Sie kennen die letzten Worte des Dieners James in ›Dinner for one?‹«

»Well, I'll do my very best!«, nickte sie schmunzelnd. »Nun gut, ich werde mein Bestes versuchen!«

»Und nun noch der dritte Punkt. Ihre Theorie?« »Ihr Männer seid schuld! Daran gibt es doch gar keinen Zweifel. Erst hat mich mein Vater fertig gemacht, na, und die Fortsetzung sitzt da drüben. Ich frage mich manchmal, was ihr Luxusgeschöpfe überhaupt auf diesem Planeten sucht? Ich denke, ohne euch ginge es uns Frauen doch viel besser. Keine Depressionen usw.«

»Eine klare Aussage«, bestätigte ich sie. »Sie machen es mir angenehm leicht. Durch Ihre Offenheit und Ehrlichkeit weiß ich wenigstens, woran ich bin. Im Gegensatz zu Rainer. Sein Schweigen verunsichert mich zunehmend, deshalb möchte ich mich jetzt ihm zuwenden.«

Er nahm seinen Zettel zur Hand, wobei von weitem schon zu sehen war, dass er sich nur wenig notiert hatte.

»Mein Wunsch ist«, begann er zögernd, »dass Sie meiner Frau aus ihrer Depression heraushelfen. Befürchtungen habe ich keine. Außer vielleicht, dass wir hier unser Geld umsonst ausgeben. Ich bin strenger Naturwissenschaftler und glaube nur, was ich sehen und messen kann. Wie so was hier helfen soll, ist mir schleierhaft. Na, und Theorien habe ich keine. Wenn schon die klassische Medizin nicht weiß, was die Ursachen von Depressionen sind, wie soll ich dann ... Aber schießen Sie mal los, Doktor, ich bin gespannt!«

»Du elender Feigling«, ging sie dazwischen, »von deinen Herzschmerzen und von deiner Impotenz sagst du ja wieder mal gar nichts. Nun red schon! Das könnte dir so passen, über einen Herzinfarkt zu verduften, und ich stehe mit unseren Gören alleine da!«

Fragend schaute ich zu ihm herüber.

»Kaum der Rede wert, Doktor. Ab und zu drückt es mal hier im linken Brustkorbbereich. Nervöse Herzschmerzen sagen Sie wohl dazu. Also ohne organische Grundlage, rein nervlich. Habe mich da ein bisschen informiert!« (Zu unserer aller Sicherheit bestand ich darauf, dass er die Beschwerden von einem Kardiologen abklären ließ. Es stellte sich später heraus, dass es tatsächlich »nur« nervöse Herzschmerzen waren.)

»Und was die Impotenz, bzw. Aids, bzw. Schwulsein anbelangt – wurde mir alles schon vorgeworfen – da ist nichts dran! Wir schlafen halt nicht mehr miteinander. Wissen Sie, meine Frau stellt sich das so vor: Wenn sie will, dann habe ich zur Stelle zu sein, gnade mir Gott, wenn nicht! Wenn ich möchte, dann gibt es meistens eine Abfuhr mit oft recht schneidenden Bemerkungen ihrerseits. Habe ich sie dann doch noch mal überzeugt, so artet das für mich stets zu einer Schwerstarbeit aus, sie in Stimmung zu bringen. Mit wenig Erfolg. Wurde sie dann, selten genug, doch noch einmal glücklich, so fängt sie zu heulen an, und die ganze gute Stimmung ist wieder hin. Und was für mich vielleicht das Unangenehmste ist, dieses Aufpassen, Zurückhalten müssen. Manchmal ist dies körperlich arg schmerzhaft, Sie wissen, was ich meine, und dann macht alles keinen Spaß mehr.«

Wohlig lehnte sich Nadine in ihrem Sessel zurück. Ein vergnügliches Lächeln huschte über ihr Gesicht, die Hände ein paar Mal kurz aneinander reibend. »Siehst du, wenigstens hier kann ich dir einmal Inkompetenz nachweisen. Du bist einfach nicht in der Lage, eine Frau glücklich zu machen!«

»Mein Gott, was habe ich zu Beginn meiner Ehe nicht alles versucht, sie zufrieden zu stellen«, verteidigte er sich. »Meine Blumen ließ sie vertrocknen. Sport machte sie nicht mit. Mein Beruf ist ihr verhasst. Da habe ich mich halt mehr und mehr zurückgezogen. Meine Computer beschimpfen mich wenigstens nicht!«

»Ja, ja, jeder Schwierigkeit aus dem Weg gehen!«, hub sie aufs Neue an.

»Haaalt, bitte halt!« Ich hatte jetzt genügend begriffen. Es war an der Zeit, dem Gespräch eine Wende zu geben.

»Mir ist klar geworden, dass Sie beide hervorragend streiten können. Keiner steht im Wehtun an Treffsicherheit dem anderen nach! Ich darf annehmen, dass das seit Jahren zwischen Ihnen beiden so abläuft. Ich frage mich, wieviele Monate, Jahre Sie wohl noch brauchen werden, um herauszufinden, dass diese Form des Schlagabtausches Sie garantiert nicht weiterbringt. Was meinen Sie? Wie lange werden Sie sich noch zerfleischen müssen?«

»Sie haben ja völlig Recht!«, nahm er den Faden wieder auf. »Ich finde das auch zum Kotzen. Aber ich sehe einfach keinen Ausweg!«

»Sie erzählten vorhin etwas von einer Nachbarsfamilie, mit der Sie recht gut befreundet sind. Die Frau heißt wohl Rita, wenn ich mich richtig erinnere. Also Rainer, Sie sind ja nun, wenn ich Ihrer Frau Glauben schenken darf, ein ausgemachtes Scheusal, so ein richtig fieser Mann! Wenn ich nun Rita fragen würde, was die glaubt, was Nadine überhaupt noch bewegt, bei Ihnen zu bleiben, was meinen Sie, würde Rita zur Antwort geben?«

»Komische Fragerei, so um vier Ecken rum. Also, wenn wir jetzt meine Frau fragen, warum sie sich noch nicht hat scheiden lassen, wo ich doch so ein Ekel bin: da soll ich jetzt wissen, was Rita wohl antworten würde. Ist das so richtig? Lassen Sie mich mal nachdenken. Ich hab's. Das ist ja ganz einfach. Das hat ja alles schon stattgefunden. So vor einem halben Jahr hatte Rita auf einer Party in unserem Garten zu meiner Frau gesagt – nachdem diese sich bei ihr wie üblich über mich wieder mal beschwert hatte: ›Weißt du, Nadine, ich habe den Eindruck, du brauchst das einfach! So wie der Schmied seinen Amboss! Ohne Rainer würde dir doch dein Hauklotz fehlen! Mir hat der arme Kerl gelegentlich schon Leid getan. Ich frage mich nur, warum der das mitmacht.‹ Und, Nadine hat damals nicht widersprochen!«

Nur mit einer energischen Handbewegung konnte ich Nadine stoppen, wieder hochzugehen.

»Rainer, fühlen Sie sich jetzt bitte nicht auf den Arm genommen, wenn ich Sie nach Ihrem Lieblingsmärchen frage. Sie werden recht bald merken, dass dies einen hohen Sinn haben kann. Also, können Sie sich an ein Märchen, eine Sage, eine Legende oder sonst eine Geschichte erinnern, in der Jugend gehört, die Ihnen heute gelegentlich noch einmal in Erinnerung kommt, die Sie irgendwie nicht loslässt?«

Er dachte lange nach, überlegte hin und her. Auf einmal kam ein Leuchten in seine Augen.

»Das kleine Mädchen mit den Schwefelhölzern! Die Großmutter eines Spielkameraden, die hat uns oft vorgelesen. So mit Lehnstuhl und Bullerofen – wie im Märchen!

Aber, wenn Sie mich jetzt bitten, dieses Märchen noch einmal nachzuerzählen, so muss ich passen.«

»Kein Problem. Ich habe hier hinter mir eine Sammlung von Märchenbüchern. Das kleine Mädchen finden wir.«

Ich schlug das Buch an der entsprechenden Stelle auf, reichte es ihm herüber und bat ihn, vorzulesen.

Vorwurfsvoll blickte er zu Nadine hinüber: »Worauf ich mich da nur eingelassen habe? Also gut!«

Flüssig, klar und deutlich begann er vorzulesen, vielleicht so nüchtern, wie eine wissenschaftliche Arbeit über Computer. Im Fortgang der Erzählung wurde aber seine Stimme zunehmend unsicherer, belegter. An der Stelle: »– sie waren bei Gott«, war es aus mit seiner Fassung. Fast warf er das Buch auf den Tisch, suchte nach einem Taschentuch und wandte sich von uns ab.

»Tut mir Leid! Ist nicht meine Art, so läppisch zu reagieren. Kann mir gar nicht vorstellen, was mich da eben so berührt hat.«

»Ich sehe Sie schon die ganze Zeit als kleine Leiche da rumsitzen. Niemand wollte, will Ihre Streichhölzer: Nadine entwertet alle Ihre Versuche an Zuwendung, die Firma will Ihre Idee nicht aufgreifen (er hatte zuvor berichtet, dass er mit seinem Management wegen einer eigenen Erfindung im Clinch lag). Da kann man schon verzweifeln! – Aber machen wir doch einmal den Versuch und schauen, wieweit es möglich sein könnte, dass Ihr Lebenslauf sich in geheimnisvoller Weise in diesem Märchen spiegelt. Vergleichen Sie bitte einmal Ihr Jugendszenarium mit den Gestalten dieses Märchens. Wer könnte wer sein?«

Er nahm das Buch wieder, las schnell den Rest und blätterte dann wieder zurück, zum Anfang der Geschichte. »Das ist im Grunde ganz einfach! Das kleine Mädchen bin ich! Meine Mutter hatte zwar manches für mich getan, aber, bei Licht besehen, war sie doch eine ziemlich hilflose Frau. Ich musste mich früh nützlich machen. Die Aufgaben für mich waren meist ein paar Nummern zu groß und zu viele: Ich sehe da die zu großen Schuhe! Noch etwas fällt mir zu den übergroßen Pantoffeln ein: Meine Mutter hat mir mal eine Badehose gestrickt. Ich wehrte mich mit Händen und Füßen gegen dieses Monstrum. Nichts half. Na ja, trocken sah sie ja noch einigermaßen aus. Als ich dann aber damit im Wasser war, da hing mir das Ding wie ein Kartoffelsack bis unter die Knie. Das Gelächter meiner Spielkameraden können Sie sich vorstellen!«

Nachdenklich hielt er inne, überflog noch einmal die Zeilen und fuhr fort: »Unglaublich, wie diese Geschichte auf mein Leben zutrifft, einfach nicht zu fassen! Denn sehen Sie, die Pantoffeln, zumindest den einen, kann ich auch als mein Bettchen verstehen. Die ersten fünf Jahre hatte ich ein Gitterbettchen, innen bis auf halbe Höhe mit einem Tuch ausgespannt. Das war eine sichere Höhle. Solange ich da drin war, hatte ich Ruhe vor den dauernden Anforderungen meiner Mutter. Tja, und dann kam mein Bruder auf die Welt, und von da an gehörte ihm das Bett: ich hatte meine Heimat verloren. Ich habe auch gar keine Erinnerung mehr daran, wo ich dann untergebracht war.

Diese Märchengroßmutter könnte mein Vater sein. Er war ja im Krieg, so habe ich kaum eine Erinnerung an ihn. Nur, wenn ich an ihn denke – er ist nicht mehr zurückgekommen –, so wird mir ganz warm ums Herz, fröhlich lachen, ein Herz und eine Seele!

Jetzt wird es schwierig. Ich merke, wie ich wieder mit meiner Stimme Schwierigkeiten bekomme. Ich meine diese Passage, wo die gebratene Gans auf das Mädchen zukommt. Das war seltsam, irgendwie verrückt zu Hause. Meine Mutter kam liebevoll auf mich zu: ich dachte, jetzt wird endlich alles gut, und dann bekam ich doch wieder eins auf die Finger, bzw. ich stand wie ein begossener Pudel da. Vielleicht daher auch mein unbändiger Drang, klar sehen zu wollen. Denn die Geschichte mit den Streichhölzern kann ich in zweierlei Richtung interpretieren. Einmal musste ich mich zu Hause unentwegt nützlich machen. Ich habe zum Beispiel meinen Bruder ziemlich alleine großgezogen. Dann aber hatte ich auch das starke Bedürfnis nach mehr Licht oder vielmehr nach größerer Klarheit. Zu Hause erlebte ich alles so verworren, widersprüchlich. Was eben noch galt, war im nächsten Moment schon überholt. Vielleicht habe ich mich deswegen der Physik zugewandt. Hier ist (fast) alles klar und berechenbar. Die Natur gibt auf unsere Fragen sachliche Antworten. Meiner Frau zuliebe ging ich dann aber doch in die Industrie, was ich heute mehr und mehr bereue.

Und zu guter Letzt: Erfroren, gefühlsmäßig abgestorben, bin ich schon in frühester Kindheit. Das ließ sich nur mit strammer Haltung und Ohren anlegen überleben. So ein Standardsatz zu Hause war: ›Stell' dich ja nicht so an, bild dir bloß keine Schwachheiten ein!‹ Na ja, so bin ich hart gegen mich selber geworden. Hat ja wiederum viele Vorteile. Beruflich stehe ich zum Beispiel gar nicht so schlecht da.«

»Jetzt drückt er wieder auf die Tränendrüse«, schaltete sich Nadine ein. »Wie kann man sich als erwachsener Mensch nur so Leid tun. Reiß dich doch endlich ...« Erschrocken hielt Nadine inne, sie schien etwas bemerkt zu haben.

»Nun, Rainer«, wandte ich mich ihm wieder zu, »Sie scheinen irgendwie verhext zu sein. Ich sehe eine Brille auf Ihrer Nase, durch die hindurch Sie die Welt in dem Sinne wahrnehmen: Es muss gelitten werden, bzw. ich muss mir Leid tun können! Ich kann mir vorstellen, dass Sie eher das in der Welt sehen, was nicht in Ordnung ist.« (Ein verlegenes Lächeln huscht über sein Gesicht.)

»Also brauchen wir einen Gegenzauber. Wenn Sie das wollen. Ein Märchen, ein Symbol, das Ihnen ab morgen signalisiert, dass auch Ausruhen und Freude aufkommen kann. Ich denke an den gestiefelten Kater oder an die Goldmarie. Aber was Ihnen am eingängigsten ist, können nur Sie selber herausfinden.«

Rainers Gesicht hatte sich während der letzten Minuten zunehmend aufgehellt. Jetzt lachte er sogar ein wenig.

»Sie meinen tatsächlich, ich brauche nicht mehr das ganze Leid der Welt auf meinen Schultern herumzuschleppen. Aber wer kümmert sich dann um den Hunger in der Welt, Abrüstung, Umweltschutz usw.? Vielleicht haben Sie Recht. Wenn ich mich um alles kümmere, so komme ich am Ende zu gar nichts! Das heißt, ich könnte jetzt doch den Ruf einer Universität annehmen. Ein verlockendes Angebot. Ich wäre dann endlich da, wo ich eigentlich schon immer hinwollte. Bisher dachte ich immer, ich könnte meine Kollegen am Arbeitsplatz nicht im Stich lassen, das müsse ich durchstehen. Moment mal, jetzt fällt mir ein, das ist doch derselbe Unsinn, wie ihn mein Vater gelebt hat. Noch krankgeschrieben, ist er wieder an die Front geeilt, nur um seine Kameraden nicht allein zu lassen.«

Entspannt lehnte er sich zurück: »Ich glaube, das reicht erstmal für heute, das war schon ein arg dicker Brocken!«

»Nun, Nadine, ich denke, dass Sie inzwischen auch *Ihr* Märchen gefunden haben?«

»Ich weiß nicht so recht. Mir geistert da zwar immer wieder eine bestimmte Geschichte im Kopf herum. Aber ich möchte im Grunde gar nicht wahrhaben, dass dies meine Story sein könnte. ›Die kluge Else‹ heißt diese schlimme Erzählung.« Ich fand das Märchen in meiner Büchersammlung und bat Nadine, laut vorzulesen.

Die kluge Else

Es war ein Mann, der hatte eine Tochter, die hieß die kluge Else. Als sie nun erwachsen war, sprach der Vater: »Wir wollen sie heiraten lassen.« »Ja«, sagte die Mutter, »wenn nur einer käme, der sie haben wollte.« Endlich kam von weither einer, der hieß Hans, und hielt um sie an, der machte aber die Bedingung, dass die kluge Else auch recht gescheit wäre. »Oh«, sprach der Vater, »die hat Zwirn im Kopf«, und die Mutter sagte: »Ach, die sieht den Wind auf der Gasse laufen und hört die Fliegen husten.« »Ja«, sprach der Hans, »wenn sie nicht recht gescheit ist, so nehme ich sie nicht.«

Als sie nun zu Tisch saßen und gegessen hatten, sprach die Mutter: »Else, geh in den Keller und hol Bier.« Da nahm die kluge Else den Krug von der Wand, ging in den Keller und klappte unterwegs brav mit dem Deckel, damit ihr die Zeit ja nicht lang würde. Als sie unten war, holte sie ein Stühlchen und stellte es vors Fass, damit sie sich nicht zu bücken brauchte und ihrem Rücken etwa nicht weh täte und unverhofften Schaden nähme. Dann stellte sie die Kanne vor sich und drehte den Hahn auf, und während der Zeit, dass das Bier hineinlief, wollte sie doch ihre Augen nicht müßig lassen, sah oben an die Wand hinauf und erblickte nach vielem Hin- und Herschauen eine Kreuzhacke gerade über sich, welche die Maurer da aus Versehen hatten stecken lassen.

Da fing die kluge Else an zu weinen und sprach: »Wenn ich den Hans kriege, und wir kriegen ein Kind, und das ist groß, und wir schicken das Kind in den Keller, dass es hier soll Bier zapfen, so fällt ihm die Kreuzhacke auf den Kopf und schlägt's tot.« Da saß sie und weinte und schrie aus Leibeskräften über das bevorstehende Unglück.

Die oben warteten auf den Trank, aber die kluge Else kam nicht. Da sprach die Frau zur Magd: »Geh doch hinunter in den Keller und sieh, wo die Else bleibt.«

Die Magd ging und fand sie vor dem Fasse sitzend und laut schreiend.

»Else, was weinst du?« fragte die Magd. »Ach«, antwortete sie, »soll ich nicht weinen? Wenn ich den Hans kriege, und wir kriegen ein Kind, und das ist groß und soll hier Trinken zapfen, so fällt ihm vielleicht die Kreuzhacke auf den Kopf und schlägt es tot.«

Da sprach die Magd: »Was haben wir für eine kluge Else!«, setzte sich zu ihr und fing auch an, über das Unglück zu weinen. Über eine Weile, als die Magd nicht wiederkam und die droben durstig nach dem Trank waren, sprach der Mann zum Knecht: »Geh doch hinunter in den Keller und sieh, wo die Else und die Magd bleiben.«

Der Knecht ging hinab, da saß die kluge Else und die Magd, und weinten beide zusammen. Da fragte er: »Was weint ihr denn?« – »Ach«, sprach die Else, »soll ich nicht weinen? Wenn ich den Hans kriege, und wir kriegen ein Kind, und das ist groß und soll hier Trinken zapfen, so fällt ihm die Kreuzhacke auf den Kopf und schlägt's tot.«

Da sprach der Knecht: »Was haben wir für eine kluge Else!«, setzte sich zu ihr und fing auch an, laut zu heulen. Oben warteten sie auf den Knecht; als er aber immer nicht kam, sprach der Mann zur Frau: »Geh doch hinunter in den Keller und sieh, wo die Else bleibt.« Die Frau ging hinab und fand alle drei in Wehklagen und fragte nach der Ursache; da erzählte ihr die Else auch, dass ihr zukünftiges Kind wohl würde von der Kreuzhacke totgeschlagen werden, wenn es erst groß wäre und Bier zapfen sollte und die Kreuzhacke fiele herab.

Da sprach die Mutter gleichfalls: »Ach, was haben wir für eine kluge Else!«, setzte sich hin und weinte mit. Der Mann oben wartete noch ein Weilchen, als aber seine Frau nicht wiederkam und sein Durst immer stärker ward, sprach er: »Ich muss nun selber in den Keller gehn und sehen, wo die Else bleibt.«

Als er aber in den Keller kam und alle da beieinander saßen und weinten und als er die Ursache hörte, dass das Kind der Else schuld wäre, das sie vielleicht einmal zur Welt brächte und von der Kreuzhacke könnte totgeschlagen werden, wenn es gerade zur Zeit, wo sie herabfiele, daruntersäße, Bier zu zapfen, da rief er: »Was für eine kluge Else!«, setzte sich hin und weinte auch mit.

Der Bräutigam blieb lange oben allein; da niemand wiederkommen wollte, dachte er sich: »Sie werden unten auf dich warten, du musst auch hingehen und sehen, was sie vorhaben.« Als er hinabkam, saßen da fünfe und schrien und jammerten ganz erbärmlich, einer immer besser als der andere. »Was für ein Unglück ist denn geschehen?« fragte er. »Ach, lieber Hans«, sprach die kluge Else, »wann wir einander heiraten und haben ein Kind, und es ist groß und wir schicken's vielleicht hierher, Trinken zu zapfen, da kann ihm ja die Kreuzhacke, die da oben ist stecken geblieben, wenn sie herabfallen sollte, den Kopf zerschlagen, dass es liegen bleibt; sollen wir da nicht weinen?«

»Nun«, sprach Hans, »mehr Verstand ist für meinen Haushalt nicht nötig; weil du so eine kluge Else bist, so will ich dich haben«, packte sie bei der Hand und nahm sie mit hinauf und hielt Hochzeit mit ihr.

Als sie den Hans eine Weile hatte, sprach er: »Frau, ich will ausgehen arbeiten und uns Geld verdienen, geh du ins Feld und schneid das Korn, dass wir Brot haben.« »Ja, mein lieber Hans, das will ich tun.« Nachdem der Hans fort war, kochte sie einen guten Brei und nahm ihn mit ins Feld. Als sie vor den Acker kam, sprach sie zu sich selbst: »Was tu ich? Schneid ich eh'r oder schlaf ich eh'r? Hei, ich will erst schlafen.« Da legte sie sich ins Korn und schlief ein.

Der Hans war längst zu Hause, aber die Else wollte nicht kommen; da sprach er: »Was hab ich für eine kluge Else, die ist so fleißig, dass sie nicht einmal nach Hause kommt und isst.«

Als sie aber noch immer ausblieb und es Abend ward, ging der Hans hinaus und wollte sehen, was sie geschnitten hatte; aber es war nichts geschnitten, sondern sie lag im Korn und schlief. Da eilte Hans geschwind heim und holte Vogelgarn mit kleinen Schellen und hängte es um sie herum; und sie schlief noch immer fort.

Dann lief er heim, schloss die Haustüre zu und setzte sich auf einen Stuhl und arbeitete. Endlich, als es schon ganz dunkel war, erwachte die kluge Else, und als sie aufstand, rappelte es um sie herum, und die Schellen klingelten bei jedem Schritt, den sie tat. Da erschrak sie, ward irre, ob sie auch wirklich die kluge Else wäre, und sprach: »Bin ich's, oder bin ich's nicht?« Sie wusste aber nicht, was sie darauf antworten sollte und stand eine Zeit lang zweifelhaft; endlich dachte sie: »Ich will nach Hause gehen und fragen, ob ich's bin oder ob ich's nicht bin, die werden's ja wissen.«

Sie lief vor ihre Haustüre, aber die war verschlossen; da klopfte sie an das Fenster und rief: »Hans, ist die Else drinnen?«

»Ja«, antwortete der Hans, »sie ist drinnen.« Da erschrak sie und sprach: »Ach Gott, dann bin ich's nicht«, und ging vor eine andere Tür; als aber die Leute das Klingeln der Schellen hörten, wollten sie nicht aufmachen, und sie konnte nirgend unterkommen. Da lief sie fort zum Dorfe hinaus, und niemand hat sie wieder gesehen.

Mit zitternden Händen legte Nadine das Buch auf den Tisch. Ihr Atem raste und eine tiefe Röte stieg vom Hals hinauf ins Gesicht.

»Ich war schon immer die Doofe. Was ich zu Hause anfasste, war angeblich verkehrt. Nie wurde ich richtig ernst genommen, oft von meinem Vater ausgelacht, manchmal richtig verhöhnt. Das war manchmal fast eine schizophrene Situation. Irgendwie war ich für meine Eltern unheimlich wichtig. Wenn es mich nicht als Puffer gegeben hätte, wären sie sich vielleicht gegenseitig an die Gurgel gefahren. Andererseits aber kam ich mir immer wieder als der letzte Dreck vor. Am besten war, ich saß still in der Ecke und tat nichts. Entmutigung ist es doch, was einem aus dieser Geschichte von der klugen Else anspringt!«

Mit einem Ruck sah Nadine auf einmal zu ihrem Mann hinüber.

»Und Entmutigung ist es doch auch, was du ständig mit mir treibst. Was du auch anfängst, es gelingt dir auf Anhieb. Und geht mal was daneben, so scheint es dich nicht zu stören. Beneidenswert! Denn raffe ich mich mal auf, was in die Wege zu leiten, so geht es garantiert schief und das lähmt mich dann über Tage. Es ist zum Verrücktwerden! Oh, hätte ich doch bloß diesen Mann nie geheiratet. Der ist ja die Fortsetzung meiner Jugend mit den gleichen Mitteln!«

»Rainer, können Sie mir sagen, was Ihr Herzenswunsch ist? Meiner Erfahrung nach bergen viele Menschen in sich ein zentrales Problem, das, wäre es einmal über Nacht gelöst, das Himmelreich auf Erden wäre.«

»Es würde mir vielleicht ganz gut tun, für mein Handeln etwas mehr gelobt und weniger angegriffen zu werden. Aber, wenn ich es genau bedenke, so möchte ich einfach nur mal gemocht werden in einem Augenblick, wo ich gerade nichts tue!«

»Und Nadine?«

»Ich weiß nicht so richtig. Wer hat keine Wünsche. Aber wenn ich Sie richtig verstehe, so meinen Sie ja nicht so was wie einen Gewinn im Lotto oder Sonne im Urlaub.«

»Haben Sie vielleicht einmal ein Buch gelesen oder einen Film gesehen, wo Sie in einer Szene spontan den Eindruck hatten: Ja, genau das ist es, wonach ich mich schon immer gesehnt habe, oder wenn dies einträfe, dann würde sich mein Leben wieder lohnen!«

»Ja sicher. Vor ein paar Tagen gab es einen Film, wo sich eine Frau ziemlich daneben benommen hat. Sie war ein richtiges Biest. Und ihr Partner hat sie am Schluss dennoch ganz liebevoll in den Arm genommen. Ich möchte einmal in meinem Leben als der letzte Dreck geliebt werden. Und dann möchte ich anschließend Dinge tun, die anders sind als die Mehrheit es macht. Und dafür möchte ich gelobt werden!«

Beide schauten sich verdutzt an und obwohl inzwischen fast überflüssig, fragte ich dennoch beide, ob sie diese ihre geheimsten Wünsche voneinander gewusst hätten.

»Wie soll ich denn wissen, dass mein Mann für Faulheit Anerkennung haben möchte, wo er doch keine drei Minuten untätig rumsitzen kann«, gestand Nadine lächelnd ein.

»Und jemanden lieb zu haben, der mich ununterbrochen niedermacht, ist ja auch nicht so einfach«, kam es jetzt von Rainer.

»Nun, so möchte ich zum Abschluss unserer ersten Begegnung festhalten, dass Sie beide, Nadine und Rainer, die Depression, die Kopf- und Schulternackenschmerzen sowie den vorzeitigen Samenerguss als Ihr Problem definiert hatten. Ich dagegen schlage vor, Ihre missliche Kommunikation, vielleicht besser gesagt, Ihre gegenseitige Enttäuschung über nicht erfüllte Herzenswünsche ins Scheinwerferlicht zu rücken. Weiter sieht es heute für mich so aus, dass Nadine ihre Frustration mit Blamieren von Rainer beantwortet und dieser wiederum mit Entmutigung seiner Umwelt.

Aus meiner Erfahrung heraus darf ich behaupten, dass all die von Ihnen definierten Beschwerden nach und nach verschwinden werden, von dem Augenblick an, wo Sie sich beide entscheiden, mehr auf die Wünsche des anderen einzugehen.

Wie Sie das nun im Detail machen, darf ich erst einmal Ihrer Phantasie überlassen. Mal sehen, was Ihnen beiden bis zur nächsten Stunde alles dazu eingefallen ist.

Wichtig ist mir aber auch zu sagen, dass Sie bitte meine Sichtweise nicht ungeprüft übernehmen. Auch ich kann mich irren. Meine Definition Ihres Problems stellt nur eine mögliche Sichtweise dar! Sie beide sind im Besitze Ihrer Wahrheit!«

Sicherlich ein ideales Paar. So leicht wie Nadine und Rainer an ihren ihnen bisher verborgenen Konflikt herankamen, gelingt es nur wenigen. Meist sind hierfür mehr Zeit und weniger konfrontative Techniken erforderlich.

Die Nützlichkeit von Märchen wird für mich aber dadurch nicht eingeschränkt. Im Gegenteil. Über sie lassen sich Ängste, Vorurteile und abhängige Wirklichkeiten immer wieder relativ leicht ans Tageslicht bringen.

Bevor ich jetzt aber an weiteren Beispielen die Nützlichkeit von Märchen, Familiengeheimnisse ans Tageslicht zu bringen, aufzeige, möchte ich im folgenden Kapitel erst einmal darstellen, wie ich die Entstehung von Krankheiten verstehe.

2.

Krankheit, die Folge von Ohnmacht, oder: Das Zweckmäßige mancher Erkrankung

Es ging Peter, meinem Bekannten nicht gut. Das Gesicht aschfahl, eingefallen. Kalter Schweiß auf der Stirn. Die Atmung kurz, flach und unregelmäßig. Seine rechte Hand lag auf der linken Brustkorbseite und schien dort irgendetwas wegdrücken zu wollen. Sein Blick irrte wie gehetzt durch den Raum. Nur kurz blieb er mit seinen Augen an mir hängen: »Herr Doktor, was ist nur los mit mir? So was habe ich ja noch nie erlebt! Das ist ja, als ob das letzte Stündchen geschlagen hat! Gell, es ist noch nicht so weit?«

»Nein, sicher nicht!«, log ich ihn an. Nur allzu deutlich stand der Tod hinter diesem erst Sechzigjährigen. Das durfte einfach nicht wahr sein. Nicht schon wieder wollte ich Abschied nehmen müssen von einem Menschen, den ich während der letzten Monate schätzen und achten gelernt hatte. Viele intensive Gespräche hatten wir geführt. Ich hatte von ihm so manches gelernt und, wie ich hoffte, er einiges von mir.

Infusion anlegen, Spritzen aufziehen, erste Schmerzbekämpfung, die übliche Routine lief ab. Nur, es tat mir dieses Mal besonders weh. Er hatte sich doch so einsichtig gezeigt. Hatte beteuert, dass er sich in Zukunft schonen wolle. Aber seine panische Angst vor Ohnmacht hatte ihn wohl mal wieder eingeholt.

»Im Wald gewesen?« fragte ich ihn so beiläufig wie möglich.

»Nicht schimpfen, Doktor!«, brachte er mühsam hervor, und schon tat es mir Leid, dass ich ihn überhaupt gefragt und ihm damit ein schlechtes Gewissen gemacht hatte. »Sie wissen doch, das Holz, das ich letzthin geschlagen habe, das musste ich doch noch nach Hause bringen. Meine Frau liebt das Kaminfeuer so sehr. Ich konnte sie nicht enttäuschen!«

Genau aus diesem Grunde wollte ich etwas von seinem Treiben im Wald wissen. Denn vor vier Wochen, nachdem er die Stämme in transportable Stücke zersägt hatte, war er anschließend mit einer bedrohlichen Herzattacke zu mir in die Praxis gekommen. Er wusste, wie es um ihn stand: Wegen einer schweren, inoperablen Herzkranzgefäßverengung hatte ich für ihn die Frühberentung erreicht. Er sollte noch etwas von seinem Leben haben, so wenigstens hatte ich es mir für ihn ausgerechnet.

»Ich hab noch nicht alles nach Hause schaffen können. Sie bringen mich wieder in Ordnung? Vor Wintereinbruch müssen die restlichen Hölzer hier sein. Sie wissen doch, an dem Steilhang, im Matsch, das schafft mein Wagen nicht!«

»Erst einmal bringe ich Sie jetzt ganz behutsam ins Krankenhaus …«

»Nie und nimmer!«, wehrte er sich. »Entweder ich schaffe das alleine oder ich krepiere! Wochenlang einfach so rumliegen, an Schläuchen und Kabeln, Flasche und Pfanne, wie ein Säugling. Das können Sie mir nicht antun! Wir beide erledigen das doch hier zu Hause?« Ich spürte, wie der Druck um meinen Hals und unter meinem Brustbein wieder zunahm und langsam Verärgerung in mir hochstieg.

»Ich schlage Ihnen ein Geschäft vor«, begann ich vorsichtig aufs Neue: »Sie haben mich vor einem halben Jahr zu einem Essen in einem Feinschmeckerlokal eingeladen. Weil ich keine Zeit hatte, hat es bisher nicht geklappt. Sie gehen jetzt in die Klinik und wenn Sie wieder raus sind, feiern wir Ihre Genesung in jenem Restaurant.« Wohl war mir nicht bei dieser Lügerei, denn, ob er jemals wieder nach Hause käme? Wohl kaum. Mir fiel aber in diesem Augenblick einfach nichts Besseres ein.

»Aber ich verlasse mein Haus aufrecht gehend! Was soll denn die Nachbarschaft von mir denken?«

Langsam drohte ich die Beherrschung zu verlieren. Ein Glück, dass kurz darauf die inzwischen verständigten Sanitäter erschienen.

Sofort am nächsten Morgen wollte ich ihn in der Klinik besuchen. Er hatte uns aber bereits für immer verlassen.

So stand ich alleine da mit meinem schlechten Gewissen, mit meiner Einsicht, dass es mir nicht gelungen war, ihn von seiner panischen Angst, untätig zu erscheinen, zu befreien. Ein Leben lang war er vor dieser Angst geflohen, hatte alles nur Erdenkliche unternommen, um dieses Ungeheuer in sich zu beschwichtigen. Vielleicht vergleichbar mit vorgeschichtlichen menschlichen Gemeinschaften, die sich immer wieder gezwungen sahen, Feldfrüchte, Tiere, sogar Menschen zu opfern, nur um die (phantasierten) bösen Waldgeister zu beschwichtigen. So hatte er nach dem Krieg eine große Autofirma aufgebaut, zuletzt war er aus Spanien zurückgekehrt, »wo er denen mal zeigen konnte, was deutsches Organisationstalent ist«. Immer auf Achse, immer hilfsbereit, stets kompetent, nur keine Blamage!

Der Tod hat ihn von seiner Arbeitssucht erlöst. Er war ein so genannter »Workaholic« und vielleicht noch besser formuliert, er war ein »speed aholic«. Denn es musste bei ihm immer sehr schnell gehen. Geduld war nicht seine Tugend gewesen. Nur im Tode konnte er endlich zur Ruhe und Entspannung finden. Ein teuer erkauftes Ausweichmanöver.

Patienten mit ihren immer wiederkehrenden widersprüchlichen Aussagen hatten mich vor vielen Jahren darauf aufmerksam gemacht, dass manche Erkrankung auf irgendeine Art für sie zweckmäßig sein könnte:

Ein zwölfjähriger Junge hielt mir verzweifelt seine wunden Hände entgegen. Sie waren durch eine schwere Neurodermitis nässend, blutig, das rohe Fleisch trat stellenweise zutage: »Mit diesen Händen kann ich doch überhaupt nichts mehr anfassen, nichts mehr tun!«

»Was der Junge aber auch immer anfasst, es ist nachher garantiert kaputt«, schaltete sich sein Vater in diesem Augenblick völlig ungefragt ein ...

»Der Gestank meiner Firma, in der ich arbeite, geht mir immer mehr auf den Wecker«, klagte ein Ingenieur. »Und wenn die Leute wüssten, was nachts an Schadstoffen aus unserem Kamin geblasen wird! Wir müssten im Grunde dicht machen. Sage ich aber was, so bin ich meinen Arbeitsplatz los!«

Dieser Mann litt seit einiger Zeit unter einer chronischen Nasennebenhöhlenentzündung. Er konnte kaum mehr etwas riechen. Eine unangenehme Operation stand ihm bevor ...

»Ich arbeite gerne, liebe meinen Beruf«, berichtete mir eine Chefsekretärin. »Ich bin stolz darauf, es von einer allgemeinen Schreibkraft bis zur rechten Hand meines Chefs gebracht zu haben. Ohne mich wäre mein Chef wohl inzwischen recht hilflos. Ich versuche, ihm alles Unangenehme aus dem Weg zu räumen, seinen Tagesablauf zu organisieren. Ich halte aber auch immer noch guten Kontakt zu meinen ehemaligen Kolleginnen, deren Vorgesetzte ich ja nun bin. Und ich habe den Eindruck, dass sie mich stets noch gut leiden können. Ich hol' ja auch manche Vergünstigungen beim Chef für sie heraus. Ich könnte das schönste Leben haben, wenn mich nicht dauernd diese schrecklichen Migräneattacken überfallen würden, die mich oft arbeitsunfähig machen. Sechzig Zäpfchen pro Monat im Schnitt, und diese vielen Krankmeldungen! Dass meine Firma das mitmacht, ist ein Wunder!« ...

Ohne viel Mühe ließ sich aus vielen Beschwerdeschilderungen heraushören, dass die Betreffenden vor einer Aufgabe standen, die sie sich nicht zu lösen trauten. Nur war diese Problematik den Erkrankten nicht bewusst.

Nun erhebt sich natürlich die Frage, ob nicht angemessen gelöste Probleme und Krankheitsentstehung nur rein zufällig nebeneinander, unabhängig voneinander vorkommen oder ob hier ein gewisser Zusammenhang zu finden ist.

Meine Erfahrung durch die Arbeit mit Familien zeigt mir immer wieder Folgendes: Lernten die Erkrankten, wir nennen sie auch die Index-Patienten, und ihre Familien, ihr zentrales Problem befriedigender zu lösen, lernten sie ihre Ängste zu verringern und wagten sich mutiger an das bisher gemiedene Problem heran, so bildeten sich – gelegentlich wider jede Erwartung – die verschiedensten Beschwerden und Krankheitsbilder zurück. Weiter war für mich interessant zu beobachten, wie sich sofort die alten Beschwerden aufs Neue bemerkbar machten, wenn die Patienten in ihre früheren Ängste zurückgefallen waren. Stellten sich die rückfällig Gewordenen erneut ihren Ängsten, so gingen auch die Beschwerden zurück.

In einem Eigenexperiment wurde mir diese Beobachtung möglich: Mein ältester Sohn litt über sechs Jahre an einer ausgeprägten Neurodermitis. 1980 begann ich, ohne ihm etwas davon zu sagen, mein Verhalten ihm gegenüber zu verändern. Ich hatte wahrhaben müssen, dass ich ihm zu sehr mit meinen Überbehütungsstrategien zugesetzt hatte, das heißt, ich traute ihm nichts zu und korrigierte ihn viel zu oft. Ich hatte sozusagen einen goldenen Käfig um ihn herum aufgebaut. (Nachdem ich in meiner Jugend meist alleine hatte zurechtkommen müssen, sollte er es nun »besser haben«, so dachte ich.)

Kaum engte ich ihn nicht mehr so ein, gewährte ich ihm mehr eigenverantwortlichen Handlungsspielraum, bildeten sich seine entzündlichen Hautveränderungen zurück. Da diese vor allem im Gesicht ausgeprägt waren, ließ sich dieser

Erfolg ganz einfach beobachten. Und jedes Mal, wenn ich wieder meinen alten Verhaltensstrukturen verfallen war, hatte er am nächsten Morgen vermehrt Pickel im Gesicht!

Inzwischen kann ich von über hundert weiteren Neurodermitikern berichten, die durch eine entsprechende Beratung von ihren Symptomen anhaltend freigekommen sind.

Da dieses Buch als Hilfe zur Selbsthilfe gedacht ist, möchte ich Ihnen nun aufzeigen, wie auch Sie an Ihre verborgenen Konflikte herankommen können.

Folgende fünf Fragen haben sich in meiner Praxis während der letzten Jahre bewährt, wenn es darum ging, den verborgenen Konflikt des Index-Patienten oder, wie wir Familienberater auch sagen, »das Familiengeheimnis« ans Tageslicht zu befördern:

1. Was hat sich vor Beginn Ihrer Erkrankung in Ihrem Leben verändert?
2. Was wäre, wenn die Beschwerden zunähmen?
3. Wie sähe mein Leben (und das meiner Angehörigen) ohne meine Beschwerden aus?
4. Wann waren die Beschwerden das letzte Mal geringer?
5. Gibt es Märchen, eine Sage, eine Fabel oder sonst eine historische Geschichte, die Sie in Ihrer Kindheit besonders gern gehört haben oder die Ihnen gelegentlich heute noch einmal in Erinnerung kommt?

1) Was hat sich vor Beginn Ihrer Erkrankung in Ihrem Leben geändert?

Meist geht es hier nicht um dramatische Ereignisse wie den Verlust eines nahen Angehörigen, Kündigung am Arbeitsplatz oder einen schweren Verkehrsunfall. Vielmehr sind es oft Kleinigkeiten, fast geringfügige Begebenheiten, die aber letztendlich »das Fass zum Überlaufen« brachten.

Zwei Beispiele mögen dies verdeutlichen:

Ein fünfundvierzigjährigr leitender Angestellter klagte eines Tages über zunehmendes Jucken und Nässen im Bereich des linken Augenoberlides. Er wollte nur schnell bei mir reinschauen, um sich eine lindernde Salbe aufschreiben zu lassen. »Wann treten denn diese Beschwerden besonders auf?«, wollte ich neugierig wissen. Der Mann überlegte und meinte dann etwas zögernd: »Tja, wenn ich das so richtig bedenke, dann juckt und vor allem nässt es auch ganz intensiv, wenn die Sonne drauf scheint!«

»Wann scheint bei Ihnen die Sonne auf die Augen?« bohrte ich weiter.

»Na klar, wenn ich bei schönem Wetter Auto fahre und …«, jetzt wurde er auf einmal ganz verlegen, »wenn ich in meinem Segelflieger sitze.«

»Nehmen wir einmal an, das Jucken und Nässen nimmt unbeeinflussbar zu, keine Salbe, keine Pille hilft, was könnte dies für Sie, Ihr Auto und Ihren Flieger für Folgen haben?«

»Na, Sie sind aber gut«, erwiderte er jetzt etwas gereizt. »Steuern Sie mal einen Segelflieger mit triefendem Auge, eine Hand am Steuerknüppel, die andere am Hebel für die Steuerung der Landeklappen, und dann sehen Sie nichts!«

»Wann begann dies denn alles und was hat sich vielleicht in Ihrem Leben zuvor verändert?«, fuhr ich unbeirrt fort.

»Nun, angefangen hat es mit Beginn unserer diesjährigen Fliegersaison, also etwa Ende März. Ja, und sonst gibt es nichts Erwähnenswertes. Viel Arbeit, wie immer, komme beruflich gut voran. Jetzt, seit Anfang dieses Jahres, hat mir die Firma noch ein paar Auslandsreisen mehr zugestanden, mache ich wirklich sehr gerne. Ist ja auch wieder mit Fliegen verbunden. Sie sehen also, keine Probleme!«

»Und Ihre Frau ist auch eine begeisterte Segelfliegerin?«, tastete ich mich weiter vor.

Sein Gesicht wurde auf einmal ganz ausdruckslos, der ganze Körper wirkte plötzlich angespannt.

»Na, also, wie soll ich sagen, ich meine, sie sagt zwar nicht viel dagegen, aber lieber wäre ihr vielleicht doch, wenn ich dieses – in ihren Augen – gefährliche Hobby ließe. Aber jetzt mal im Ernst, Herr Doktor. Sie glauben doch nicht etwa, dass meine Sonnenallergie etwas mit meiner Frau zu tun hat?«

»War nur so ein Gedanke von mir«, wich ich absichtlich aus. »Sie könnten ja mal versuchsweise mit Ihrer Gattin über dieses Thema reden. Wir werden sehen, was passiert. Ich schreibe Ihnen noch eine wirksame Salbe auf, und dann würde ich Sie in acht bis zwölf Wochen gerne wieder sehen.«

Im Herbst begegneten wir uns zufällig im Ort.

»Na, was macht die Fliegerei und vor allem natürlich Ihr Auge?«, nahm ich den Faden wieder auf.

Verlegen trat er von einem Fuß auf den anderen: »Ich weiß nicht, ob ich lachen oder weinen soll. Sie haben ja so Recht gehabt! Ich hatte tatsächlich unheimlich Schiss vor meiner Frau. Beruflich viel unterwegs, oft spät abends erst zu Hause und dann noch am Wochenende in der Luft. Sie hätte ja vielleicht auch mal ihre Koffer packen können. Nun, wie ich sie auf diese Sache ansprach, meinte sie kurz und bündig: ›Wohl ist mir ja nicht bei deinem Hobby. Aber ich sehe, dass es dir sehr viel bedeutet, dass du die Sache umsichtig betreibst und so oft ist ja nun auch nicht fliegbares Wetter in unserem Lande. Also mach das mal ruhig weiter!‹ Sie werden es nicht glauben, Doktor! Von da an ließen die Beschwerden sukzessive nach. Ihr Salbentübchen ist noch halbvoll. Ich habe diesen unbenutzten Rest jetzt sozusagen als Talisman in meinem Cockpit!«

Der Mann fliegt inzwischen seit fünf Jahren weiter, ohne dass sich die Allergie erneut eingestellt hätte.

Selbstverständlich ist auch Arzt und Familienberater nicht vor unliebsamen Überraschungen gefeit. Meinen Vorteil sehe ich darin, die auftretenden Beschwerden in einen Befehl umzusetzen, nämlich nach dem verborgenen Konflikt zu suchen. Mitte Dezember 1984 entwickelten sich in meinem Ober- und Unterkieferbereich immer heftiger werdende Schmerzen. Nicht ein einziger Zahn tat weh, sondern die ganze Fläche. Ich achtete erst einmal weiter nicht darauf, denn mit meinen Zähnen hatte ich bisher immer Glück gehabt. Über Neujahr wurde die Angelegenheit schwieriger. Beim Skifahren, es waren zwanzig Grad unter Null, durfte ich den Mund nicht mehr aufmachen. Die kalte Luft war im Zahnfleischbereich unerträglich. Als ich auf der Heimreise das langersehnte kühle, bayrische Weizenbier ungetrunken stehen lassen musste – um nicht wie immer selber am Steuer sitzen zu müssen, hatte ich mir bewusst eine Busreise ausgesucht –, war für mich das Maß voll: Ich meldete mich beim Zahnarzt an, das erste Mal in meinem Leben, dass ich dies tun musste.

»Nun, Herr Kollege«, meinte dieser, »Ihre Beschwerden sind sicher glaubhaft! Ich finde aber keine vernünftige Erklärung. Sichtbar ist eine leichte Zahnfleischentzündung. Die macht aber normalerweise nicht solch heftige Schmerzen. Vielleicht etwas Psychosomatisches?«

Mir kam es vor, als ob seine Stimme einen anzüglichen Ton enthielt. Vielleicht war ich auch nur überempfindlich. Ich und psychosomatisch? Nie im Leben!

Beim Abendessen – Breikost und lauwarme Getränke – erzählte ich meiner Frau das Ergebnis der Untersuchung und verhehlte auch nicht, dass der Schuster doch bei seinen Leisten bleiben möge. Ein Zahnarzt und Psychosomatik! (Heute, bei der Überarbeitung dieses Buches, geschrieben vor neun Jahren, kann ich mit großer Freude berichten, dass ich letztes Jahr von der Redaktion eines ganzheitlichen Zahnärztelehrbuches eingeladen wurde, einen Beitrag über meine Sichtweise der Heilkunst beizusteuern!).

Unbeeindruckt begann auf einmal meine Frau laut zu denken. »Die Schmerzen begannen Mitte Dezember, als du mit der Stadtverwaltung von Darmstadt den Mietvertrag für den Saal zu deinem Vortrag vor Ärzten unterschrieben hast? Könnte es sein, dass du dich vor deinem Auftritt fürchtest?«

»Nie und nimmer!« protestierte ich. »Jetzt halte ich doch schon seit drei Jahren Vorlesungen für Studenten und habe auch vor befreundeten Kollegen und Laien gesprochen. Ich bin doch voll in Übung!«

»Also, wie du selber sagst, vor Unwissenden und Leuten, die dich generell akzeptieren. Da kannst du ja auch sicher sein, dass du nicht angegriffen wirst. Jetzt aber, in drei Wochen, stehst du das erste Mal vor fremden Ärzten. Was die mit dir machen, das kannst du nicht abschätzen. Ich übrigens auch nicht!«

Nun, mir passte diese Deutung überhaupt nicht, und ich zog wohl ein beleidigtes Gesicht, denn meine Frau wechselte das Thema.

Auf einmal ging mir die Frage durch den Kopf, in welchen Momenten ich denn die wenigsten Beschwerden hätte, und spontan fiel mir der Satz ein: »Wenn du die Klappe hältst!«

Teils freudig, teils beschämt sprang ich auf. Ich hatte die Lösung, das heißt, meine Frau hatte doch Recht! Natürlich war mir angst und bange vor diesem Vortrag. Nicht etwa, dass ich Angst gehabt hätte vor Kritik über meine Arbeitsweise. Da konnte ich inzwischen viel zu viele positive Ergebnisse vorweisen. Nein, ich hatte eine Riesenangst vor unsachlichen Anmerkungen. – Erfahrungsgemäß neigen besonders Ärzte dazu, bei völlig neuen, ihr bisheriges Denken in Frage stellenden Lösungsvorschlägen mit heftigen, zum Teil sehr unsachlichen Angriffen zu reagieren. Es gibt hierfür eine Reihe von Beispielen. Nun wusste ich von mir, dass ich mit solchen Situationen nur schlecht umgehen konnte. Ich stand dann meist wie ein begossener Pudel da und ließ mich weiter »verhauen«, ohne Gegenwehr.

Nun, als ich die Lösung in der Hand hatte, waren die Schmerzen auf einmal auch nur noch halb so intensiv! Trotzdem erwartete ich natürlich mit Bangen den bewussten Abend. Kaum hatte ich aber meinen Vortrag begonnen, da konnte ich auch schon spüren, dass diese Zuhörerschaft mir wohl gesonnen war. Mit einem Schlag verschwanden sämtliche Beschwerden.

2) Was wäre denn, würden Ihre Beschwerden unbeeinflussbar und, unaufhaltsam an Heftigkeit zunehmen? Wie sähe dann Ihr Leben aus? Was könnten, würden, müssten Sie dann machen?

Durch einen Zufall, außerhalb der Praxis, lernte ich Beate kennen. Sie hatte allen Grund, sich als eine glückliche, junge Frau zu erleben. Das Abendgymnasium machte ihr große Freude, der Stoff war für sie mit Leichtigkeit zu meistern. Ihren Lebensunterhalt verdiente sie als Laborantin in einer pharmazeutischen Firma. Vor einem halben Jahr hatte sie einen netten Mann kennen gelernt. Er war Sportlehrer und Jugendwart in einem Leichtathletik- und einem Skiclub, ein Allround-Talent.

Ja, wenn nur nicht diese seltsamen »Fisch-Attacken«, wie sie es nannte, gewesen wären. Immer häufiger wurde sie von länger anhaltenden Situationen überrascht, in denen so eine Art kleine Fische in wellenförmigen Linien vor ihren Augen tanzten. Dabei bemerkte sie zusätzlich eine unangenehme Übelkeit. Nach einem solchen Ereignis fühlte sie sich immer wie gerädert. Manchmal brachte sie nach einem solchen »Anfall« für den restlichen Tag nichts mehr zustande.

Augenmigräne hatte ein Doktor diagnostiziert. Aber seine von ihm verordneten Medikamente halfen auch nicht weiter.

Auf meine Frage, was das denn nun für Folgen für sie hätte, nähmen diese Symptome unaufhaltsam zu, antwortete sie ohne zu überlegen: »Na klar, dann verschwimmt mir immer alles vor den Augen. Ich kann weniger klar sehen und auch immer schlechter bedenken, was mich bewegt!«

»Nun, wann traten denn diese Beschwerden das erste Mal auf?«, fragte ich wie üblich.

»Das kann ich zufällig ganz genau sagen«, ging sie fast heftig mit. »Das war vor zwei Jahren, als ich in unserem Labor erkennen konnte, wie unsere Firma im Grunde genommen die Patienten aufs Schlimmste reinlegt. Ich weiß ja nun, was in den von uns produzierten Pillen drin ist: Ein paar harmlose Kräutlein, der Rest ist Zucker. Und wenn man dann den Beipackzettel liest, für was das alles gut sein soll und dann auch noch den enormen Preis für diese Tabletten kennt, da müssen einem doch die Augen übergehen. Das heißt, ich muss täglich mit ansehen wie das, was ich mithelfe zu produzieren, unser Haus verlässt und anschließend unwissende Bürger um ihr sauer verdientes Geld bringt.«

Bevor ich Luft holen konnte, um weiter zu fragen, fuhr sie auch gleich fort: »Kündigen kann ich nicht, denn ich brauche ja das Geld für mein Abitur. Von zu Hause kann ich nichts bekommen.«

»Sind nun die Beschwerden seit dem ersten Auftreten vor zwei Jahren ununterbrochen gleich häufig und ebenso heftig bis heute?«

»Nein, keineswegs! Während der ersten eineinhalb Jahre oder vielleicht noch etwas länger, trat dieser Ärger nur ganz selten auf und auch nicht so heftig. Erst seit etwa zwei Monaten ist das Ganze zunehmend unerträglich geworden!«

»Sie sagen, dass Sie Ihren neuen Freund vor einem halben Jahr kennen gelernt hätten. Wie hat sich denn nun diese Beziehung weiter entwickelt?«

Sie strahlte überglücklich: »Es ist der Himmel auf Erden.

Er ist fürsorglich, zärtlich, rücksichtsvoll, einfach mein Traummann!«

»Und wann wird geheiratet?«

»Weiß ich nicht«, kam es tonlos von ihr zurück. »Sie können das ja nicht wissen, Doktor. Aber mein Freund ist verheiratet. Ich meine, noch verheiratet. Er will sich ja scheiden lassen, sagt er. Ich habe auch keine Mühe, ihm dies zu glauben. Dann aber macht er wieder Dinge, die mich an all seinen Beteuerungen zweifeln lassen. Ich kann einfach nicht klar sehen, wie das enden wird mit uns beiden. Und wenn ich nachdenken möchte, ob es nicht noch andere Möglichkeiten für mich gibt, dann habe ich wieder diese lästigen Kopfschmerzen. Es ist zum Verrücktwerden!«

Es war für diese Frau eine einfache Übung, wahrnehmen zu lernen, dass sich meist dann die Migräneattacken einstellten, wenn sich ihr Freund wieder einmal zweideutig verhalten, er sich nicht klar für sie entschieden hatte.

Nachdem dieser Zusammenhang für sie einleuchtend war, ließen die Beschwerden zunehmend an Stärke nach, sie wurden immer seltener. In dem Augenblick, als sie beide eine gemeinsame Wohnung bezogen, waren alle Symptome weg. Inzwischen hat sie ihr Abitur mit Erfolg bestanden, studiert, lebt inzwischen wieder alleine und ist weiterhin frei von Beschwerden.

3) Nehmen wir einmal an, Ihre Beschwerden würden sich über Nacht vollständig zurückbilden, was würden Sie dann aus Ihrem Leben machen? Und wie würden Ihre Angehörigen um Sie herum reagieren?

Eine junge Frau erschien zum ersten Mal in meiner Sprechstunde. »Ich bin vor einigen Wochen neu hierher gezogen. Ich will es gleich sagen: Ich bin gelernte OP-Krankenschwester und halte nicht viel von Tabletten. Aber jetzt geht es mir doch seit einigen Tagen zunehmend so schlecht, dass ich doch einen Arzt aufsuchen muss. Also, mir wird in letzter Zeit immer so schwindelig und übel. Kein Appetit, Abgeschlagenheit, Müdigkeit. Ob ich vielleicht Krebs habe?«

Die gründliche körperliche Untersuchung – Labor, EKG, röntgenologische Untersuchung des Brustkorbs – erbrachte keinen einzigen krankhaften Befund. Da ihr Blutdruck bei 115/75 lag, bot ich ihr die Diagnose: Orthostatische Kreislaufdysregulation (Kreislaufschwäche bei Trainingsmangel) an und riet ihr, ihre Medikamentenabneigung einrechnend, zu morgendlichen Warm-Kalt-Duschen. Ihr verächtlicher Blick am Ende unseres Abschlussgespräches sprach Bände. Nun gut.

Nach einigen Wochen erschien sie wieder.

»Doktor, jetzt muss was passieren. Die Beschwerden nehmen zu, vor allem die Schwindelattacken und Schlappheit. Vielleicht habe ich es an der Schilddrüse?«

Warum sollte ich auf ihren Hinweis nicht eingehen? Ich überwies sie zu einem bekannten Endokrinologen (Facharzt für Hormone). Ergebnis: Alles in Ordnung!

Nachdem ich ihr den Befundbericht vorgelesen hatte, wollte ich mich ein wenig nach ihrer Familie erkundigen. »Was macht Ihr Mann beruflich und wie verbringen Sie so den Tag?«

»Also hören Sie bloß damit auf«, fauchte sie mich an. »Ich hab ja draußen auf Ihrem Praxisschild gelesen, dass Sie auch für die Simulanten und Spinner zuständig sind. Aber bei mir nicht!«

»Die siehst du nie wieder«, ging es mir resignierend durch den Kopf. Um so größer war die Überraschung, als sie nach einem Dreivierteljahr wieder in meiner Sprechstunde auftauchte.

Triumphierend schob sie einen verschlossenen Briefumschlag über den Tisch: »Da, ein Bericht einer renommierten

Münchner Klinik. Mit Blaulicht wurde ich dort eingewiesen. Vierzehn Tage durchgecheckt, und jetzt lesen Sie mir mal bitte vor, was die gefunden haben.«

Es war ein hervorragender Bericht. Die Kollegen hatten an alle möglichen Diagnosen gedacht und die entsprechenden Untersuchungstechniken eingesetzt. Endergebnis: Kreislaufbeschwerden bei mangelndem körperlichen Training, Erschöpfungszustand, neurotische Fehlhaltung. Empfohlen wurden Kneipp'sche Güsse und psychotherapeutisches Verfahren.

Aufrichtig bedauerte ich die Patientin, dass für sie keine einleuchtendere Diagnose hatte gefunden werden können, machte ihr eine Fotokopie des Münchner Berichts und entließ sie.

Nach einiger Zeit suchte sich mich wieder heim.

»Ich bin am Ende! Bitte helfen Sie mir. Ich halte diese Schwindelattacken nicht mehr aus. Aber nur, dass Sie es wissen: Bei mir zu Hause ist alles in Ordnung! Mein Mann und ich, wir streiten uns nie. Keiner säuft. Keiner geht fremd. Geldsorgen haben wir auch nicht.«

»Nun denn«, ging ich auf sie ein, »ich habe noch einen Joker in der Tasche. Ich könnte Sie in der Deutschen Klinik für Diagnostik (DKD) vorstellen.« Sie strahlte. Ja, von dieser berühmten Einrichtung hätte sie auch schon gehört. Da würde man ihr sicher helfen können.

»Konflikthafte Entwicklung mit Hinweis für Konversionssymptome (Umschaltung eines ungelösten Konflikts in körperliche Symptome) und funktionelle Hyperprolaktinämie (eine leichte Erhöhung eines weiblichen Hormons)« waren die Diagnosen der DKD.

Empfohlen wurden physikalisch-medizinische Maßnahmen (das heißt körperliches Training), Psychotherapie sowie Dopergin (ein Medikament gegen den zu hohen Hormonspiegel).

»Welchen dieser drei Vorschläge wollen Sie ausprobieren?«, unterbrach ich ihr nachdenkliches Schweigen.

»Na, wenn's hilft, so schluck ich halt erst mal die Tabletten. Es ist schon schlimm, dass euch Ärzten außer Chemie nichts einfällt!«

Gut zwei Wochen später war sie wieder da, legte mir die Dopergin-Schachtel auf den Tisch und meinte: »Ich habe es ja gleich gewusst! Ich krieg das Zeug nicht runter und wenn, dann ist mir hinterher hundeübel.«

»Was wollen Sie jetzt tun, was schlagen Sie vor?«, fragte ich anteilnehmend.

»Ja, das will ich ja gerade von Ihnen wissen, Sie sind doch der Arzt! Für was gebe ich denn meinen Schein hier ab?«, gab sie verständlicherweise recht ungehalten zurück.

»Das sehe ich anders! Sie haben doch in den letzten anderthalb Jahren uns Ärzten wirklich sehr überzeugend nachgewiesen, dass wir schlicht inkompetent sind, Ihnen zu helfen. Ich akzeptiere das. Sie sind die Siegerin!«

Ein verlegenes Lächeln huschte über ihr Gesicht. Entspannt lehnte sie sich auf einmal in ihrem Sessel zurück und fragte ganz leise: »Ja und wie wäre das mit Psychotherapie?«

»Wenn Ihr Mann mitkommt, gerne!«

»Um Gottes Willen! Das kann ich dem doch nicht antun. Dann hält er mich endgültig für verrückt!«

»Ich brauche Ihren Mann als Informationslieferanten. Es könnte ja sein, dass Sie da und dort etwas Wichtiges vergessen zu erzählen. Außerdem soll er aufpassen, dass ich mit Ihnen nichts Falsches mache. Ich kann mir vorstellen, dass Ihr Mann überall im Leben gut Bescheid weiß, alles im Griff hat«, versuchte ich ihr eine Brücke zu bauen. (Bereits bei der ersten Begegnung war sie mir als eine so genannte »gelernte Hilflose« aufgefallen. Solche Menschen neigen dazu, sich einen überstarken, alles besser wissenden Partner auszusuchen – daher meine Vermutung.)

Bereits der Beginn unserer ersten Beratungsstunde war bezeichnend: Er wies ihr den Platz zu, wo sie sich hinzusetzen hatte. Er hatte alle Papiere in seiner Tasche, so auch die mitgebrachten Aufträge aller Beteiligten. Er befestigte ihr Mikrofon an ihrem Kleid. Er stand noch einmal auf, um die Tür zu schließen, die sie vergessen hatten zuzumachen. Dummerweise bekam ich meine Tonaufzeichnungsanlage nicht in Gang. Ich fand den Fehler nicht. Milde lächelnd glitt sein Blick über die Technik. Er fand auch gleich den verstellten Schalter und mit einer überlegenen Geste rückte er den Knopf in die richtige Position.

Ich fühlte mich zunehmend unbehaglich und begann, die Patientin mehr und mehr zu verstehen.

Nachdem jeder seine Ausarbeitung vorgetragen hatte, begann ich mit folgender Frage:

»Wie erleben Sie denn nun Ihre Beschwerden? Schildern Sie mir bitte haargenau, wie das beginnt, wie sich das anfühlt, was da mit Ihnen passiert.«

»Also, das ist so: Die Welt um mich herum verschwimmt auf einmal, das heißt, alles, was ich sehe, kommt auf mich zu und weicht dann wieder zurück. Und dieses Hin und Her, das löst dann diesen schrecklichen Schwindel aus. Ich muss mich hinlegen, sonst würde ich umfallen, und dann ist der Tag gelaufen.«

»Kann ich das vergleichen mit dem Eindruck, den ich bekomme, wenn ich durch eine ›Gummilinse‹ eines Fotoapparates schaue und den Brennpunkt hin und her verschiebe?«, fragte ich zum besseren Verständnis.

»Genau so«, erwiderte sie erleichtert. »Mein Mann hat so ein Ding. Da darf ich nicht durchschauen, es wird mir gleich schlecht.«

»Nun, was bedeutet das eigentlich für Sie, wenn die Welt auf Sie zukommt und wieder zurückgleitet? Woran werden Sie vielleicht gehindert?«, fuhr ich fort.

»Na, das ist doch klar! Ich kann die Dinge im Blick nicht fest halten, ich kann die Welt nicht so sehen, wie sie ist!«

Ungefragt und für mich völlig unerwartet schaltete sich ihr Mann ein: »Es ist doch wohl absolut klar, dass meine Weltsicht die bessere ist!«

Noch eindrucksvoller war aber festzustellen, dass sich hierauf bei ihr keinerlei Reaktion zeigte, außer dass sie vielleicht noch etwas kleiner wurde, mehr in sich zusammensackte.

»Nehmen wir einmal an, Ihre Beschwerden würden über Nacht verschwinden. Was würden Sie dann wieder alles unternehmen?« wollte ich weiter wissen.

»Schön wär's, wenn dieser Schwindel nicht mehr auftreten würde. Ich kann es gar nicht mehr glauben. Aber ich würde dann wieder so wie früher unternehmungslustig sein. Mitarbeit in einer Frauengruppe oder was Politisches schwebt mir vor. Vielleicht wäre es auch möglich, hier am örtlichen Krankenhaus eine Stelle zu finden. Ich wüsste da schon eine ganze Menge an Aktivitäten!«

Plötzlich aber stockte sie in ihrer Rede und schaute aus den Augenwinkeln ganz verzagt zu ihrem Mann hinüber und flüsterte kaum hörbar vor sich hin: »Das würde der nie aushalten. Der kann alles, weiß alles besser, nimmt mir alles aus der Hand, traut mir nie etwas zu!«

»Ich muss doch aber auch dauernd rettend eingreifen«, protestierte er heftig. »Denk doch nur an letzte Woche. Um einen Haken an der Wand zu befestigen, hast du ein Loch gebohrt und die Wasserleitung war durch. Ich konnte mal wieder von der Firma nach Hause rasen, um den Schaden noch wenigstens etwas zu begrenzen. Der Teppich trocknet heute noch.«

Das weitere Gespräch ergab, dass er in seiner Jugend, wenn überhaupt, nur über Leistung akzeptiert worden war. Seine Mutter und eine Tante erlebte er als chaotische Frauen.

Einen Vater gab es nicht. Vom Elektriker-Gesellen hatte er es bis zum hoch qualifizierten Computerfachmann geschafft. Eine erstaunliche Karriere.

Sie dagegen war in einer Art goldenem Käfig aufgewachsen. Ihre Mutter hatte es allzu gut gemeint, ihr alles abgenommen, ihr kaum jemals etwas zugetraut. Und wenn sie doch noch einmal eigenes Handeln wagte, so wies ihr ihre Mama auch gleich wieder nach, dass sie alles verkehrt gemacht hätte. Sie war so zu einer Passiven entmutigt worden und suchte sich, konsequenterweise, einen überaktiven Partner zum Ehegefährten, der wieder alles besser wusste …! Zum Abschluss der ersten Stunde fragte ich ihn – ganz bewusst wollte ich ihn provozieren –, ob es nicht sinnvoll wäre, als Wahlspruch über die Eingangstür zu ihrem Haus in Stein zu meißeln: »Inkompetenz, dein Name ist Weib!«

Errötend lächelte er mich an: »Ganz so Unrecht haben Sie wohl nicht. Frauen kenne ich bisher nur als Dummchen, versehen mit zwei linken Daumen.«

»Wie schön, dass du dies jetzt endlich mal zugibst!«, atmete sie daraufhin erleichtert auf. »Sie wissen gar nicht, wie gut mir das tut, endlich einmal verstanden zu werden.«

Nach insgesamt vierzehn Stunden Familienberatung, verteilt über ein Dreivierteljahr, war die Krankenschwester beschwerdefrei. Ihr Mann hatte gelernt, sich auch einmal als inkompetent zu akzeptieren, und sich auch in Situationen, die er nicht unter Kontrolle hat, lieb haben zu können. Sie kann inzwischen ihre bisher zurückgehaltenen Fähigkeiten zur Geltung bringen und geht mit gemachten Fehlern gelassener um.

Nachzutragen ist, dass sich ihre Beschwerden nach ihrem Umzug eingestellt hatten: Am alten Wohnort besaß sie noch einen größeren Bekanntenkreis. Dorthin konnte sie, wenn ihr Mann ihr zu sehr mit seiner Besserwisserei zugesetzt hatte, immer wieder ausweichen. Hier, in der neuen Umgebung, war sie völlig fremd, sie sah keine Alternative: ihr Körper musste stellvertretend für ihr Unvermögen zu handeln, reagieren.

4) Wann waren Sie das letzte Mal beschwerdeärmer bzw. beschwerdefrei?

Versuchen Sie sich bitte genau an diese Situation, an diesen Tag zu erinnern. In welcher Situation befanden Sie sich da? Was genau ereignete sich um Sie herum?

Wenn Sie solch ein für Sie angenehmes Erlebnis aus der letzten Zeit gefunden haben, sollten Sie wahrhaben können, dass Sie so ungeschickt gar nicht sein können! Sie sind durchaus in der Lage, sich positive Erlebnisse zu verschaffen und auch zu genießen!

Wenn Sie weitersuchen, werden Sie vielleicht entdecken, dass es in letzter Zeit noch zwei, drei weitere Situationen gab, an denen Sie Freude haben konnten. Ist es Ihnen nun möglich, etwas Gemeinsames an diesen schönen Zuständen zu finden? Sie hätten dann nämlich eine Art Schlüssel oder ein »Drehbuch« in der Hand, das Ihnen aufzeigt, was Sie nun tun müssten, um glücklicher zu werden.

Von einem befreundeten Kollegen wurde mir eine depressive fünfundfünfzigjährige Patientin überwiesen. Am Telefon ließ er mich bereits wissen, dass sie schon zwei Selbstmordversuche und entsprechende Klinikaufenthalte hinter sich gebracht hätte. Unter anderem sei sie einmal von einer Autobahnbrücke gesprungen. Er sei inzwischen, weil diese leidgeprüfte Frau auf kein Medikament mehr anspreche, völlig verzweifelt.

»Herr Doktor, mir geht es ja so schlecht! Sie können sich überhaupt nicht vorstellen, wie elend ich mich fühle. Mir kann wohl überhaupt niemand helfen. Sie sind meine letzte Rettung!«

Dies waren die ersten Sätze von Erika, noch im Türrahmen stehend, die Klinke in der Hand.

»Sie haben es völlig richtig erkannt«, begrüßte ich sie. »In der Tat, kein Mensch wird Sie heilen können, ich übrigens auch nicht. Aber wollen wir uns nicht erst einmal setzen!«

»Ja, aber warum bin ich denn überhaupt hier? Dann kann ich ja gleich wieder gehen! Dabei hat Sie mir mein Hausarzt so empfohlen. Sie müssen mir einfach helfen! Meine Kopfschmerzen und meine Depressionen. Sie haben ja gar keine Ahnung, wie ich leide! Ich …«

»Ein Arzt kann nur wirksam werden, wenn die Zeit für den Patienten reif ist«, unterbrach ich sie unhöflich, »und wann die Zeit für Sie reif zur Besserung ist, das liegt ausschließlich in Ihrer Entscheidung. Im Augenblick möchte ich aber weniger mit Ihnen über Ihre Beschwerden reden: Ihr Hausarzt hat mich da ausführlich informiert, auch habe ich diesen ganzen Packen von Klinikberichten, Gutachten usw. durchgelesen. Mich interessiert vielmehr, wann es Ihnen das letzte Mal gut ging.«

Völlig verdutzt schaute mich die arme Frau an. Sie war tatsächlich in einem erbarmungswürdigen Zustand, fing sich aber gleich wieder und wollte aufs Neue loslegen: »Also wissen Sie, vor allem nachts, wenn ich so wachliege …«

»Durchwachte Nächte sind grausam, sicherlich! Aber ich vermute stark, dass es Ihnen gelegentlich auch einmal etwas besser geht. Wann war dies das letzte Mal?«

»So was hat mich ja noch niemand gefragt. Ich bin doch hier, um zu klagen. Nur so können Sie sich ein Bild von meinem Leiden machen. Oder wollen Sie sich über mich lustig machen?«

»Keineswegs! Nur sehe ich, dass Sie willig dem üblichen Ritual der klassischen Medizin gehorchen: Die Eintrittskarte zu einem Gespräch mit einem Arzt ist doch das Klagen.

Wie lange wollen Sie sich diese Spielregeln noch aufzwingen lassen?«

Ein angedeutetes Lächeln, ein kurzes Aufblitzen in ihren Augen war deutlich wahrzunehmen. Dann wurde ihr Gesichtsausdruck wieder grau und leblos.

»Gehorcht habe ich ja noch nie ... Aber, wenn ich Ihre Frage so bedenke, vorgestern Abend, da ging es mir eigentlich gut. Das war sogar ein ganz toller Abend. Und ich habe auch die Nacht über gut geschlafen! Aber dann am Vormittag, da hätten Sie mich mal sehen sollen: Diese Ängste und ...!«

»Also, was war vorgestern Abend? Konzert- oder Theaterbesuch, zusammen mit Ihrem Mann?«

»Sie haben vielleicht Ideen! Mein Mann und mich ausführen? Der ist doch immer nur beruflich unterwegs. Delhi, Tokio, Chikago, weltweit. Er vertreibt Werkzeugmaschinen. Das ist das einzige, was den interessiert. Nein, an dem Abend hat mich völlig überraschend eine Nachbarin besucht. Ich wollte sie erst gar nicht reinlassen. Das sieht ja chaotisch bei mir zu Hause aus. Wegen meiner Depressionen kann ich oft tagelang nicht aufräumen. Sie ließ sich aber nicht abwimmeln. Plötzlich hatten wir eine Flasche Sekt auf dem Tisch und haben erzählt. Das war richtig gemütlich!«

»Nun, gibt es vielleicht aus letzter Zeit noch ein, zwei weitere Begebenheiten, wo es Ihnen ganz leidlich ging?, wollte ich weiter wissen.

»Aha, jetzt muss ich hier wohl *Ihren* Spiegelregeln gehorchen, wo Sie doch erkannt zu haben scheinen, dass das nicht ganz meine Stärke ist. Na ja, vor vier Wochen war meine Tochter zu Besuch. Da ging es mir auch ganz gut. Sie wohnt sechshunder Kilometer entfernt. Die könnte mich ja auch häufiger besuchen. Und dann an Pfingsten, da hat mich eine Bekannte zu einer Busfahrt mitgeschleift. Das war ein fröhlicher Ausflug!«

»Könnte es sein, dass es Ihnen immer dann gut geht, wenn

Leute um Sie herum sind, wenn Sie Gesellschaft haben? Aus Ihren Beispielen fällt mir allerdings auf, dass Sie das stets dem Zufall überlassen, das heißt, die anderen müssen die Initiative ergreifen.«

»Mich mag doch keiner. Das ist einfach so. Mein Mann beweist mir ja auch dauernd, dass ich zu allem unfähig bin. Außerdem kann ich mein Haus nicht verlassen. Da habe ich viel zu viel Angst. Platzangst. Manchmal komme ich über keine Straße.«

»Schon seltsam, wie Sie von Leuten spontan besucht und sogar eingeladen werden, obwohl die Sie alle ganz grässlich finden – so haben Sie das ja gesagt! Wie sind Sie eigentlich heute hierher zu mir gekommen?«

»Heute war zufällig ein Tag mit weniger Angst, da konnte ich sogar meinen Wagen benutzen. Was hatte ich nicht die ganzen letzten Tage befürchtet, dass ich den Termin bei Ihnen nicht einhalten kann!«

»Nun, zum Schluss für heute fällt mir Folgendes ein«, versuchte ich ein erstes Resümee zu ziehen. »Ich bin zu der Einsicht gekommen, dass Sie gute Gründe haben, schwerwiegend depressiv zu sein. Sie sind so gezwungen, zu Hause zu bleiben. Vielleicht ist das Ihrem Ehemann ganz recht, denn dann kann er um so ungestörter in der Welt herumdüsen. Er weiß ja, dass sein gehorsames Weib Haus und Hof bewacht. Ein Ausbüchsen Ihrerseits wäre da wohl viel zu gefährlich.

Andererseits könnten Sie dem Zufall natürlich etwas nachhelfen. Zum Beispiel, indem Sie abends eine Münze werfen: ›Zahl‹ würde bedeuten, dass es Ihnen am nächsten Tag ganz schlecht geht. Ängste, Schmerzen und all die anderen Beschwerden, würden Sie, wie eh und je, in voller Stärke heimsuchen. ›Kopf‹ könnte bedeuten, dass es Ihnen ein wenig besser gehen wird, wenigstens so gut, dass Sie jemanden, den Sie kennen, aufsuchen könnten, um sich von ihm bestätigen zu lassen, dass er Sie unausstehlich findet. Ich würde aber nur eine kleine Entfernung riskieren, denn sonst werden Sie gleich wieder von Ihren Ängsten eingeholt.«

Nach sechs Wochen begegneten wir uns wieder. Erika war nicht wieder zu erkennen. Ihre Körperhaltung war jetzt straffer, ihr Gang entschlossen, ihr Gesichtsausdruck lebhafter.

»Sie haben ja ein übles Spiel mit mir getrieben, lieber Doktor. Nicht, dass Sie denken, ich hätte das nicht durchschaut. Aber, wie dem auch sei, es hat gewirkt. Am nächsten Tag habe ich mir einen Hund gekauft. So war ich gezwungen, täglich das Haus zu verlassen. Dann bin ich der Sozialhilfestation unseres Ortes beigetreten. Ich lasse mich jetzt in Altenhilfe anlernen. Und dann habe ich meine Schwester besucht. Ich hatte sie seit Jahren, da sie vierhundert Kilometer entfernt wohnt, nicht mehr gesehen. Ich bin einfach mit dem Zug hingefahren. Wie ich dann dort war, überfiel mich prompt das große Zähneklappern. Aber bei einer Flasche Rotwein, zusammen mit meiner Schwester, haben wir dann erfolgreich die Ängste weggespült.« Später war hierfür auch kein Alkohol mehr notwendig!

5) Gibt es ein Märchen, eine Sage, eine Fabel oder sonst eine historische Geschichte, die Sie in Ihrer Kindheit besonders gern gehört haben oder die Ihnen gelegentlich heute noch einmal in Erinnerung kommt?

Es ist nicht zufällig, welches Märchen, in der Jugendzeit gehört, einem Menschen später immer wieder einfällt. Das Interessante daran ist, wie passend sich in einem solchen Märchen die Problematik des betreffenden Patienten spiegelt.

Für mich als Familienberater sind auch geleitete Phantasien eine aufschlussreiche Möglichkeit. Diese Methode, das Familiengeheimnis ans Licht zu bringen, wurde von Peggy

Papp erarbeitet. Wer sich für Peggy Papps Arbeit näher interessiert, dem sei ihr Buch zur Lektüre empfohlen.

Zusammenfassung

Es ist für jedes Lebewesen unabdingbar, eine gewisse Kontrolle über sich und sein Umfeld ausüben zu können. Das heißt, einem Individuum wird es nur dann gut gehen, wenn es in der Lage ist, auf Umwelteinflüsse so zu reagieren, dass sein inneres Gleichgewicht nicht zu sehr gestört wird.

Ein Leichtathlet wird nach einer gewissen Zeit seines Übungsprogramms auf die zunehmende Wärmeentwicklung seiner Muskulatur reagieren, indem er seinen Trainingsanzug auszieht. Oder aber er verlegt seinen Dauerlauf auf die kühlere Abendzeit. Er kontrolliert ganz bewusst seine Körpertemperatur, da eine Unterkühlung bzw. ein Hitzestau seine Leistungsfähigkeit verringern würden.

Kontrollverlust ist somit für mich *der* wichtigste Mitfaktor zur Krankheitsentstehung.

Nun gehören zu einem erfolgreichen Umgang mit den alltäglichen Aufgabenstellungen ganz bestimmte Lebensbewältigungsstrategien, vergleichbar mit dem überlegt ausgestatteten Werkzeugkoffer eines Klempners. Fehlt einem Menschen ein ganz bestimmtes Instrument oder vielleicht sogar mehrere, so wird er an Problemen scheitern müssen, die gerade dieses Instrument erforderlich machen. Mangelnde oder gar nicht vorhandene lebensnotwendige Fähigkeiten bergen die Gefahr des Kontrollverlustes in sich.

Es scheint nun ein Trick, vielleicht besser noch ein Gnadenakt der Natur zu sein, Lebewesen aus einer für sie unlösbaren Situation über eine passende Erkrankung herauszunehmen. Entweder lässt sich dann durch diese Symptomentwicklung doch noch das bisher nicht erreichte Ziel gewinnen, oder aber man ist dem Konflikt völlig enthoben: Krankheit als zweckmäßiges Ausweichmanöver!

Zur Verdeutlichung möchte ich Ihnen zwei Tierexperimente und ein Schicksal einer Patientenfamilie schildern.

Eine erbmäßig magenempfindliche Gruppe von Ratten wurde darauf trainiert, in ihrem Käfig einen Hebel zu drücken. Der Tastendruck bewirkte, dass ein paar Körner des heiß ersehnten Futters in die Behausung fielen. Eines Tages aber gab es für die armen Tierchen statt Körner einen elektrischen Schlag. Nicht bei jedem Tastendruck, nur hin und wieder, aber völlig unberechenbar. Nach einiger Zeit entwickelte sich bei den meisten der an diesem Experiment teilnehmenden Versuchstiere ein Magengeschwür. Sie hatten die Kontrolle über den Futterhebel verloren *und* es stand ihnen kein Ausweg, keine Alternative zur Verfügung! (Ein anderer Weg, zu Nahrung zu kommen, war ihnen verwehrt.)

Eine Anzahl von Mäusen wurde täglich an einem bestimmten Hautbezirk mit einer Krebs erregenden Substanz eingepinselt. Gleichzeitig waren zwei gleich große Gruppen gebildet worden. Während aber die eine Gruppe von Mäusen sich in einem üblichen Laborkäfig tummeln konnte, wurde die andere Abteilung auf einem sich ununterbrochen drehenden Schallplattenteller festgehalten. Sie befanden sich in einem gläsernen Käfig, der auf ein ausgedientes, sich langsam drehendes Grammophon gestellt worden war. Nach einigen Wochen bildeten sich bei fast allen »gedrehten« Mäusen Hauttumore, während die »ungedrehten« Tiere nur geringfügige Hautreaktionen zeigten! Den Kontrollverlust über die Umgebung hatten die Karussellmäuse mit Hautkrebs beantwortet.

Eine seit der Pubertät magersüchtige junge Frau erinnerte sich: »Meine Mutter war ein Ekel. Ständig ging sie uns allen, aber besonders meinem armen Vater, mit ihrem Ordnungswahn und Sauberkeitstick auf die Nerven. Es gab kaum einen Tag, an dem sie nicht an ihrem Mann etwas auszusetzen hatte. Immer mehr tat mir der arme Kerl Leid und über die Zeit entwickelte ich die Phantasie, für ihn die bessere Ehefrau sein zu können. Er schien dies zu spüren, denn immer mehr verwöhnte er mich mit Süßigkeiten, Spielsachen und ab und zu auch mit einem zärtlichen Blick. Wir wurden ein heimlich verschworenes Gespann. Natürlich durfte Mutti davon nichts wissen. Mit Zärtlichkeit konnte die ja ohnehin nichts anfangen.

Ich konnte es nicht zulassen, dass mir mein Körper außer Kontrolle geriet, oder vielmehr hätte ich als voll entwickelte Frau meine Familie nicht mehr im Griff gehabt: Vater und Mutter trennte mehr als sie verband. Im Grunde hätten sie sich schon lange scheiden lassen sollen. Indem ich aber meinem Vater heimlich und als flaches Mädchen gefahrlos an mich schmiedete und gleichzeitig meine Mutter in ihren Depressionen tröstete, hielt ich den Laden zusammen. Mit meiner Magersucht hatte ich wieder einen idealen Hebel in der Hand, die beiden zu beschäftigen, zu kontrollieren.«

Wie ein letztes Beispiel zeigt, gibt es an der Erkrankung eines Familienmitgliedes auch meist einen oder mehrere – unbewusste – Interessenten.

Zuerst war es dem Vater ganz recht, dass seine Tochter nicht erwachsen wurde. Hatte er doch, aufgrund seines Elternhauses, ohnehin eine abgrundtiefe Angst vor mächtigen Frauen. Solange also seine Tochter klein und hilflos blieb, konnte er angstfrei ihre Nähe suchen, ein ihn nicht bedrohendes Bündnis mit ihr eingehen. Weiter bot ihm diese Koalition den Vorteil, so insgeheim seiner ihm übermächtig erscheinenden Frau eins auswischen zu können.

Auch die Magersucht seiner Tochter war in diesem Sinne für ihn sehr nützlich, da sich doch die Erkrankung allen Bemühungen seiner Frau widersetzte. Erstmals konnte er genießen, wie seine bisher stets überkompetente Gefährtin scheiterte.

Auch in den weiteren Falldarstellungen möchte ich nicht versäumen, den/die unbewussten Interessenten an der Erkrankung eines Menschen herauszuarbeiten. Keineswegs geht es hier um irgendeine Schuldverteilung. Aus dem Sprachgebrauch der Familienberatung ist der Begriff der Schuld ein für alle mal gestrichen. Es ist aber meine Erfahrung, dass eine Erkrankung dann am schnellsten zur Abheilung kommen kann, wenn sich der Patient gegenüber seinem »Hauptangstgegner«, dem Interessenten an seinen Symptomen, zu wehren beginnt.

Am deutlichsten erlebe ich dies bei Patienten, die an einer Neurodermitis (»Nervenhautentzündung«) erkrankt sind. Fast über Nacht können sich bei diesen Menschen die blutigsten Hauterscheinungen zurückbilden, wenn sie sich trauen, den Elternteil zurückzuweisen, der sie bisher – sicherlich liebmeinend – unaufhörlich in ihrer Selbstbestimmung behindert hat.

Patienten erlebe ich somit als Menschen, die irgendwo in ihrem Leben die Kontrolle, sei es über sich selber, sei es über ihr äußeres Umfeld, verloren haben. Und meistens gibt es Angehörige oder auch Mitarbeiter und Vorgesetzte, die ein Interesse an der Erkrankung des Betreffenden haben.

3.

Was zur Gesundheit beiträgt

Absolutes, endgültiges Wissen ist uns Menschen verwehrt. Und schon dieser Satz ist wiederum falsch, da er endgültiges Wissen vorgeben möchte. Es scheint somit unser Schicksal zu sein, dass wir *die* Wahrheit nie erfahren werden.

Wir können uns *Modelle* machen, Vorstellungen, Vermutungen, wie denn die Welt vielleicht funktioniert. So bitte ich, die folgenden Ausführungen als eine mögliche Sichtweise aufzufassen. Für mich und die bei mir um Rat suchenden Patientenfamilien erweist sich das von mir entwickelte Schema stets aufs Neue als sehr nützlich.

Aber so, wie eine Landkarte nicht gleich der Landschaft ist, beschreibt mein Modell nicht die Vielfalt der Möglichkeiten eines Menschen. Mit den von mir entdeckten Eigenschaften von Menschen, so genannten Psychodynamiken, möchte ich auf *Verhaltenstendenzen* hinweisen. Kein Mensch ist nur aktiv oder nur passiv. Aber es gibt Leute, die dazu neigen, eher aktiv bzw. passiv zu reagieren. Dies hängt natürlich auch vom jeweiligen Gegenüber ab.

Gerade darin liegt ein großer Teil des Erfolges der Familienberatung: Es werden nicht mehr Etiketten wie zum Beispiel »analfixiert«, »neurotisch« oder »infantil« verteilt. Uns interessieren vielmehr Funktionen, das heißt Abläufe gegenseitiger Begegnungen von Familienmitgliedern. Ähnlich den Mathematikern untersuchen wir Familienberater die Beziehungen der Familien-«Größen« zueinander: Wie steht wer mit wem in welchem Zusammenhang? Und welche Konsequenzen hat dieser Umgang miteinander für jeden Einzelnen?: Das zentrale Thema der Familienberatung lautet *Wechselwirkungen.* So wie im atomaren und subatomaren Bereich die kleinsten Teilchen wechselwirken, aber auch wie im kosmischen Raum die Gestirne Wirkung aufeinander haben, so beeinflussen auch wir Menschen uns immer wieder gegenseitig, sei es im Guten, sei es im Schlechten.

Ein gleichaltriger Herr, der nach dem Krieg im zerbombten Darmstadt aufgewachsen war, erzählte mir letzthin folgende kleine Geschichte:

»Für uns Jungens war es ein beliebtes Spielchen, auf den halbhohen Restmauern der ausgebrannten Ruinen zu balancieren. Wer am längsten oben blieb bzw. die größte Strecke bewältigte, war der Sieger. Nun, wenn wir jemanden nicht leiden konnten und ein gutes Ergebnis verhindern wollten, brauchten wir nur unten neben ihm her zu gehen und zu ihm heraufzurufen: ›Das schaffst du nicht! Du bist eh zu blöd! Der Stein vor dir ist ganz locker!‹ usw., und noch jeden haben wir runterbekommen – ohne ihn anzurühren!«

Über die Zeit wurde für mich immer deutlicher, dass trotz aller Vielfalt menschlichen Erlebens und Verhaltens eine gewisse Ordnung aufgestellt werden kann. Es scheint Gruppen von Menschen zu geben, die in bestimmten Situationen immer wieder zu denselben Handlungsweisen neigen, gleichgültig, ob sie sich nun hierbei mehr Nutzen oder eher Schaden einhandeln.

Über solche unbewusst verinnerlichten Neigungen, mit sich und der Welt umzugehen, möchte ich sprechen, wobei dies als *eine* Möglichkeit verstanden werden sollte, Patientenfamilien zu sehen.

Die Tabelle auf S. 15 zeigt, was ich alles für notwendig halte, damit ein Mensch gesund bleibt. Die folgenden Bereiche habe ich ausführlich in meinem Buch »Die Verliebtheitsfalle« dargestellt:

- *Selbstbestimmung*, d.h. **für** etwas zu sein, Wünsche anmelden, aber auch Rücksicht nehmen zu können,
- *Selbstvertrauen*, d.h. wenig Selbstzweifel zu haben im Sein wie auch im Können,
- *Souveränität*, d.h. fähig zu sein zur Selbst- wie auch zur Fremdkritik, und
- *Kooperation*, d.h. sich abzustimmen, = zu lieben.

Die gesundheitsförderlichen Faktoren

- Ernährung,
- Bewegung,
- Sexualität,
- Religion,
- Humor

sind inzwischen unbestritten und mögen bitte an anderer Stelle nachgelesen werden.

Sehr wichtig für unsere Gesundheit und trotzdem viel zu wenig beachtet ist jedoch der Begriff bzw. das Erlebnis des Wohlbefindens.

Wohlbefinden

Die beiden schwedischen Forscher Karasek und Theorell haben vor knapp zehn Jahren in einer groß angelegten Studie untersucht, was ein Mensch am Arbeitsplatz braucht, um sich wohl zu fühlen.

Ihre Ergebnisse habe ich in der folgenden Abbildung zusammengefasst. (Hinzufügen möchte ich, dass diese Resultate wohl auch für ein familiäres Zusammenleben gelten):

Drei Voraussetzungen, die Wohlbefinden bewirken

1. Unterstützung erhalten
(support)

2. Herausforderungen gestellt bekommen
(demand)

3. Positive Bestätigung bekommen
(control)
a. Lob bekommen
b. Andere nehmen etwas von mir an oder übernehmen etwas von mir

(nach Karasek und Theorell)

Unterstützung:

Am Arbeitsplatz wie auch ganz besonders in meiner Familie sollte ich die absolut sichere Erfahrung machen, dass mein Partner zu mir, hinter mir steht, dass ich mich zu hundert Prozent auf ihn verlassen kann. Nur ein gegenseitiges unerschütterliches Vertrauen in die Zuverlässigkeit, Treue und Anständigkeit (Loyalität) des anderen gibt die Kraft und Zuversicht, die Alltagsprobleme und ganz besonders schwierige Lebensphasen erfolgreich zu meistern. Nur unter dieser Voraussetzung produziert eine Partnerschaft mehr Energie, als man hineinsteckt. Herr Peseschkian, einer meiner Psychotherapielehrer, pflegte an dieser Stelle zu sagen: »Wer für sich alleine arbeitet, addiert. Wer mit anderen zusammenarbeitet, multipliziert!«

Und dann mussten wir 3 und 3 addieren und anschließend 3 mal 3 ausrechnen!

Aber auch Geben und Nehmen sollte in etwa ausgeglichen sein. Keiner darf das Gefühl haben, er werde ausgenutzt oder über den Tisch gezogen. Ein häufiges Thema unter diesem Aspekt ist die häusliche Aufgabenverteilung, vor allem dann, wenn beide berufstätig sind. Aber auch wenn sie »nur« das bisschen Haushalt macht und zwei, drei Kinder versorgt, steht es ihm gut an, zu Hause mit anzupacken, denn mit einer Achtunddreißig-Stunden-Woche ist eine Familie nicht zu managen.

Herausforderungen:

Nicht nur die berufliche Arbeit sollte immer wieder eine gewisse Herausforderung darstellen, sondern auch mein Ehepartner. Besonders gilt dieser Satz für Ehen, die in die Jahre gekommen sind und in denen sich alltägliche Routine und Nachlässigkeit breit gemacht haben. Ein jeder sollte bemüht sein, den Erfahrungshorizont des anderen zu erweitern und dazu beizutragen, dass beide immer weiter lernen, wie mit dem Leben umzugehen ist.

»Wer lernt bleibt jung!« ist eine alte Volksweisheit, die ich nach wie vor für richtig halte. Negativ formuliert steckt die gleiche Idee in dem Satz: »Wer sich nicht in Frage stellt, ist bereits gestorben. Er weiß es nur noch nicht.«

Ich verweile an dieser Stelle besonders engagiert, weil sich an der Frage der Kritikfähigkeit immer wieder entscheidet, ob eine Familienberatung *für alle* von Erfolg gekrönt sein wird oder nicht. Oft muss ich es erleben, dass der eine Partner voller Neugier und Enthusiasmus in die Beratung kommt und gerne bereit ist, sich (konstruktiv!) kritisieren zu lassen. Er nimmt mühelos zur Kenntnis, dass auch er in der letzten Zeit Fehler gemacht hat, und möchte dies jetzt ändern, während der andere in aller Gelassenheit dasitzt und fordert, dass man ihn so zu nehmen habe, wie er ist, oder aber schreiend, schimpfend und türenschlagend davon rennt mit der Absicht, über Gewaltanwendung alles so zu belassen, wie es schon immer war. Wie die anderen sich dabei fühlen, ist in solchen Fällen völlig gleichgültig.

Kritikfähigkeit müsste eigentlich bereits vom Kindergarten an trainiert werden, manches Unheil ließe sich so vermeiden.

Sie mögen doch einmal selber überprüfen, wie weit Sie sich in Ihrer Ehe trauen, anzusprechen, was sie bewegt. Wie weit haben Sie den Mut, Ihrem Partner zu offenbaren, wie Sie ihn erleben, wie Sie sich an seiner Seite fühlen, wie gut er Ihnen tut, wo er das Gefühl von Ärger in Ihnen auslöst? Das gleiche Experiment können Sie auch in Bezug auf Ihren Arbeitsplatz machen!

Vor kurzem las ich in der Zeitung, dass ein Unternehmensberatungsinstitut zu dem Ergebnis gekommen ist, dass sechzig bis siebzig Prozent der arbeitenden Bevölkerung Angst am Arbeitsplatz hat – nicht nur Angst um den Arbeitsplatz, sondern Furcht, Verbesserungsvorschläge (konstruktive Kritik) zu äußern, Furcht einen Fehler zu begehen, Furcht, die erwartete Leistung nicht mehr zu bringen. Es ist kaum denkbar, dass unter diesen Bedingungen besonders gute Arbeit geleistet wird!

Positive Bestätigung bekommen:

Unter anderem hat eine Ehe dann gute Aussichten auf Erfolg, wenn ein jeder dem anderen die Illusion über sich selber ein wenig verstärkt.

Bewusst oder unbewusst weiß doch ein jeder von uns, was für ein bedeutungsloses Würstchen er ist, gemessen an den Kräften und Dimensionen des Kosmos. Wird man sich dieser Wahrheit über sich selber zu sehr bewusst, kann eine depressive Symptomatik die Folge sein. So ist es nicht nur legitim, sondern sogar von heilsamen Wert, die eigene Bedeutsamkeit etwas höher anzusetzen, als sie tatsächlich ist. Die Kunst besteht nun wiederum darin, nicht zu übertreiben, sondern den Mittelweg zwischen Depression und Größenwahn einzuhalten.

Wir Menschen brauchen demnach Lob, so wie der Blumentopf das Wasser. Sprüche wie »nicht geschwätzt ist gerade gelobt genug!«, bringen uns eher zum Verdorren als zum Früchtetragen.

Haben Sie heute schon mal jemanden gelobt? Wurden Sie heute schon mal anerkannt? Ich teile den Spott des Auslandes über uns Deutsche, dass wir hier in diesem unserem Lande alle verbissen, unwirsch und schimpfend herumrennen.

Zu diesem Thema sagte mir ein Unternehmer vor kurzem empört: »Ich und meine Mitarbeiter noch einmal loben?! Nie mehr! Vor ein paar Wochen habe ich die Arbeit eines Abteilungsleiters anerkannt. Kommt doch dieser Kerl am nächsten Tag zu mir und verlangt deswegen eine Gehaltserhöhung ...!«

Die Steigerung eines Lobes besteht nun darin, dass man auch immer wieder einmal die Erfahrung machen muss, dass andere etwas von einem übernehmen. Wie gut tut es z.B. zu hören, dass mein Partner auf einmal eine Redewendung benutzt, die er von mir übernommen hat. Oder wie glücklich macht es, wenn meine Partnerin Probleme mit Instrumenten löst, die sie bei mir abgeguckt hat.

In solchen Momenten bekomme ich das wunderbare Gefühl der Bedeutung, der Wichtigkeit. Ich bin auf einmal unsterblich: Theoretisch könnte ich jetzt heimgehen. Aber ich weiß, ich bin nicht ausgelöscht, denn ich komme ja noch über lange Zeit in vielen anderen Köpfen vor. Aufgrund unserer Fähigkeit zum Bewusstsein – dass ich weiß, dass es mich gibt – und unserer Fähigkeit, ein Gefühl für die Zeit zu haben, entsteht zwangsläufig in uns das Bedürfnis, nicht so schnell vergessen zu werden.

Unter anderem begann vor rund zwanzig Jahren die japanische Automobilindustrie deswegen so erfolgreich zu werden, weil das Management sich entschlossen hatte, so viel Verantwortung wie nur irgend möglich nach unten zu delegieren. Plötzlich durfte der so genannte einfachste Hilfsarbeiter das Band anhalten, wenn er bemerkte, dass ein Zulieferteil nicht passte. Im Rahmen eines Qualitätszirkels durfte er Verbesserungsvorschläge einbringen, und seine Ideen wurden auch großzügig honoriert: Einem jeden Mitarbeiter wurde so mehr Bedeutung zugesprochen, und schon steigerte sich die Effektivität enorm. In Japan kam man so auf eine Nacharbeitungsrate eines Autos am Bandende von 2,5%, während Daimler-Benz damals noch bei über 50% lag!

Eine weitere Beobachtung möge untermauern, wie wichtig das gegenseitige Übernehmen von Konzepten ist: Bei alten Ehepaaren, bei denen die Partnerschaft unter dem Strich positiv verlaufen ist, lässt sich beobachten, dass die beiden auch im Aussehen einander immer ähnlicher geworden sind! Und beide schmunzeln sich immer wieder einmal an in dem Sinne »Du bist halt doch der Größte – trotz dieser oder jener kleinen Mängel!«

Gelobt zu werden und zudem immer wieder einmal die Erfahrung zu machen, dass andere etwas von mir übernehmen, trägt entscheidend mit dazu bei, dass ich mich wohl fühle. Bleiben diese beiden Stimulanzien aus, kann ein Mensch – unter Beteiligung entsprechender ungünstiger Erbfaktoren – in eine Depression rutschen.

Seit vielen Jahren benutze ich somit erfolgreich die Definition des Familientherapeuten Kurt Ludewig: Depression = Bedeutungsverlust. Mit anderen Worten: Wenn jemand mit der Symptomatik einer Depression reagiert, so ist er mit hoher Wahrscheinlichkeit in einen Zustand der Bedeutungslosigkeit geraten. Eine solche Erklärung ist weit nützlicher als nur das Wort, die Diagnose Depression, denn aus dem

Begriff »Bedeutungslosigkeit« lassen sich sofort therapeutische Empfehlungen ableiten. (Im Kapitel 4 werde ich hierzu ein Beispiel schildern).

Wenn Sie mutig sind und einen »Kassensturz« über Ihre Beziehung riskieren möchten, so könnten Sie jetzt die Größen *Unterstützung, Herausforderung, positive Bestätigung* mit Punkten zwischen 0 und 10 versehen.

- Wie viel Unterstützung erfahren Sie von Ihrem Partner? (Wie weit hilft er mit; wie weit können Sie sich an seiner Seite mit geschlossenen Augen rückwärts fallen lassen in der Gewissheit, dass er Sie auffängt und Sie sich keinen Schädelbasisbruch holen?)
- Wie weit stellt Ihr Partner für Sie immer wieder einmal eine Herausforderung dar? (Er überrascht Sie mit Theater-, Konzertkarten in einer entfernten Großstadt; sie macht auf einmal einen PC Kurs und erklärt ihm anschließend das Excel-Programm usw. Ist es spannend, interessant an seiner oder ihrer Seite oder gähnt Sie die Langeweile an?
- Wie viel Lob bekommen Sie von Ihrem Partner? Was überwiegt, die Kritik oder die Anerkennung? Wann haben Sie den letzten überraschenden Blumenstrauß bekommen oder ein Ticket für das nächste Bundesligaspiel? (Und nicht das zehnte Hemd mit dem zu engem Kragen?).
- Wie viel hat Ihr Gefährte bei Ihnen bereits »abgekupfert«?. Wo überall hat er seine Lebensbewältigungsstrategien durch die Ihren ersetzt? Was alles verdankt er Ihnen dadurch, dass er bei Ihnen dies und jenes abgeschaut hat? Wenn Sie anlässlich eines Gesellschaftsspieles mit Ihrem Partner ein Übereinstimmungsspiel machen würden (einer von Ihnen beiden muss kurz den Raum verlassen und Sie werden gefragt, wie wird er/sie nachher in dieser oder jener Situation reagieren), auf wie viele Punkte kämen Sie? Auch kann es von Interesse sein, sich unter diesem Aspekt noch einmal die eigene Jugend vor Augen zu führen.

Wie viel Unterstützung (materiell, emotional) gab es? usw.
Folgende Schicksale kann ich häufig beobachten:
Er/sie erhielt in der Kindheit wenig bis gar keine Unterstützung. Ein solcher Mensch neigt im Erwachsenenleben dazu, andere viel zu sehr zu unterstützen. (Wir Menschen haben *tendenziell* die Angewohnheit mit anderen so umzugehen, wie wir insgeheim hoffen, dass man mit uns umgehen möge). Damit nun ein in seiner Kindheit »Wenigunterstützter« anderen auch viel helfen kann, muss er sich natürlich »als Opfer« jemanden aussuchen, der bereits in seiner Kindheit viel Unterstützung bekommen hat! (Über den Mechanismus des Sich-Verliebens werden wir auf jemanden aufmerksam, der etwas hat, der etwas darf, was einem selber bereits in frühester Kindheit verboten worden war. Siehe auch mein Buch »Die Verliebtheitsfalle«).
Sollten Sie also feststellen, dass Sie in Ihrer Kindheit eher selber zurechtkommen und die Alltagsprobleme alleine lösen mussten und dass Sie in Ihrem weiteren Leben konsequenterweise dazu geneigt haben, anderen zu sehr zu helfen, so wird es wohl langsam an der Zeit sein, dass Sie auch einmal an sich denken bzw. andere bitten, auch mal für Sie da zu sein!
Sollten Sie jetzt wahrhaben müssen, dass Sie sowohl in der Kindheit als auch in Ihrer Partnerschaft bestens unterstützt wurden – Geben und Nehmen nicht ausgeglichen sind, so könnte es sich jetzt anbieten, hier eine Kurskorrektur vorzunehmen. (Beim Geben opfert man sich nicht nur auf, sondern man lernt dabei auch eine ganze Menge. So selbstlos ist somit Geben wiederum auch nicht!)
Weiter konnte ich beobachten, dass Leute, die in ihrer Kindheit vorrangig Kritik erfuhren und kaum die Erfahrung machten, dass die Eltern auch mal auf sie eingingen, eher pessimistisch in die Welt schauen. Für sie ist das Glas halb leer und Neues wird kaum gewagt, da es ja eh misslingen wird.

Umgekehrt erlebe ich Erwachsene, die in der Kindheit viel Lob erfuhren, als zukunftsorientierte, positiv gestimmte Menschen, die viel Spaß am Leben haben.

Wenn Sie nun mit Ihrem Partner zusammen die Abbildung zwei mit den Zahlen versehen haben, die Ihre eheliche Situation wiedergeben, so haben Sie auch eine Antwort in Händen, wo Sie alles belassen können, wie es ist, und wo jetzt eine Baustelle bewusster geworden ist. Zahlen von 0 – 5 sollten eine Aufforderung darstellen, hier in Zukunft intensiv zu arbeiten mit dem Ziel, in ein, zwei Jahren Werte von 6 – 10 zu erreichen. Sie werden dann feststellen, dass Sie sich weit wohler als heute fühlen.

Glücklich dürfen Sie sich schätzen, wenn Ihr Partner mitzieht und ebenfalls wahrhaben kann, dass sie beide in einem unbefriedigendem Verhältnis leben, wenn auch er zur Selbstkritik bereit ist und die Fehler nicht nur bei Ihnen sieht. Aber mit der Kritik alleine ist es noch nicht getan, sondern es müssen auch echte, anhaltende Bemühungen folgen, alteingeschliffene, unzweckmäßige Verhaltensweisen zu ändern.

Zum Glück kenne ich inzwischen einige Ehepaare, die dies geschafft haben und mir am Ende der Beratung – nach rund anderthalb Jahren – »gestanden«, dass jetzt erst ihre wahre Ehe begonnen habe, dass sie sich jetzt erst glücklich fühlten.

Zum diesem Glück gehört sehr, sehr viel Schweiß! Es bedarf immer wieder der Anstrengung, miteinander und aneinander zu arbeiten.

Wenn sich dagegen Ihr Partner als unzugänglich erweist, wenn er z.B. Ihre Zahlen nicht wahrhaben will oder kann, wenn er die ganze Schuld nur bei Ihnen sieht, wenn er strikt davon ausgeht, man habe ihn einfach so zu akzeptieren wie er ist, wenn er jeden Wunsch zur Veränderung als Angriff gegen ihn persönlich auffasst, ja dann stehen Sie vor der Entscheidung, eine Märtyrerin zu werden oder zu gehen.

Diese Entscheidung müssen Sie ganz alleine treffen und tragen. Kein Berater darf Ihnen sagen, was Sie tun sollten, sonst wäre er ein miserabler Therapeut. (Auch nach tausend Stunden Therapie wird Sie kein Therapeut so gut kennen, dass er für Sie die richtigen Entscheidungen treffen kann und darf. Ein jeder Mensch muss für sein Leben schon selber die Verantwortung tragen).

Ich habe Leute sterben sehen, nur weil sie sich aus einer schlimmen Beziehung nicht herausgetraut haben. Aber – ohne Ironie! – es war wohl gut so, denn ein anderes Leben hatten diese Menschen sich gar nicht vorstellen und vielleicht auch gar nicht meistern können – es wäre wohl in jedem Falle unglücklich ausgegangen.

Es mag Sie verwundern, dass ich bei diesem Thema so sehr insistiere. Aber gerade in der heutigen Zeit, wo immer mehr Menschen Angst haben einen Fehler zu begehen und daher nur all zu ungern Verantwortung tragen, halte ich es für um so dringlicher darauf hinzuweisen, dass es zum Erwachsensein gehört, Verantwortung zu tragen. Meiner Lebensauffassung zufolge macht das Leben erst Spaß und wird erfüllt, wenn man ein gerüttelt Maß an Verantwortung trägt.

Ich möchte Ihnen Mut machen dafür zu kämpfen, dass Sie sich in Ihrem Leben so weit wie irgend möglich wohl fühlen können. Was weiter dazu notwendig ist, werde ich auf den nächsten Seiten beschreiben.

Zuvor aber noch einige Bemerkungen über zerstrittene und/oder Patienten-Familien.

Diese beiden Typen von Familien zeichnen sich durch gegenseitige Machtausübung aus. Ein jeder versucht – unbewusst -, die Anzahl der möglichen Lebensäußerungen des anderen zu verkleinern.

Der Erkrankte erscheint mir demnach als derjenige, der diesen Machtkampf verloren hat. Entweder versucht er jetzt über ein Symptom, sein Schicksal doch noch zu wenden, um so über den Hebel der Erkrankung Macht auszuüben, oder aber er wählt angesichts seiner hoffnungslosen Unterlegenheit den Tod.

Der so genannte Gesunde, der Sieger in diesem Kampf, wird aber wenig Freude an seiner Überlegenheit haben. Denn solange sein kranker Partner lebt, ist er ununterbrochen genötigt, diesen einzuschüchtern. Vielleicht kommt noch hinzu, dass er durch die Pflege seines Patienten einiges an eigenen Entfaltungsmöglichkeiten opfern muss. Auch wird er von seinem ihm in der Machtausübung unterlegenen Gefährten wenig lernen können.

»Sein« Kranker kann für ihn keine Bereicherung sein.

Ein solcher machtgesteuerter Umgang miteinander nennen wir Familienberater ein Null-Summen-Spiel: Im Endeffekt gewinnt der Gewinner nichts!

Mit einem Beispiel aus der Tierwelt möchte ich diesen Sachverhalt verdeutlichen:

Eine Landschaft bestimmter Größe bot die Nahrungsgrundlage für zweihundert Hasen und zwanzig Füchse. Zu Beginn der Beobachtung lebten dort gerade zweihundert Hasen und zwanzig Füchse. Für die Füchse war es ein wahres Paradies, denn so viele Hasen vor der Schnauze hatten sie noch nie erlebt. Hungernd durch die Gegend zu streifen, war ihnen eher vertraut.

Die Füchse ließen es sich gut gehen. Sie erlegten einen Hasen nach dem anderen, und weil es ihnen so gut ging, vermehrten sie sich fleißig. Eines Tages hatten die Füchse gewonnen, denn fast alle Hasen waren ausgerottet. Nur ein Mümmelpärchen konnte sich in einer tiefen Felsspalte unentdeckt halten.

Große Not kam jetzt über die Füchse. Sie verhungerten fast alle. Kaum war die Luft wieder rein, begannen sich die Hasen wie Karnickel zu vermehren, denn das Land war reich an Mohrrüben. Bald waren es über dreihundert Hasen. Jetzt aber wurden langsam die Mohrrüben knapp, *und* die Anzahl der Füchse nahm wieder zu ...

Gelegentlich kann ich dieses Schaukelpferd, dieses Hin- und Herwogen des Machtkampfes, auch in Patientenfamilien beobachten. Eine junge Mutter, behaftet mit einer ausgeprägten Neurodermitis, berichtete: »Seltsam ist das, und ich habe keine Erklärung für diesen Vorgang. Wenn es mir gut geht, meine Haut glatt ist und nicht juckt, dann wird mein Sohn von dieser schrecklichen Erkrankung geplagt. Habe ich diesen ›Aussatz‹, dann ist er garantiert frei von Hauterscheinungen!«

Ich hoffe, deutlich gemacht zu haben, dass Familienkriege sich letztendlich für keinen der Beteiligten lohnen. Sinnvoller scheint es mir zu sein, wenn jeder den anderen als eine Bereicherung seiner Möglichkeiten erleben kann.

In diesem Zusammenhang möchte ich über ein Computersimulationsspiel berichten, das der bekannte Mathematiker Douglas R. Hofstadter (in »Spektrum der Wissenschaft«, Heft 8/1983) vorstellte. Er fragte: »Kann sich in einer Welt voller Egoisten kooperatives Verhalten entwickeln?«

Um diese Problemstellung von einem Rechner klären zu lassen, war es erst einmal notwendig, eine Leitgeschichte (cover story) zu erfinden, die diese Fragestellung versinnbildlichte. Hofstadter kleidete die zu lösende Aufgabe in folgende gedachte Begebenheit. Er schreibt:

»Angenommen, Sie besitzen große Mengen irgendeines Gutes (Geld zum Beispiel) und möchten dafür eine bestimmte Menge eines anderen Gutes (Briefmarken, Lebensmittel, Diamanten) erwerben. Also arrangieren Sie mit dem einzigen Händler für dieses Gut, den Sie kennen, ein beide Seiten befriedigendes Tauschgeschäft.

Aus irgendeinem Grund muss der Tauschhandel jedoch im Geheimen stattfinden. Sie kommen überein, dass jeder von

Ihnen einen Sack an einem vereinbarten Ort im Wald deponiert und den Sack des anderen an dessen Versteck abholt. Ihnen beiden ist auch klar, dass Sie sich nie begegnen und keine weiteren Geschäfte miteinander machen werden.

Unter diesen Umständen muss jeder von Ihnen natürlich befürchten, dass der andere einen leeren Sack da lässt. Keine Frage: Wenn Sie beide volle Säcke deponieren, wird jeder zufrieden gestellt: aber ebenso selbstverständlich wird der noch mehr zufrieden gestellt, der seinen Teil umsonst erhält. Die Versuchung, einen leeren Sack zu hinterlassen, ist daher groß. Ja, man kann sogar scheinbar zwingend so argumentieren: ›Wenn der Händler einen vollen Sack bringt, ich aber einen leeren Sack abgestellt habe, bin ich fein raus: denn dann kriege ich das, was ich wollte, umsonst. Aber, auch wenn der Händler einen leeren Sack zurücklässt, war es besser, auch einen leeren Sack deponiert zu haben; denn dann bin ich wenigstens nicht übers Ohr gehauen worden. Ich habe zwar nichts bekommen, aber auch nichts verloren. Wie es aussieht, bin ich mit einem leeren Sack in jedem Fall also besser dran, egal, wozu sich der Händler entschließt. Folglich deponiere ich einen leeren Sack.‹

Der Händler, der ja mehr oder weniger im gleichen Boot sitzt (wenn auch am anderen Ende), hat sich mittlerweile dasselbe überlegt. Auch er ist zu dem Schluss gekommen, am besten nichts in den Sack zu tun. Und so deponieren sie beide aufgrund ihrer (scheinbar) unfehlbaren Logik einen leeren Sack – und gehen beide leer aus. Traurig, traurig: denn wenn sie kooperiert hätten, hätten sie beide bekommen, was Sie wollten.«

Nachdem Hofstadter diese Geschichte in ein Computerprogramm zerlegt hatte, wurde sie auch gleich in diesem Sinne erweitert, dass die beiden über längere Zeit miteinander Geschäfte abwickeln sollten.

Der Rechner begann nun zu spielen: Immer ehrlich? Immer betrügen? Zehn um eins ehrlich? Und so fort.

Als erfolgreichste Strategie der Kooperation für alle schälte sich bald dieses Vorgehen heraus:

1) Habe ein nettes Programm:
   a) Betrüge nicht als Erster, das heißt, spiele mit, erweitere die Möglichkeiten des anderen
   b) Gehe davon aus, dass der/die andere in Ordnung ist, man dir behilflich sein will
2) Sei verletzlich, provozierbar:
   Gebe dem anderen laut und deutlich kund, dass er, wenn er dich betrügt, deine Möglichkeiten einschränkt
3) sei versöhnlich
   Spielt der andere nach einem Patzer wieder mit, so kooperiere sofort. Keine Schuldverteilung, keine Strafe! Keine Verachtung, kein Hass!
4) Habe ein klares und lernfähiges Programm:
   Über die Zeit sollte jeder für den anderen in seiner Handlungsweise ausrechenbar, berechenbar sein.
   Eine gemeinsam vereinbarte Abänderung des Kooperationsvertrages sollte möglich sein

Über lange Zeit war es zum Beispiel mein Problem, ein »zu gutes« Programm zu haben (ein so genanntes »Helfersyndrom«). Wollte also jemand von mir einen Sack, so gab ich ihm gleich fünf. Kam nichts zurück, so schob ich vielleicht noch mal zehn Säcke nach, nach dem Motto: »Das Gute muss sich ja eines Tages herumsprechen.« Tat es natürlich äußerst selten, was, wie ich heute weiß, auch völlig korrekt ist. Hatte ich dann eines Tages endlich begriffen, dass der andere mehr nimmt als gibt, fiel dieser unwiderruflich »durch mein Sieb«. Oft bedurfte es dabei nicht einmal eines bösen Wortes.

Andere Menschen wiederum lachen beim Anblick dieser

vier Bedingungen zu einer gelungenen Kooperation spontan hell auf und meinen zu Punkt eins: »Ich bin doch nicht blöd! Alle anderen sind doch die Schurken. Nie und nimmer stelle ich einen Sack in den Wald. Aber das lasse ich die nun wiederum nicht wissen. Ich tu halt so, als ob ich mitspiele.«

Sehr schön nachzulesen ist diese Theorie über eine gelungene Kooperation übrigens auch in dem lehrreichen Buch von Richard Dawkins: »Das egoistische Gen«.

Zusammengefasst lässt sich heute festhalten, dass der intelligente Egoist kooperiert! Nur wer dafür sorgt, dass es auch dem anderen gut geht, wird selber über die Zeit Wohlbefinden ernten und genießen können.

Drei lebensnotwendige Fähigkeiten

Im November 1981 hatte ich mich zum Lesen und Schreiben auf die Insel Amrum zurückgezogen. Dabei wurde mir immer deutlicher, dass es zwei Gruppen von Patienten gibt. Die einen zeichnen sich durch eine tendenzielle Angst vor Schwäche aus, die haben eher Angst, Fehler zu machen.

Aus Angst vor Schwäche mussten die Menschen der ersten Gruppe stets stark und aktiv sein, während die Angst-vor-Fehler-Menschen sich eher aus allem heraushielten und dafür lieber andere engagierten. Über Verliebtheit, so meine Erkenntnis, traf meist ein Angst-vor-Schwäche- mit einem Angst-vor-Fehler-Partner zusammen, und die beiden verstärkten über die Zeit gegenseitig ihre einst aus dem Elternhaus mitgebrachten Ängste.

Diese Sichtweise habe ich in meinem ersten Buch »Die Verliebtheitsfalle« ausführlich dargelegt.

1985 lernte ich die Arbeiten von J. Kuhl, damals noch im Max-Planck-Institut für psychologische Forschung, München, kennen. Anlässlich von nicht zu lösenden Aufgaben war ihm aufgefallen, dass sich die Testpersonen auch in zwei

Gruppen unterteilen ließen. Er nannte die einen die »Handlungsorientierten«, die anderen die »Lageorientierten«.

Kuhl setzte Studenten vor den Bildschirm, auf dem ein Flugzeug mit einem Magneten unter dem Rumpf erschien. Auf Knopfdruck sollten nun die jungen Leute den Magneten vom Flugzeug ausklinken und zwar so geschickt, dass dieser tief im Wasser schimmernden Schrott traf. Im Sinne des Umweltschutzes sollte später dieser Schrott mit Hilfe des Magneten aus dem Meer entfernt werden.

Es galt also, die Geschwindigkeit des Fliegers, Seitenwind, Wellengang und Wasserströmung zu berücksichtigen. Nur wer all diese Größen korrekt abzuschätzen wusste, würde in der Lage sein, zum richtigen Zeitpunkt auf den Knopf zu drücken und so den Magneten treffsicher auszulösen.

Was den Studenten allerdings verschwiegen wurde, war die Tatsache, dass niemand erfolgreich sein konnte. Ein Computerprogramm verhinderte systematisch, dass Magnet und Schrott zusammentrafen. In der Reaktion auf diese »gemeine« Aufgabe, ließen sich nun zwei Handlungsweisen beobachten. Ein Teil der Testpersonen merkte sehr rasch, dass die Aufgabe wohl nur sehr schwer, vielleicht gar nicht zu lösen war und verlangte fröhlich nach einem neuen Spiel. Die anderen dagegen blieben an dem Bildschirm kleben und gaben nicht auf. Sie hofften unentwegt, vielleicht doch noch einmal den Schrott zu treffen. Brach dann der Leiter des Experiments das Spiel ab und bot als Ersatz eine neue Aufgabe an, war diese Gruppe frustriert und wollte nicht mehr mitmachen.

Die Handlungsorientierten zeichnen sich also dadurch aus:

1. dass sie schnell entscheiden können,
2. dass sie sich trauen, sich von unlösbar erscheinenden Aufgaben zu trennen, und
3. dass sie durch Misserfolg motiviert werden.

Die Lageorientierten dagegen wurden durch Misserfolg eher entmutigt, sie blieben an unlösbaren Aufgaben hängen und taten sich schwer, eine Entscheidung zu treffen.

Im gemeinsamen Gespräch konnten wir uns darauf einigen, dass Kuhls Handlungsorientierte wohl mit meinen Angst-vor-Schwäche-Menschen gleichzusetzen sind und die Lageorientierten den Angst-vor-Fehler-Menschen entsprechen.

Handlungsorientierte = Angst vor Schwäche = die tendenziell Aktiven (die Besserwisser)

Lageorientierte = Angst vor Fehlern = die tendenziell Passiven (die gelernten Hilflosen)

1986 entdeckte ich das Buch »Das Rätsel Ödipus« von N. Bischof. In vielem, was der Verhaltensforscher aus Zürich schrieb, fand ich mich in meiner Arbeit mit Patientenfamilien wieder. Eine Passage in seinem Werk aber war für mich besonders elektrisierend. In einem Gedankenexperiment versuchte Bischof, elektronisch gesteuerte Mäuse zu konstruieren, die in der Lage sein sollten, tierisch-menschliches Verhalten in den Grundzügen nachzuahmen. Seine Überlegungen führten ihn zu dem Schluss, dass er für deren elektronische Steuerung drei Schaltzentren benötigte:

- ein Zentrum für Autonomie, d.h. selbstständig entscheiden können
- ein Zentrum für Unternehmenslust
- ein Zentrum für Bindungsmotivation bzw. für das Aufsuchen von Nähe, Sicherheit

Die Fähigkeit zur Autonomie sollte das Lebewesen in die Lage versetzen, selbstständig entscheiden zu können, ob es jeweils Nähe und Sicherheit bei seinen Artgenossen aufsuchen oder aber etwas alleine bewerkstelligen möchte.

Ein Zentrum für Tatendrang sollte dafür sorgen, dass das Lebewesen handelt und so zum Beispiel für Nahrung oder für eine Unterkunft sorgt.

Schließlich war zur Sicherung des Fortbestandes der eigenen Art eine sich immer wieder einstellende Bindungsmotivation, die Nähe und Sicherheit ermöglicht, erforderlich.

Um dies in einem Bild darzustellen: Der Kapitän auf der Brücke seines Schiffes versinnbildlicht die Autonomie, das Schiff unterwegs auf dem offenen Meer den Tatendrang und der Hafen die Sicherheit. Die Angst-vor-Schwäche-Menschen bzw. die Handlungsorientierten waren solche Leute, die sich durch einen zu großen Tatendrang auszeichneten. Die Angst-vor-Fehler-Patienten, die Lageorientierten, könnten dann vielleicht den Individuen entsprechen, die sich zu sehr in der Nähe der Passivität aufhielten.

Auf jeden Fall ergaben meine Beobachtungen an meinen Patienten und deren Familien von Anfang an, dass die Betroffenen in einer Weise miteinander kommunizierten, die dazu führen musste, dass die Entwicklung und Integration dieser drei Fähigkeiten gestört wurde. Gelang es dagegen, ihnen zu einer Kommunikation zu verhelfen, die es jedem Mitglied des Familiensystems ermöglichte, diese drei Fähigkeiten auszubilden, bildeten sich auch die Symptome des jeweiligen Patienten zurück. Dabei zeigten Patienten und Familien mit unterschiedlichen Krankheiten jeweils unterschiedliche Einschränkungen der drei genannten Fähigkeiten.

In meiner Sichtweise wurde ich inzwischen auch durch eine Arbeit von Herrn Deneke, Hamburg, bestätigt, der 1987 fragte: »Was trägt eigentlich von psychologischer Seite mit dazu bei, dass Menschen gesund bleiben?«

1. Eine ausgeprägte Fähigkeit zur Autonomie, das heißt, sich stets unabhängig, selbstständig entscheiden zu können, und

2. die Fähigkeit zum uneingeschränkten Handeln in jeder nur erdenklichen Lebenssituation.

Gesunde Menschen wissen sich also stets die Kontrolle über ihr Leben zu erhalten.

Wie ich es auch drehe und wende, ich komme immer wieder auf das Thema *Angst* zurück: Anerzogene Ängste, so genannte Tabus im Verhalten, Denken und Fühlen beeinträchtigen unsere Möglichkeiten, gelungen unsere alltäglichen Hausaufgaben zu erledigen. Nicht gelöste Probleme bewirken in unserem Körper eine anhaltende Anspannung, die sich dann eines Tages in eine passende Erkrankung umzusetzen vermag.

Daher wird das nächste Kapitel den Ängsten, der zentralen Aussage dieses Buches, gewidmet sein.

Angstfreiheit oder: eine fröhliche Fuchsjagd

Auf den folgenden Seiten baue ich im Wesentlichen auf den Forschungsergebnissen des Hirnforschers Joseph LeDoux auf.

Das Spezialgebiet von LeDoux sind die Gefühle und hier wiederum steht für ihn im Vordergrund das Gefühl der Angst. (In der deutschen Übersetzung seines Buches: «Das Netz der Gefühle« wird das Wort Furcht benutzt. Ich meine, dass unser Wort Angst den Tatbestand, den es hier zu erörtern gilt, besser trifft).

Gefühle sind Steuerungsinstrumente, Messfühler, die uns aus unserem Inneren heraus signalisieren sollen, ob sich unser Körper in einem für ihn bekömmlichen Bereich befindet oder nicht. Und Gefühle sind Signalgeber, die auch unseren Mitmenschen signalisieren (sollen), in welcher Gefühlslage wir uns gerade befinden.

Wieviele Gefühle wir Menschen uns zubilligen können, ist

immer noch umstritten und ein weiterer Gegenstand der Forschung, aber im Allgemeinen werden folgende Gemütserregungen anerkannt: Das Angst-Furcht-System, die Freude, die Trauer, der Ekel, die Scham und das Ärger-Wut-System. (evt. lässt sich noch das Gefühl der Überraschung hinzufügen).

Ich denke, mit gutem Grund hat sich LeDoux dem Gefühl der Angst zugewandt, denn wir können wohl zurecht annehmen, dass dieser Signalgeber der älteste in der Entwicklung von Lebewesen war.

Schon in der Fliegerei wurde mir von jedem Fluglehrer eingehämmert: »Es gibt alte Piloten und es gibt mutige Piloten; aber keine alten Mutigen!«

LeDoux und weitere Forscherteams konnten nun herausfinden, dass es in unserem Gehirn eine ganz bestimmte Stelle gibt, genau genommen sind es zwei korrespondierende, nicht viel größer als stecknadelkopfgroße Areale, in denen die Angst lokalisiert ist. Wenn man hier, bei einem Tier oder bei einem Menschen, anlässlich einer Hirnoperation mit einer feinen Elektrode einen Stromreiz gibt, empfindet das entsprechende Lebewesen sofort Angst. (Beim Menschen können Hirnoperationen bei vollem Bewusstsein durchgeführt werden, da das Gehirn keine Schmerzfasern besitzt).

Was nun die materielle Grundlage des Gefühls der Angst in diesen beiden kleinen Bereichen ist, ist immer noch ein Gegenstand der Forschung: Sind es ganz bestimmte Nervenverschaltungen, die über Lernprozesse eingerichtet wurden, oder handelt es sich hier um ein biochemisches Substrat, das bisher noch nicht identifiziert worden ist? Die Zukunft wird es weisen.

Wichtig für unsere Betrachtung ist jetzt nur, dass es tatsächlich einen Ort in unserem Gehirn gibt, wo die Angst lokalisiert, zu Hause ist, d.h. Gefühle, in unserem Fall die

Angst, sind keine Einbildung oder Phantastereien, sondern sie sind real in unserem Nervensystem vorhanden.

Auf Seite 144 schildert nun LeDoux folgende kleine Geschichte:

Stellen wir uns ein kleines, junges, niedliches Häschen vor, welches durch die Wiese hoppelt und zum nächsten Teich möchte, da es durstig ist. Kaum ist es bei dem Gewässer angekommen und hat mit genüsslichem Schlürfen begonnen, sieht es plötzlich einen Fuchs, der in einem großen Satz und mit weit aufgerissenem Maul angeflogen kommt.

Was meinen Sie, was das Häschen jetzt fühlt?

Sicher nicht schwer zu erraten: Angst, Todesangst!

Und es wird versuchen sein Leben in Sicherheit zu bringen und wegzurennen.

Nun schreibt LeDoux so mitfühlend: Wir brauchen uns nicht all zu große Sorgen um unser Häschen machen, denn es rennt ja um sein Leben, der Fuchs nur um die Nahrung. Folglich wird das Häschen diesen Wettlauf gewinnen.

Jetzt habe ich diese Geschichte noch ein klein wenig weitergesponnen:

Unser Hasenkind kommt nun mit fliegendem Atem, schwitzend, angstaufgerissenen Pupillen in den Bau zu seinen Geschwistern und erzählt stockend seine abenteuerliche Geschichte. Aber zu seiner großen Bestürzung erntet es nur Unverständnis. »Was? Fuchs?. Dem haut man doch nur locker eins auf die Nase, und dann ist Ruhe« – so der Tenor seiner Geschwister.

Damit möchte ich deutlich machen, dass angstbesetzte Erlebnisse von anderen nicht »nachgefühlt« werden können. Ein jeder steht mit seinen Ängsten bitterböse alleine da und muss selber schauen, wie er damit zurecht kommt.

An dieser Stelle erinnere ich mich an folgende Begebenheit aus meiner Hausarztzeit:

Eines Tages erschien in meiner Praxis ein älterer Herr mit

der Frage, ob ich denn in Zukunft für ihn Hausarzt sein wolle. Nun, wir vereinbarten einen Untersuchungstermin, denn jedem Neuankömmling bot ich einen so genannten Check-up an, um gleich von Anfang an Klarheit über den Gesundheitszustand zu bekommen.

Der alte Herr stand nun in Unterhosen neben mir, und ich wollte an ihm vorbei, um an das EKG-Gerät zu kommen – es war ein etwas enger Untersuchungsraum. Ich bat ihn daher: »Stellen Sie sich doch bitte hier kurz an die Wand«, und fand ihn auf dem Fußboden wieder. Kreislaufkollaps. Mit meinen Helferinnen hoben wir ihn vorsichtig auf die Liege – er hatte sich gottseidank nicht ernstlich verletzt –, und als er wieder zu sich kam, stöhnte er mich an: »Dr. Frederich, sagen Sie das mit der Wand bitte nie mehr. Ich war jahrelang in russischer Gefangenschaft, wurde mehrfach an die Wand gestellt und scheinerschossen – entweder waren es Platzpatronen, oder die Kugeln schlugen dicht neben mir ein.«

Ich darf Ihnen den Ausspruch des Griechen Epiktet, vor zweieinhalbtausend Jahren geäußert, in Erinnerung zurückrufen: »Nicht die Dinge an sich beunruhigen uns Menschen, sondern die Meinung, die wir von ihnen haben!«

Ein jeder Mensch birgt somit in sich einige hoch angstbesetzte Begriffe, deren Entstehungsgeschichte meist in der Kindheit zu suchen ist. (Ereignisse im Erwachsenenleben wie Folter, Vergewaltigung, schreckliche Unfälle, Kriegserlebnisse möchte ich hinten anstellen, da sie – gottseidank –in unserem Alltagsleben nicht so häufig vorkommen. Viel entscheidender und meine Arbeit von morgens bis abends bestimmend sind die in der Kindheit gesetzten Tabus.)

Meine Aufgabe sehe ich demzufolge darin herauszufinden, wie die Ängste denn benannt werden können, die den einzelnen Familienmitgliedern einst in ihrer Kindheit gesetzt wurden.

Wie heißen die Füchse des Patienten und die seiner Angehörigen?

Denn nur das, wofür wir einen Namen haben, was uns über einen Begriff bewusst ist, ist für uns Menschen handhabbar bzw. änderbar.

In ihrem berühmten Buch »Du sollst nicht merken«, hat Alice Miller in wunderbarer Weise dargestellt, wie sublim oft die Eltern Ängste setzen – und das Ganze oft nicht einmal mit böser Absicht –, so dezent, dass das Kind später als Erwachsener überhaupt nicht mehr weiß, welche Denk-, Gefühls- und Handlungsmöglichkeiten ihm einst tabuisiert wurden. (Tabu heißt bekanntlich: Bei Todesstrafe verboten!)

Diese Erkenntnis hat weit reichende Konsequenzen für ein jedes Psychotherapiemodell:

Der Patient hat die Wahrheit und nicht der Therapeut!

Es ist der Patient, der seine ihm eigene Vergangenheit, seine angstbesetzten Erlebnisse in seinem Gehirn gespeichert hat. Und diese verinnerlichten, meist unbewussten Tabus sind es, die bisher sein Leben immer wieder beeinträchtigt haben.

Somit kann es »nur« Aufgabe des Therapeuten sein, über zutreffende Hypothesenbildungen dem Klienten und seinen Angehörigen aufzuzeigen, welche angstbesetzten Verbote es denn sein könnten, die alle bisher in ihren Lebensäußerungen behinderten. Der Patient entscheidet über die Angebote des Therapeuten, ob er sich verstanden fühlt oder nicht. Diese Situation ist vergleichbar mit dem »Schiffeversenken«-Spiel, welches wir wohl fast alle in unserer Kindheit gespielt haben, gelegentlich auch unter der Schulbank. Der Patient entscheidet über Treffer oder Wasser!

Therapieformen, in denen der Therapeut meint, er hätte die Wahrheit über den Patienten, scheiden damit wohl wegen Unwissenschaftlichkeit endgültig aus.

Es kann nun allerdings im Verlaufe einer Beratung folgende problematische Situation geben: Auf Grund vieler Äußerungen des Patienten und auch wegen mancher Beobachtungen über denselben kommt der Therapeut zu einer Hypothese über die Vergangenheit des bei ihm um Rat Suchenden. Und der Patient sagt: »Nein! Stimmt nicht!« Jetzt gibt es zwei Möglichkeiten:

- Der Patient hat Recht und die Vermutung des Beraters war nicht zutreffend.
- Der Therapeut hat Recht, aber der Patient kann diese seine Wahrheit noch nicht annehmen. (In diesem Fall ist der Patient durch zwei Ängste blockiert: 1. Das anerzogene Tabu, z.B. keine Fehler machen zu dürfen, und 2. Das Tabu, dass darüber gesprochen werden darf, dass dies überhaupt wahr sein darf).

In einem solchen Fall nehme ich Rücksicht auf den Widerstand des Patienten, lasse erst einmal alles so stehen, wie es ist, und beharre nicht darauf, dass er die Wahrheit akzeptiert. (Es sind Fälle bekannt, wo Klienten Selbstmord machen wollten, nachdem sie eine Wahrheit aus ihrer Vergangenheit zur Kenntnis genommen hatten.)
Prof. Sachsse, Göttingen, schilderte diesen Sachverhalt sehr eindrücklich anlässlich einer Tagung in Gießen im Februar 1998: Sachsse befasst sich vorrangig mit jungen Menschen, meist handelt es sich um junge Frauen, die sich immer wieder selber Verletzungen zufügen; seien es Schnittverletzungen an den Pulsadern, seien es Verbrennungen mit Zigaretten am ganzen Körper und viele andere Arten mehr der Selbstschädigung. Auf Grund der Biographie mancher Betroffener ist der Gedanke naheliegend, dass hier und dort wohl ein sexueller Missbrauch in frühester Kindheit stattgefunden haben muss. Aber die Leute konnten sich beim besten Willen an nichts erinnern.

Jetzt gibt es eine neue Methode aus den Vereinigten Staaten, EMDR (eye movement desensitization and reprocessing) genannt, mit der es möglich ist, solche Erinnerungssperren aufzulösen und somit die Patienten zu befähigen, Erlebnisse aus der Vergangenheit wahrhaben zu können, die bisher völlig tabuisiert waren. Allerdings müssen anlässlich einer solchen Therapie die Klienten strengstens überwacht und dicht betreut werden, um – wie oben angedeutet – Fehlreaktionen abzufangen. (Die Überprüfung des jetzt auf einmal Erinnerbaren ergab, dass diese bisher unzugänglichen Dinge tatsächlich stattgefunden hatten! Wichtig hierbei ist mir zu betonen, dass ich Missbrauch des Missbrauchs genau so scharf ablehne und verfolge wie den sexuellen Missbrauch selber!)

Der Patient also hat seine Wahrheit, er hat sein Leben gelebt und erlebt, er hat seine angstbesetzten Erlebnisse gespeichert und manche davon hat er verdrängt, ins tiefste Unterbewusste geschoben. Nur ist dieses Thema für den Betreffenden jetzt nicht erledigt, sondern wie bei einem Moorbrand schwelt die Problematik unaufhörlich weiter, bzw. sie äußert sich jetzt in den verschiedensten Symptomen.

Diese Symptome können dann Verhaltensauffälligkeiten, aber auch Krankheiten sein. An Fallbeispielen werde ich später diese Reaktionen von uns Menschen noch mehr verdeutlichen.

Zurück zu den anerzogenen, tief sitzenden Ängsten:

Ich zitiere wiederum LeDoux:

Eine Ratte wurde bei gleichzeitig gesetztem Stromschlag und Glockenklingeln auf diese Glocke konditioniert: Zuletzt brauchte man nur noch zu klingeln, und schon zitterte die Ratte vor Angst, weil sie ja »wusste«, dass sie jetzt auch einen Stromschlag bekommen würde.

Nachdem die Ratte diese Konditionierung gelernt hatte, wurde sie in einem anderen Käfig untergebracht, der bewusst völlig anders gestaltet worden war als ihre ursprüngliche Unterkunft. Und es wurde jetzt nur noch geklingelt. (Kein

Stromschlag mehr!) Mit der Zeit verlernte die Ratte ihre Schreckreaktion.

Nach dieser erfolgreichen *De*-konditionierung wurde das Tier wieder in seinem ursprünglichen Käfig untergebracht, und siehe da, die Ratte begann nur beim Glockenton wieder zu zittern!

Mit anderen Worten: Eine einmal erlebte massive Angstsituation bleibt in unserem Gehirn für immer unauslöschlich »eingraviert«.

Vor ein paar Wochen musste ich diesen Sachverhalt wieder einmal am eigenen Leibe wahrhaben.

Wir saßen gemütlich in unserer Wohnküche beim Abendbrot zusammen, und auf einmal überraschte uns ein fürchterlicher Schlag bzw. ein krachendes Klirren und Scheppern. Ich muss wohl am heftigsten erschrocken sein, denn meine Familie um mich herum schaute mich etwas verdutzt an: »Du siehst aber arg bleich und verstört aus. So schlimm war es doch auch wieder nicht!«

»Leute«, begann ich zu erklären, »genau so hat im Januar 1945 der Einschlag der Bombe auf der Straßenseite gegenüber geklungen. Die Sirenen hatten losgeheult. Wir standen gerade im Flur, um in den Keller zu fliehen, aber da die Front schon so nahe war, kam der Alarm wieder einmal zu spät. Das Wohnzimmer, der Nachbarraum des Flurs, war von Splittern durchsiebt. Es sah aus, als ob eine Bombe ...« Nach 53 Jahren erinnerte sich mein Gehirn noch innerhalb von Bruchteilen einer Sekunde an diese angstbesetzte Szene und ließ mich überreagieren. (Diesmal übrigens war die Ursache des Lärms ein Stock höher ein überdimensional großer Spiegel gewesen, der einem Familienmitglied beim Umhängen aus der Hand gerutscht und zu Boden gefallen war.)

Für meinen Berufsstand tröstlich schreibt nun aber LeDoux weiter, dass dennoch Psychotherapie nicht unsinnig ist. Ein psychotherapeutisches Verfahren sollte es leisten, einmal die angstbesetzte/n Szene/n wieder erinnerlich und damit benennbar zu machen, und dem Patienten Mut zu machen, *dagegen anzutrainieren.*

Die Erkenntnis alleine reicht bei weitem nicht aus! Nur wenn man immer wieder übt bzw. sich selbst die Erlaubnis gibt, dass das, was früher verboten war, jetzt mit bestem Gewissen getan werden darf, kann man die erlernten und gespeicherten Ängste annehmbar in Schach halten.

Für das nächste kleine Beispiel zu diesem Thema sei vorausgeschickt, dass ich 1945 mit sechseinhalb Jahren den Einmarsch der Russen in Stolp, heute Polen, erlebte und dass es in meinem Elternhaus gar nicht günstig war, von meiner Mutter ohne irgendeine sinnvolle Beschäftigung erwischt zu werden.

Während der ersten drei Tage in den Sommerferien 1997 hatte ich an einem wunderschönen Bergsee im Salzkammergut nur geschlafen. Prompt träume ich in der dritten Nacht: (Originalton des Richters im Traum!): »So eine faule Sau wie der Bernd muss erschossen werden.« Ich sehe mich an der Ziegelmauer stehend, russische Soldaten mit ihren Maschinenpistolen auf mich angelegt vor mir, und wache schweißgebadet auf. Ich wusste sofort: »Mutter lässt grüßen!« »So mir nichts dir nichts drei hellichte Tage einfach verpennen?! In meinem Hause nicht!« Ich habe dann sofort mit meiner Mutter gesprochen – sie ist Weihnachten 1993 verstorben – »hör mal zu, auch morgen am vierten Tage werde ich wieder stinkend faul sein, und du hältst bitte schön den Mund!« In der vierten Nacht konnte ich meinen Schlaf in aller Ruhe genießen.

Früher wäre ich einem solchen Geschehen hilflos ausgeliefert gewesen, hätte wohl Angst vor den nächsten Nächten gehabt. Vielleicht hätte ich ganz schnell wieder zur Schreibmaschine gegriffen oder eine anstrengende Tour mit dem

Fahrrad unternommen oder sonst irgendeine wilde Aktivität inszeniert und dabei meinem Körper weiteren Schaden und keine Erholung zugefügt.

Zurück zu LeDoux und seinem Häschen.

Um seine Angst erfolgreich wegzutrainieren, muss nun unser Häschen mindestens hundertmal an den Teich und dabei die glückliche Erfahrung machen, dass kein Fuchs mehr kommt, denn der ist am nächsten Tag vom Auto überfahren worden. (Traut sich das Häschen nicht mehr an den Teich, wird es verdursten müssen, oder aber es hat mit Schmutzwasser aus einem Nachbartümpel zufrieden zu sein).

Sie erinnern sich?: »Das Wichtigste in einer Beratung passiert zwischen den Beratungsstunden, zu Hause!«

Und genau hier liegt die Trennungslinie zwischen erfolgreichen und Pleiten-Therapien. Die Leute, die bereit sind, anerzogene Ängste und daraus folgendes Fehlverhalten wahrzunehmen und die nun zusätzlich motiviert sind, die in der Kindheit aufgezwungenen Tabus niederzutrainieren, werden zu den Erfolgreichen gehören. Wer dagegen alles beim Alten belassen möchte, muss mit den entsprechenden Ergebnissen zufrieden sein und darf sich auch nicht wundern, wenn sein Partner ohne ihn neue, für ihn bekömmlichere Wege geht.

Nun habe ich im Verlauf der letzten Jahre zweierlei Arten von »Füchsen« kennen gelernt:

- Unsystematische, zufällig auftretende Erlebnisse, wie es jener ältere Herr an der Erschießungsmauer erfahren musste, oder wie sie meine Erinnerung an die Bombe auf der Straßenseite gegenüber darstellte, und
- systematische Füchse, die auf Grund bestimmter Erziehungssituationen immer in der gleichen Art wiederkehren.

Systematische Füchse, die ich bei meinen Patienten immer wieder finde, sind Angst vor Vorschriften, Angst davor,

Wünsche anzumelden, Angst davor, zu genießen, und Angst vor Nähe.

Die vier Füchse

(Füchse = Tabus, Feindbilder, Lebensformen, vor denen man Angst hat)

Ihre Füchse?:

Vorschriften befolgen *(Abwehr: sich heraushalten, bedeckt halten, sich nicht festlegen)*

Wünsche anmelden *(Abwehr: sich nützlich machen, verzichten, Selbstlosigkeit)*

Sie: ______ ______

Genießen *(Abwehr: workaholic, speedaholic, immer in Anspannung, schlechtes Gewissen beim Ausruhen)*

Nähe zulassen *(Abwehr: ander lenken, treiben, beschäftigen)*

Er: ______ ______

Angst vor Vorschriften

Wenn man in der Jugend überbehütet wurde, wenn man öfters zu hören bekam: »Solange du deine Füße unter unseren Tisch hältst ... !«, wenn das Familienmotto lautete: »Was sagen die Leute?«, wenn sich die Mutter durch eine übergroße Ängstlichkeit auszeichnete oder der Vater der absolute Patriarch war und Widerspruch mit allen nur möglichen Mitteln unterdrückt wurde, so ist es nur all zu verständlich, wenn ein Mensch mit solchen Erfahrungen im Erwachsenenleben hoch allergisch auf Vorschriften reagiert. Ein solcher Mensch neigt dazu, Vorschriften zu hören, wo andere noch lange keine Weisung wahrnehmen.

Zwei Erlebnisse mögen dies illustrieren.

Es handelte sich um eine Erststunde und eine Einzeltherapie mit einer Frau um die 35 Jahre. Während wir uns hinsetzten, sah ich noch einmal zum Fenster hinaus. Es war ein herrlicher Sommertag und ich sah wunderbar große, weiße Wolkentürme. Als alter Segelflieger hörte ich die Aufwinde förmlich nach oben saugen und sagte ganz leise vor mich hin: »Welch schöner Tag es doch heute ist!« Wie aus der Pistole geschossen ging die Klientin auf mich los, welch übler Rüpel ich sei usw. Es dauerte eine ganze Weile, bis endlich herauskam, dass sie »gehört« hatte, ich hätte gemeint, sie sei zu warm angezogen … .

Eine Frau um die 50 kam auf mich zu und wollte um eine Gefälligkeit bitten. Ich war auch gerne bereit, ihr diesen Wunsch zu erfüllen, nur wusste ich noch nicht genau, um was es im Detail ging. Sie fing nun an von Adam und Eva, vom Hölzchen aufs Stöckchen zu erzählen. Da ich ihr ja nun helfen wollte und dazu wissen musste, worum es denn ging, fragte ich sie auf einmal: »Was ist denn nun Ihr Wunsch?« Die nächsten fünf Minuten waren bühnenreif: Schreiend und wild gestikulierend schritt oder rannte sie im Zimmer herum, Flüche und Verwünschungen gegen meine Person ausstoßend und stets wiederderholend, sie lasse sich nicht vorschreiben, wie sie zu reden hätte…

Logischerweise ist eine Beratung mit solch geängstigten Menschen äußerst schwierig, neigen sie doch dazu, jede Empfehlung des Therapeuten in die Kiste der Vorschrift zu packen und mit einem Nein!!! zu reagieren. Und wenn es das Leben kostet.

Ein Mann mit vier Ausbildungskursen in Erster Hilfe »gestand« mir einst: »Doktor, ich hoffe nie als Erster an einen Unfallort zu kommen, denn ich müsste wie von einem Zwang gesteuert weiterfahren. Erstens empfände ich diese Aufforderung zu helfen als eine Vorschrift, und das löst bei mir sofort eine Blockade aus, und zweitens könnte ich da ja einen Fehler machen, und das ist mir auch nicht erlaubt.«

(Habe ich ein Elternhaus hinter mir, in dem fast alles vorgeschrieben war, so beinhaltet dies in der Regel auch, dass ein Abweichen von den Vorschriften als gravierender Fehler angelastet wird. In solchen Szenarien sehe ich heute die Ursache für die Angst Fehler zu machen. Angst, etwas falsch zu machen, ist demnach die Folge von unnötig vielen Vorschriften.)

Angst davor, Wünsche anzumelden

Hier handelt es sich um Menschen, die in ihrer Kindheit, wenn überhaupt, nur anerkannt wurden, wenn sie sich nützlich machten, sich durch Selbstlosigkeit auszeichneten und möglichst alleine zurecht kamen. Ein klassisches Beispiel ist ein Mädchen – älteste von fünf Geschwistern, beide Eltern in einem eigenen Lebensmittelladen tätig –, die zur Ersatzmutter für ihre vier jüngeren Brüder avancierte. Andere zu unterstützen ist zum Lebenselixier dieser Menschen geworden in der geheimen Hoffnung, dass sie für diese Selbstlosigkeit anerkannt und geliebt werden. Ganz im Innersten dieser Leute – sicherlich zutiefst unbewusst – siedelt eine unendliche Sehnsucht, sich doch auch einmal fallen lassen zu können, unterstützt zu werden!

Vordergründig zeigen sich diese Menschen, als ob sie keine Hilfe bräuchten, und sehen, offen oder höflich verdeckt, mitleidig bis verächtlich auf Leute herab, die nicht so gut alleine zurechtkommen. Aber sie reagieren hoch allergisch – still, leise und verächtlich bis hin zu Wutausbrüchen –, wenn sie sich in entscheidenden Momenten nicht ausreichend unterstützt, verlassen oder übervorteilt erleben.

Ein Beispiel: Wir waren ein fröhliches Autorenteam gewesen – es galt ein alternatives Medizinlehrbuch zu schreiben –

und der Abschluss unserer Bemühungen sollte ein Essen in einem Japan-Restaurant sein. Das Essen, der Wein, die Gespräche waren vorzüglich. Als der Sprecher unserer Gruppe für alle gemeinsam bezahlen wollte, erfuhr er vom Kellner, dass das Lokal nur Schecks in Höhe von 400,- DM akzeptieren würde. Es waren also drei Schecks auszustellen. Mit wutverzerrtem Gesicht, violetter Kopfhautfarbe und heftig schimpfend füllte unser Einlader einen Scheck nach dem anderen aus, und bei der letzten Unterschrift zerriss er auch noch das Papier.

Wir anderen waren von dieser völlig überzogenen Reaktion mehr als betroffen. Da ich aber ein klein wenig über die Jugend und das weitere Leben des Verärgerten Bescheid wusste, machte diese Reaktion für mich auch Sinn: Wünsche anzumelden war in seiner Kindheit nicht erwünscht gewesen, und so hatte er eine hohe Empfindlichkeit in diesem Bereich entwickelt.

Es ist naheliegend, dass solche Leute im Erwachsenenleben dazu neigen, sich in einen Menschen zu verlieben, dem in seiner Kindheit Wünsche reichlich erfüllt wurden, und so schließt sich dann wieder der Kreis in fataler Weise: Der Selbstlose, der andere viel zu sehr unterstützt, im Grunde aber selber unterstützt werden möchte, zeigt sich so, dass man in seiner Nähe gar nicht auf diese Idee kommt. Und der gelernte Hilflose möchte in Wahrheit gar nicht mehr unterstützt und damit weiter klein gehalten werden, sondern er sehnt sich danach, endlich einmal etwas in eigener Verantwortung zustande bringen zu dürfen! Allerdings zeigt er sich immer wieder hilflos und fordert damit die Selbstlosen heraus, ihm unter die Arme zu greifen.

Menschen, denen es verwehrt ist Wünsche zu äußern, fehlt somit eine Möglichkeit, Kontakt zu den Mitmenschen aufzunehmen. (Sie mögen sich kurz einen liebenswerten, völlig hilflosen Säugling im Kinderwagen vorstellen und Sie werden spüren, wie sofort Hilfsbereitschaft in Ihnen anspringt. Eine Beziehung ist hergestellt!)

Um nun doch noch Kontakt zu den Mitmenschen zu bekommen, setzen dann solche Individuen die Strategie des Gehorsams und des sich Sich-Nützlichmachens ein. Greift dieses Verhaltensmuster nicht, neigen sie dazu, den Kontakt abrupt und für immer abzubrechen, oder aber sie werden krank. (Ich werde in den nächsten Kapitel noch darauf zurückkommen.)

In meinen früheren Büchern (1985 und 1990) schrieb ich über die Angst mancher Menschen vor Schwäche. Heute würde ich sagen, dass es sich dabei um Menschen handelt, die Angst davor haben, Wünsche anzumelden. Diese Angst nötigt sie zum einen dazu, immer noch mehr Leistung zu bringen, und zum anderen dazu, oft an Stellen den Mund zu halten, keine Wünsche zu äußern, wo Protest dringend angebracht wäre. Unabsichtlich lassen solche Leute andere gelegentlich völlig ins Leere laufen, wiegen sie in falscher Sicherheit, da sie kaum Zugang zu den eigenen Bedürfnissen haben. Man könnte diese Menschen auch Rabattmarkenheft-Kleber nennen: Sie neigen dazu, neunundneunzig Verletzungen klaglos zu speichern und bei der hundertsten Kränkung kommt es dann zu einer gewaltigen Explosion, die dem geringfügigen Anlass überhaupt nicht entspricht.

Die Therapie für solche Leute muss also darin bestehen, möglich zu machen, dass sie immer wieder einmal einen Wunsch äußern.

Da in meiner Kindheit nicht gerne gesehen wurde, wenn man Wünsche anmeldete, weiß ich bei diesem Fuchs ganz genau, wovon ich rede. Frühzeitig hatte ich gelernt, für mein Leben alleine verantwortlich zu sein, andere möglichst nicht zu belästigen. Und wenn ich dann doch einmal einen Wunsch äußerte, wurde ich meistens abgewiesen und so in meinem – unbewussten – Lebenskonzept (Fuchs) bestätigt. Wundern tat ich mich allerdings schon: Warum nur wurden meine Bitten so häufig abgeschlagen, während anderen viel gewichtigere Wünsche in Erfüllung gingen? Der Zufall kam mir zu Hilfe, als ein Gruppenmitglied eines Trainingsseminars mich eines Tages darauf aufmerksam machte, dass die von mir vorgetragenen Bitten fast schon ein Befehl waren oder aber so moralinsauer vorgetragen wurden, dass es wirklich keine Freude machte darauf einzugehen. Mühsam begann ich dann zu üben, Wünsche lachend, humorvoll anzumelden, d.h. dem anderen immer noch eine Chance zum Neinsagen zu lassen, und siehe da, es funktionierte. Und indem mir jetzt viel mehr Wünsche in Erfüllung gingen, brauchte ich auch nicht mehr so überzogen ärgerlich zu reagieren, wenn ich ein Nein erfuhr.

Ein ideales Übungsfeld stellt für mich das Einkaufen dar: Mehr und mehr ist es heute üblich, dass Leute an der Warteschlange vorbeidrängeln wollen oder den Verkäufer, mit dem man gerade im Gespräch ist, mit dem Satz »ich hab' hier nur eine kleine Frage« abspenstig machen, und dies alles mit der größten Selbstverständlichkeit. Da kann man trainieren, Wünsche zu äußern: »Jetzt bin ich erst einmal an der Reihe«, und der Fuchs wird immer kleiner.

Aus diesem Grund spreche ich von einer fröhlichen Fuchsjagd!

Angst davor, zu genießen

»Der Spatz, der morgens pfeift, den fressen abends die Katzen!«, oder »Eine Schwalbe macht noch keinen Sommer!«, oder »Erst die Arbeit, dann das Vergnügen!«, sind Sentenzen, mit denen die ältere Generation sicherlich zur Genüge traktiert worden ist. Es ist wohl das protestantische Prinzip, geboren in Tagen der Reformation, das uns weismachen soll, dass nur der sich einen Platz im Himmel verdient, der hier auf Erden Pein und Mühsal erduldet und gesucht hat. Sicherlich hat auch der Satz »ohne Fleiß kein Preis« seine Gültigkeit, aber ich meine heute nicht mehr, dass wir Menschen nur zum Schuften auf diesem Planeten vorgesehen sind.

Ich erinnere mich an einen TV-Film, in dem Ethnologen den Tagesablauf eines neu entdeckten Indianerstammes im Amazonasbecken zeigten. Diese so genannten Primitiven benötigten dreieinhalb Stunden pro Tag, um für Ernährung, Bekleidung und Behausung aufzukommen. Für den Rest des Tages wurde gefeiert.

Machen wir da nicht irgendetwas falsch? Ist es wirklich notwendig, derart verbissen für den Gewinn und damit den Genuss ausschließlich der Aktionäre zu arbeiten? Und möglicherweise zugleich die eigenen Kinder zur völligen Passivität zu erziehen?

Das gibt es tatsächlich: Die mittlere und ältere Generation legt sich krumm, arbeitet 60 Stunden die Woche und kennt das Wort Genuss nur vom Hörensagen, während »Sohnemann« morgens um vierzehn Uhr aufsteht, müde zum Kühlschrank schlurft und das letzte Bierchen vernichtet. Anschließend wird Fernsehen gezappt und ab 23 Uhr geht es dann wieder on tour durch die Discos. Papa bezahlt und Mama macht die Wäsche, räumt die Bude auf und entfernt auch die benutzten Kondome.

Ein junger Theologe machte mich einst darauf aufmerksam, dass der Satz »macht euch die Erde untertan« so völlig falsch übersetzt worden ist. Korrekt müsste es heißen: »Schaut die Erde, genießt die Erde, bewundert die Schöpfung!«

Für mich gilt die Hypothese, dass Gott uns Menschen wohl deswegen geschaffen hat, damit es ein Lebewesen gibt, welches über sein Bewusstsein und seinen Verstand in der Lage ist, das Wunderbare dieser Welt zu begreifen und wertzuschätzen. (Diese Auffassung vertraten auch schon die Physiker um Albert Einstein.)

Zu welchen Beschwerden es führen kann, wenn jemand nicht abschalten und genießen kann, werde ich später beispielhaft an dem Krankheitsbild der coronaren Herzkrankheit und dem M.Crohn (»chronische Dünndarmdurchfälle«) aufzeigen.

Angst vor Nähe

Die Natur hat uns Menschen als Gemeinschaftswesen konzipiert. Alleine hätte in früheren Zeiten kein Mensch zu überleben vermocht. Und dennoch gibt es Menschen, die von einer ungeheuren Angst vor Nähe immer wieder auf Distanz zu anderen getrieben sind. Meiner Beobachtung zufolge ist die Ursache hierfür in einem frühen Verlusterlebnis zu finden. Solche Menschen hatten in den ersten Kindheitsmonaten, vielleicht auch zwei, drei Jahre lang bei irgendeinem Erwachsenen eine wohltuende, Geborgenheit spendende Nähe, die dann auf einmal verloren ging (durch den Tod der Bezugsperson, vermehrte berufliche Absorption oder ein Geschwisterchen, das auf einmal bevorzugt wird).

Ein solcher Verlust muss für ein Kind ungeheuer schmerzhaft sein, weiß es doch intuitiv, dass es alleine nicht überlebensfähig ist. Nun erscheint es logisch, dass sich ein solcher Mensch sagt: »Diesen Schmerz will ich nie mehr erleben!« Und er lässt jetzt präventiv gar keine Nähe mehr zu, nach dem Motto »gebranntes Kind scheut das Feuer«.

Bei Menschen mit solchen Erfahrungen ist häufig eine paradoxe Strategie zu beobachten: Zum einen laden sie durch ihre Mimik, Gestik und vielleicht auch Worte dazu ein, ihnen näher zu kommen. Folgt man dieser Aufforderung, stößt man auf einmal auf eine abweisende Haltung. Ich erinnere mich an eine Kommilitonin während meiner Studentenzeit, die sich schmusend an mich drängte und meine Wange küsste. Als ich dann endlich Mut fasste und sie auf den Mund küssen wollte, wich sie blitzartig aus, und dies wiederholte sich später immer wieder. Auf meine anteilnehmende Frage, warum sie denn ein so widersprüchliches Verhalten zeigen müsse, bekam ich nur ein Schulterzucken zur Antwort. Aus vielen weiteren ihrer Verhaltensweisen darf ich heute annehmen, dass diese kluge Frau eine tiefe Angst vor Nähe hatte und von einer dahinter steckenden schrecklichen Angst geleitet war, im Stich gelassen zu werden.

Reflexartiger Widerspruch, sei es in Wort oder Tat, ist ein probates Mittel, Nähe zu verhindern. Wirksam ist auch, immer wieder auf Dinge hinweisen, die nicht in Ordnung sind, d.h. andere permanent zu kritisieren bzw. bohrend nachzufragen, ob denn alles auch tatsächlich so stimme, wie der andere es vorgegeben hat.

Der Preis, den diese Leute für ihre Angst, bzw. ihren Fuchs vor Nähe bezahlen müssen, ist lebenslange Einsamkeit. Um nun aber doch noch einen Bezug zu den Mitmenschen zu bekommen, haben solche Menschen die Strategie entwickelt, andere zu lenken, zu treiben und zu beschäftigen. Sie sind die »geborenen« Führungspersönlichkeiten und wissen einen stets zu beschäftigen. Dadurch wird es z.B. äußerst schwierig, an ihrer Seite einmal zur Ruhe zu kommen. Verweigert ihr Umfeld den Gehorsam und lässt sich nicht lenken, so neigen sie dazu, entweder sehr böse (schimpfen, Türen schmettern usw.) oder aber krank zu werden.

Die vier immer wiederkehrenden, anerzogenen Ängste, die ich hier als Füchse bezeichnet habe, beziehen sich meiner Beobachtung zufolge zum einen Teil auf den Umgang mit sich selbst, zum anderen Teil auf den Umgang mit anderen:

Angst vor Vorschriften Angst vor Genuss	} diese beiden Verhaltensweisen betreffen den Umgang mit sich selber
Angst davor, Wünsche anzumelden Angst vor Nähe	} diese beiden Verhaltensweisen betreffen den Umgang mit anderen

Somit lassen sich *tendenziell* vier Kombinationen (Psychodynamiken) beobachten:

A. Angst vor Vorschriften
   Angst davor, Wünsche anzumelden

B. Angst vor Vorschriften
   Angst vor Nähe

C. Angst vor Genuss
   Angst davor, Wünsche anzumelden

D. Angst vor Genuss
   Angst vor Nähe

Über den Mechanismus des Sich-Verliebens kommen nun sehr häufig Menschen mit der Psychodynamik von A mit solchen von D zusammen, während solche von B mit denen von C zusammentreffen.

Im ersten Augenblick scheinen dies sinnvolle Paarungen zu sein, denn der eine kann und darf jeweils etwas, was dem anderen verboten ist:

Zum Beispiel die Kombination von A und D: A kann genießen und liebt die Nähe, was für D tabuisiert (ein Fuchs) ist, und D wiederum hat wenig Probleme mit Vorschriften und kann hervorragend Wünsche anmelden.

Aber: D neigt dazu, andere anzutreiben und zu lenken, und so wird A mit Vorschriften konfrontiert, die er überhaupt nicht liebt. A hält sich sehr bedeckt, hält sich heraus und nötigt somit D dazu, aktiv zu sein, Verantwortung zu übernehmen, und verhindert somit für D aufs Neue, dass dieser zum Genießen kommt: Ein jeder re-inszeniert für den anderen dessen Jugendszenarium; bzw. ein jeder fügt dem anderen die Ängste zu, die er bereits seit frühester Kindheit kennt!

Ebenfalls scheinbar vorteilhaft ist: B kann exzellent genießen und Wünsche anmelden, was für C absolut verboten ist. Umgekehrt hat C kaum Probleme mit Vorschriften, daher hat er auch keine Angst, einen Fehler zu begehen und liebt Nähe über alles.

Aber B neigt dazu, seinen Partner zu lenken und zu treiben, und so wird dieser wiederum nicht zum Genießen kommen, und C, der nicht zu genießen vermag und daher ständig auf Achse ist, Verantwortung übernimmt und sich nützlich macht, wird sich bemüßigt fühlen, seinem Gefährten B ständig Vorschriften zu machen.

Beide polarisieren sich immer mehr, ein jeder treibt den anderen noch mehr in dessen Ecke. Beide werden zunehmend enttäuscht. Hieraus wiederum wächst mehr und mehr Feindseligkeit, bis beide entweder auseinander gehen oder aber einer oder gelegentlich auch beide sich in eine passende Erkrankung retten. (Dies passiert nicht bewusst, sondern der Körper übernimmt in eigener Regie das Handeln.) Gelegentlich ist auch zu beobachten, dass abwechselnd stets einer von beiden mit einer Krankheit behaftet ist.

Es liegt auf der Hand, dass bei diesen unglückseligen und

damit krank machenden Kommunikationsstrategien die Schulmedizin völlig hilflos dastehen muss. Folgender Vergleich dazu: Ein Haus brennt lichterloh. Die Feuerwehr draußen versucht aus allen Rohren, Wasser auf das brennende Gebäude zu werfen. Aber drinnen im Haus, ganz unten im tiefen Keller, pumpen bösartige Kobolde immer wieder Benzin in den Brand, und dies nicht zu knapp. Die Schulmedizin muss sich wie der Hase beim Wettlauf mit dem Igel vorkommen: Der Igel ist stets der Gewinner bzw. »all da!«

Leider aber wollen dies bisher die wenigsten Mediziner zur Kenntnis nehmen. Sie glauben immer noch daran, dass noch mehr und noch mehr technische Medizin eines Tages doch zum Erfolg führt.

Paul Watzlawick hat diesen Mechanismus in seinem berühmten Büchlein »Vom Schlechten des Guten« eindrucksvoll dargestellt:

»Um ihre riesigen Weltraumraketen vor dem Start vor Witterungseinflüssen – hauptsächlich Regen und Blitzschlag – zu schützen, beschloss die amerikanische Weltraumbehörde, einen entsprechend großen Hangar aufzustellen. Hangars baut man bekanntlich seit Jahrzehnten, und man ging also frohgemut daran, die Baupläne des bisher größten eben mit zehn zu multiplizieren. Wie schon John Gall in seinem höchst lesenswerten Buch Systematics erwähnt, stellte sich, vermutlich wiederum zur Verblüffung der Experten heraus, dass ein Leerraum dieser Größe (es handelt sich um den größten Bau der Welt!) sein eigenes Innenklima hat, nämlich Wolken, Regengüsse und Entladungen statischer Elektrizität – also genau das von sich aus hervorbringt, wogegen er schützen soll.«

Es gilt also für einen jeden Menschen herauszufinden, ob er von einem oder gar zwei der von mir entdeckten vier Ängste bzw. *vier Füchse* beherrscht wird. Wenn ja, so gilt es den

Kampf aufzunehmen, diese Plagegeister durch kontinuierliches Training unter Kontrolle zu bringen. Es gilt den oder die Füchse an die Leine zu bekommen. (Denn, wie LeDoux schreibt, ganz zu besiegen sind sie nicht).

Die krank machende Wirkung dieser Füchse ist vergleichbar mit der schädigenden Wirkung all der Bakterien, die vor rund hundert Jahren unter dem Mikroskop in Erscheinung traten. Da nun diese psychologischen Schädlinge ebenfalls aus dem Dunkel der Anonymität herausgeholt werden konnten, gibt es jetzt aber auch Möglichkeiten, sie in Schranken zu weisen und damit Gesundheit herbeizuführen.

Zum Schluss der Betrachtung über das unheilvolle Wirken von Füchsen sei noch einmal daran erinnert, dass es neben diesen vier systematischen Füchsen auch völlig zufällige gibt wie das angstbesetzte Erleben jenes älteren Herrn an der Mauer, oder wie etwa sexueller Missbrauch oder Folter in Chile, Iran, Türkei usw. Es gilt somit in jeder Beratung fein säuberlich und engagiert zu schauen, welche Ängste den um Rat Suchenden in seinem Leben behindern bis blockieren.

Wie erkennt man denn nun, dass man unter der Knute von Füchsen steht?

Wer unter einer chronischen, nicht ausschließlich erblich bedingten Erkrankung leidet, trägt mit hoher Wahrscheinlichkeit eine anerzogene Angst in sich.

Wer zu Überreaktionen oder zu Unterreaktionen neigt, möge einmal forschen, was denn einst in seiner Kindheit mit ihm angestellt wurde.

Und wer ohne Feindbilder in seinem Leben nicht auskommt, ist mit hoher Wahrscheinlichkeit ebenfalls von Füchsen besetzt.

Jede Diktatur z.B. benötigt ein Feindbild: für Hitler waren es die Juden, Khomeini brauchte den Satan USA, Pinochet wäre ohne die Kommunisten nicht zurecht gekommen. Den eigenen Leuten wird erzählt, dass die anderen grundsätzlich böse und aggressiv seien. Ein Überfall auf das eigene Land stehe kurz bevor. Es wird Angst erzeugt. Diese anerzogene Angst kann nun eines Tages dazu genutzt werden, präventiv, wie es so schön heißt, den Gegner zu überfallen.

Ein Großteil der Kriege, die die Menschen bisher geführt haben, waren wohl Auseinandersetzungen um unterschiedliche Religionsauffassungen. Es galt zu klären, wer den besseren, den richtigeren Glauben gefunden hätte. Da jeweils der eigene Glaube unter den verschiedensten angstbesetzten Strafandrohungen mühsam erlernt worden war – unter Androhung von Exkommunikation und damit Ausschluss aus der menschlichen Gemeinschaft (Einsamkeitsandrohung!), wenn man dies und jenes nicht einhielt –, entstanden entsprechende Ängste, wenn man Völker sah, die gerade die selber praktizierten Riten und Regeln nicht einhielten. Die eigene anerzogene Angst zwang dazu, einen solchen Ketzer auszurotten.

Kein Tier führt solche Vernichtungsfeldzüge gegen die eigene Art wie wir Menschen. »Der Mensch ist des Menschen Wolf«, formulierten bereits die Römer – eine Beleidigung für den Wolf, der mit seinesgleichen keineswegs so umgeht.

Es gibt also keine allgemeinverbindliche, keine richtige Wirklichkeit. Die »wahre« Wirklichkeit ist nur Gott zugänglich. Uns Menschen wird sie wohl immer verborgen bleiben. Es gibt heute sogar Forscher, die der Ansicht sind, dass die Begriffe der Zeit, des Raumes und der Kausalität (Ursache-Wirkungsgeschehen) reine Erfindungen unseres Nervensystems sind. Unser Gehirn produziert diese drei Größen, denn nur so sind wir in der Lage, ein Zipfelchen der Wirklichkeit zu erhaschen. Tatsächlich scheint die wahre Wirklichkeit ohne Zeit, Raum und Ursächlichkeit auszukommen – eine für uns beim besten Willen nicht vorstellbare Welt.

Indem aber jeder seine eigene, für ihn richtige Wirklichkeit besitzt, ist er hierfür auch verantwortlich. Sollte ich eines Tages feststellen, dass mir mein Weltbild mehr Schaden als Nutzen einbringt – und dies wird durch anerzogene Ängste bewirkt –, so liegt es an mir, meine »Brille« auszutauschen. Die anderen kann ich nicht ändern, es sei denn, ich unterdrücke deren Wirklichkeiten durch Gewaltanwendung. Zum Trost aber sei gesagt, dass sich meistens die anderen mit ändern, wenn ich mir neue Sicht- und Handlungsweisen zugelegt habe.

Der also wird sich glücklich schätzen, dem es in seiner Jugend erlaubt war, seine Wirklichkeit ohne allzu viele Ängste aufbauen zu können. Da er über den kompletten Werkzeugkoffer aller für uns Menschen vorgesehenen Lebensbewältigungsstrategien verfügt, wird er alle anstehenden Aufgaben elegant zu lösen wissen, und er benötigt keine Feinde, an denen er seine ihm verborgene Ängste abreagieren muss.

Es ist mir ein wichtiges Anliegen, an dieser Stelle zu wiederholen, dass es keinen Sinn hat, unsere Eltern anzugreifen und sich über dieses oder jenes zu beklagen, was in unserer Jugend falsch gelaufen ist. Unsere Erziehenden befinden sich in einer noch weit ungünstigeren Position als wir. Während diese in ihrem Leben kaum mehr etwas verändern können und somit manch bittere Enttäuschung unkorrigierbar erdulden müssen, sind wir in der glücklichen Lage, aufgrund des hier dargelegten neuen Wissens Veränderungen an unserem Weltbild vorzunehmen.

Im nächsten Kapitel möchte ich auf zwei unterschiedliche Kommunikationssysteme hinweisen. Sie sind allen Menschen geläufig, doch nur den wenigsten ist bewusst, dass sie eines davon bevorzugen und das andere strikt ablehnen.

Balance zwischen Harmonie und Konfrontation

»Ein Ding an sich« ist völlig bedeutungslos! Für sich alleine existiert es im Grunde genommen überhaupt nicht. Erst durch die verschiedenen Beziehungen zu seinem Umfeld bekommt jedes »Ding an sich« eine Bedeutung!

Ein Beispiel:

Da steht ein Tisch.

Und?

Für ein Kind kann er ein Ärgernis sein, weil man sich beim Dagegenrennen Schmerzen und blaue Flecken holen kann.

Er kann aber auch eine Freude sein, weil man sich darunter verstecken kann, und mit einer Tischdecke darüber lässt sich ein Tunnel für die Eisenbahn bauen.

Für die Hausfrau bietet der Tisch die Möglichkeit, Essen darauf zuzubereiten.

Die ganze Familie kann sich daran zu einer Familienkonferenz nach Gordon zusammensetzen.

Für den Holzwurm ist er Behausung und Nahrung zugleich.

Und so weiter

Eine Frau an sich? Ohne jegliche Beziehung zu irgendetwas: bedeutungslos!

Aber welche Bedeutungen kann sie für den Mann haben? Sie kann Partnerin und Stütze für seinen beruflichen Erfolg sein, Spenderin von Geborgenheit, Zärtlichkeit und Entspannung. Sie kann seinem Ego schmeicheln durch ihre Schönheit. Sie kann Objekt seiner Verachtung oder Hasses sein, da seine Mutter ihm in seiner Kindheit übel mitspielte. Oder er braucht sie als Domina, damit er die in der Kindheit gelernte Rolle des Unterwürfigen weiter spielen kann.

Und so weiter.

(Die Aufzählung ist beliebig und sicherlich nicht vollständig; sie lässt nicht darauf schließen, welche Rolle die Frau für den Autor spielt!)

Welche Rolle spielt denn der Mann für Sie, verehrte Leserin?

Mit diesen Ausführungen möchte ich darauf aufmerksam machen, dass ein jedes Ding, sei es belebt (wie Blumen, Pflanzen, Tiere und Menschen), sei es »nur« tote Materie (wie Steine, Wasser und Holz) erst durch eine Beziehung zu einem Nachbarobjekt eine Bedeutung erlangt. Erst die Wechselwirkungen, die *Kommunikation* zwischen den Objekten schaffen Bedeutung.

Daher ist es nun eminent wichtig, wie denn eine solche Kommunikation z.B. zwischen Menschen aussieht, wer welche Botschaft wie aussendet, was er oder sie auf der anderen Seite zu hören gewillt ist oder nicht ertragen kann.

Mit anderen Worten:

Vor rund hundert Jahren begannen wir – angeleitet durch die Erkenntnisse von Robert Koch, Louis Pasteur, Rudolf Virchow, Ignatius Semmelweis u.a. – auf einen sauberen Umgang mit dem Wasser, den Nahrungsmitteln, und den Abfällen zu achten. Die hygienische Kommunikation mit diesen materiellen Dingen bescherte uns einen Rückgang, ja ein fast völliges Verschwinden von Seuchen (im Mittelalter raffte die Pest ein Drittel der europäischen Bevölkerung hinweg, und die Heere in der Frühzeit der Menschheit und auch noch im Mittelalter hatten mehr Verluste durch Seuchen denn durch Kriegseinwirkung zu verzeichnen).

Nachdem wir nun in den letzten hundert Jahren eine »saubere, hygienische Kommunikation« mit der Materie gelernt haben und diese uns ein gesünderes und längeres Leben bescherte, geht es heute um eine bekömmliche, saubere Kommunikation auf dem Feld der gegenseitig ausgetauschten Nachrichten.

Im Laufe meiner Arbeit habe ich zwei Formen der Kommunikation unterscheiden gelernt:

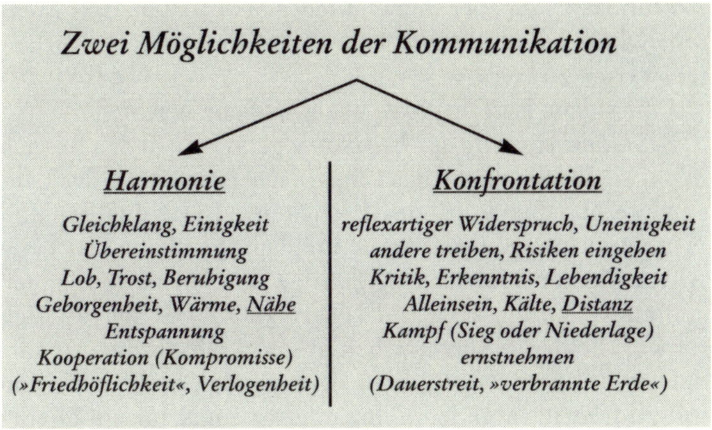

Meiner Ansicht nach ist gut beraten, wer beide Techniken der Kommunikation, die der Harmonie (Einigkeit) und die der Konfrontation (Widerspruch) beherrscht. Zusätzlich sollte man noch die Fähigkeit besitzen, die jeweils richtige Verhaltensweise passend zur Situation einzusetzen.

Piloten von Verkehrsmaschinen werden beispielsweise trainiert, im Falle einer Entführung sofort auf die Forderungen des Hijackers einzugehen, zu kooperieren, d.h. auf Harmonie zu schalten. Dagegen mit Saddam Hussein auf Schmusekurs zu gehen, zu erwarten, dass er harmonisch kooperiert, wäre ein fataler Irrtum: Sein Lebenselixier ist die Konfrontation, und so muss man ihm mit der gleichen Strategie begegnen.

Da wir Menschen von Natur aus als Gemeinschaftswesen angelegt wurden – alleine hätte zumindest in früheren Zeiten kein einziger Mensch zu überleben vermocht –, meine ich, dass eine Partnerschaft unter anderem dann gute Aussichten auf Erfolg hat, wenn rund 70% Harmonie, d.h. gegenseitige Bestätigung, und rund 30% *konstruktive* Kritik, Widerspruch vorkommen.

Nun lässt sich aber immer wieder beobachten, dass Menschen dazu neigen, die eine oder andere dieser beiden Verhaltensweisen zu favorisieren.

Eine solche Entscheidung hat erhebliche Nachteile:

Bei *Überbetonung der Harmonie* gerät man in den Bereich der »Friedhöflichkeit«, des Lügens, der Erstarrung, der Langeweile, der Schwüle, des Erstickens. Individualität und Neuentwicklungen sind kaum möglich. Es bleibt alles beim Alten. Meiner Beobachtung zufolge sind solche Individuen gehindert, Dinge klar und scharf zu sehen. Sie tun sich schwer, Fehler, Ungereimtheiten und Unlogisches zu entdecken. Im Extremfall neigen sie dazu, den größten Unsinn toll zu finden. (Man kann ihnen leicht ein X für ein U vormachen).

Ein weiterer Nachteil der Überbetonung der Harmonie bei gleichzeitig Angst vor Konfrontation ist ein (lebens)-gefährlicher Gehorsam: Ex-Bundeskanzler Helmut Schmidt erzählte einmal in einer TV-Sendung über Hitlers Soldaten, dass ihm recht früh bewusst geworden sei, dass Hitler ein Verbrecher war. »Aber wir waren ja durch den Eid auf unseren Führer und eine grundsätzliche Erziehung zu Pflicht, Zuverlässigkeit und kommentarlosem Gehorsam dazu gezwungen, bei der Stange zu bleiben und weiter mitzumachen.«

Hätten damals mehr Deutsche rechtzeitig den Mut zur Konfrontation, zum Widerspruch gegen Hitler gehabt, hätte sich möglicherweise eine der größten Katastrophen der Menschheit verhindern lassen!

Bei *Bevorzugung der Konfrontation*, des Widerspruchs, geht es um Sieg oder Niederlage bis hin zur »verbrannten Erde«. Es entsteht Eiseskälte und Distanz. Geborgenheit und Entspannung kann nicht aufkommen. Diese Leute sind gezwungen, alles bis in den Bereich der subatomaren Teilchen – und wenn es sein muss noch weiter – zu zerlegen. Im Gespräch mit ihnen widersprechen sie, bevor man noch den eigenen Satz zu Ende gebracht hat. Ich nenne dies reflexartigen Widerspruch. (Im Unterschied zum überlegten Widerspruch, der natürlich das Salz in der Suppe zu einer neuen Erkenntnis ist.)

Menschen, die den Widerspruch überstrapazieren, kann man nur unter Schwierigkeiten ernst nehmen! Und gerade darauf reagieren sie höchst empfindlich. Wenn jemand reflexartig widerspricht, so wird das vom Gesprächspartner zu Recht als eine Inflation des Neinsagens empfunden – das Nein wird wertlos. Und der Adressat des häufigen Widerspruchs sagt sich: »So dumm kann ich ja nun weiß Gott nicht sein, dass jede Aussage von mir korrigiert werden muss!«

Während nun in früherer Zeit in unserer Gesellschaft Harmonie, und Einigkeit überbetont wurden (und dies Millionen von Menschen das Leben kostete), wird nach meiner Erfahrung heute zunehmend die Konfrontation bevorzugt, insbesondere von jüngeren Leuten. Man ist gegen alles und jedes (außer gegen Spaß), Regeln, z.B. Verkehrsregeln, die erst ein menschliches Miteinander ermöglichen, sind out. Jeder will sich durchzusetzen, um nahezu jeden Preis, und vielfach regiert der nackte Egoismus, die Konfrontation!

In Klientenfamilien kann ich immer wieder beobachten, dass einer der Partner die Harmonie bevorzugt, während der andere auf Konfrontation setzt. Und schon haben wir eine Kampfgemeinschaft, es geht um Sieg oder Niederlage, Kälte herrscht vor und von einem partnerschaftlichen, gegenseitig wertschätzenden Umgang miteinander kann keine Rede mehr sein: Der Harmoniesüchtige schluckt viel zu viel und speichert jede Menge Verletzungen, bis er eines Tages urplötzlich die Partnerschaft aufkündigt und/oder krank wird. Durch sein Schweigen bis hin zum Lügen (gerechtfertigte Wünsche und Bedürfnisse nicht anzumelden muss ich heute als Lügen bezeichnen, da eine solche Zurückhaltung den anderen in die Irre führt) wird der Partner noch mehr zur Konfrontation gereizt. Er neigt zu Angriffen »unter der Gürtellinie« bis hin zu Tobsuchtsanfällen, was seinen Harmonie-Partner umso mehr verstummen lässt. (Der bekommt ja nun sehr eindrücklich vorgeführt, wie unappetitlich Konfrontation ist, und dies wiederum verstärkt seine in der Kindheit anerzogene Angst vor Widerspruch): Eine Todesspirale Feindseligkeiten nimmt beiden die Freude am Leben und an der Partnerschaft, und so wundert es nicht, dass die Scheidungsrate ständig steigt und es immer mehr Single-Haushalte gibt.

Dem »Harmoniefreund« ist nun Mut zu machen, sich auch einmal in Konfrontation zu üben, d.h. die einst anerzogene Angst überwinden zu lernen und zusätzlich die Erfahrung zu machen, dass Gewitter reinigend wirken können. Für manche Menschen kann es schon Konfrontation bedeuten, einmal einen Wunsch zu äußern, aber wer nicht immer wieder zu kurz kommen möchte, muss das riskieren.

Der »Konfrontationsfan« dagegen ist zu ermutigen, in Zukunft genauer zu schauen, wo er mit bestem Wissen und Gewissen mit anderen einig zu sein vermag. Denn es steckt immer eine Entscheidung dahinter, ob ich z.B. bei einer Frau, die sich für ein Konzert schön gemacht hat, die wunderbare Gesamterscheinung bewundere und lobe (einig sein), oder aber ob ich die eine Haarschuppe auf dem linken Oberarm registriere und abwertend darauf hinweise.

Nun gibt es noch folgende kleine Schwierigkeit: Ich habe festgestellt, dass sich Freunde der Harmonie freuen, wenn man ihnen mit dem Verhalten der Harmonie begegnet. Dagegen werden die Experten für Konfrontation meist sehr böse, wenn man ihnen mit Widerspruch oder mit Kritik kommt.

Und die Harmonie lieben sie auch nicht, denn die ist ja verlogen und nicht glaubwürdig.

Und noch eine Schwierigkeit in den Beratungen gilt es zu meistern: Wenn ich Klienten frage, wo sie sich nach ihrer eigenen Einschätzung eher wieder finden, auf seiten der Harmonie oder auf seiten der Konfrontation, so antworten die meisten, dass sie auf der Harmonieseite seien – auch diejenigen, die den Widerspruch lieben. Gelegentlich braucht es viel Geduld, um dem Experten für Konfrontation aufzuzeigen, dass er sich zwar nach Harmonie sehnt, sich aber tatsächlich völlig anders zeigt. (Vielleicht ist seine Selbsteinschätzung so weit von seiner wirklichen Wahrheit entfernt, weil er bisher Konfrontation und Kritik über sich kaum oder sogar nie zugelassen hat.)

In aller Offenheit konfrontiere ich nun in den Beratungen die Klientenfamilien mit diesen Wirkungszusammenhängen und ermutige die Einzelnen, einmal die gegenläufige Verhaltensweise zu versuchen. Zu einem für alle Beteiligten befriedigenden Prozentsatz funktioniert dies.

Zum Schluss dieses Kapitels noch eine kurze, grundsätzliche Betrachtung über therapeutisches Vorgehen.

Im Rahmen eines familientherapeutischen Settings bieten wir von Anfang an Harmonie an: Die Klienten sollen sich wohl fühlen, entspannen können, ehrliche Geborgenheit empfinden. Wir denken, dass nur in einer solchen Umgebung der Raum da ist, sich zu öffnen, Dinge ans Tageslicht zu bringen, wegen derer man sich bisher zutiefst geschämt hat. Erst wenn ein solches Szenarium der Wärme und Nähe geschaffen ist, kann es nützlich und wirkungsvoll sein, die Menschen da und dort auch mal mit Dingen zu konfrontieren, denen sie bisher geflissentlich ausgewichen sind: respektvolle Konfrontation auf dem Boden der Harmonie!

Manche ältere Therapieverfahren setzen von Anbeginn an auf gnadenlose Konfrontation. Aus heutiger Perspektive ist es nicht verwunderlich, dass die Effektivität einer solchen Therapie sehr gering und manchmal gleich null ist. Beispielhaft hierfür scheinen mir die Bücher von Dörte v. Drigalski, »Blumen auf Granit«, und Marie Cardinals »Schattenmund«: Beide Frauen schildern ihren langjährigen Weg durch die Psychoanalyse.

Sollten Sie sich eines Tages in Beratung begeben, so möchte ich Ihnen Mut machen darauf zu achten, dass der Therapeut Ihnen mit Demut, Mitgefühl und Wertschätzung begegnet und dass er in der Lage ist, Ihnen ein Szenarium der Geborgenheit zu bieten. Auf einem solchen Boden kann dann, versüßt mit viel Humor, auch einmal »Tacheles« geredet werden.

In den folgenden Kapiteln werde ich nun anhand von Einzelfallbeispielen aufzeigen, welche Erkenntnisse das auf den letzten dreißig Seiten ausgebreitete Diagnose- und Therapiemodell in der Arbeit mit Patientenfamilien ermöglicht.

4.

Wenn die Füchse »genießen« und »Wünsche anmelden« heißen

Rotkäppchen
oder Ein Schicksal von Leukämie

Es war einmal eine kleine süße Dirne, die hatte jedermann lieb, der sie nur ansah, am allerliebsten aber ihre Großmutter, die wusste gar nicht, was sie alles dem Kinde geben sollte. Einmal schenkte sie ihm ein Käppchen von rotem Sammet, und weil ihm das so wohl stand, und es nichts anderes mehr tragen wollte, hieß es nur das Rotkäppchen. Eines Tages sprach seine Mutter zu ihm: »Komm, Rotkäppchen, da hast du ein Stück Kuchen und eine Flasche Wein, bring das der Großmutter hinaus; sie ist krank und schwach und wird sich daran laben. Mach dich auf, bevor es heiß wird, und wenn du hinauskommst, so geh hübsch sittsam und lauf nicht vom Weg ab: sonst fällst du und zerbrichst das Glas, und die Großmutter hat nichts. Und wenn du in ihre Stube kommst, so vergiss nicht, guten Morgen zu sagen, und guck nicht erst in allen Ecken herum.«

»Ich will schon alles gut machen«, sagte Rotkäppchen zur Mutter und gab ihr die Hand darauf. Die Großmutter aber wohnte draußen im Wald, eine halbe Stunde vom Dorf. Wie nun Rotkäppchen in den Wald kam, begegnete ihm der Wolf. Rotkäppchen aber wusste nicht, was das für ein böses Tier war, und fürchtete sich nicht vor ihm.

»Guten Tag, Rotkäppchen«, sprach er. »Schönen Dank, Wolf.« »Wo hinaus so früh, Rotkäppchen?« – »Zur Großmutter.« – »Was trägst du unter der Schürze?« – »Kuchen und

Wein: gestern haben wir gebacken; da soll sich die kranke und schwache Großmutter etwas zu gut tun und sich damit stärken.« – »Rotkäppchen, wo wohnt deine Großmutter?« – »Noch eine gute Viertelstunde weiter im Wald, unter den drei großen Eichbäumen, da steht ihr Haus, unten sind die Nusshecken, das wirst du ja wissen«, sagte Rotkäppchen.

Der Wolf dachte bei sich: »Das junge zarte Ding, das ist ein fester Bissen, der wird noch besser schmecken als die Alte: du musst es listig anfangen, damit du beide erschnappst.« Da ging er ein Weilchen neben Rotkäppchen her; dann sprach er: »Rotkäppchen sieh einmal die schönen Blumen, die rings umherstehen, warum, guckst du dich nicht um? Ich glaube, du hörst gar nicht, wie die Vöglein so lieblich singen? Du gehst ja für dich hin, als wenn du zur Schule gingst, und es ist so lustig draußen im Wald.«

Rotkäppchen schlug die Augen auf, und als es sah, wie die Sonnenstrahlen durch die Bäume hin und her tanzten, und alles voll schöner Blumen stand, dachte es: »Wenn ich der Großmutter einen frischen Strauß mitbringe, der wird ihr auch Freude machen; es ist so früh am Tag, dass ich doch zur rechten Zeit ankomme«, lief vom Wege ab in den Wald hinein und suchte Blumen. Und wenn es eine gebrochen hatte, meinte es, weiter hinaus stände eine schönere, und lief danach und geriet immer tiefer in den Wald hinein.

Der Wolf aber ging geradewegs nach dem Haus der Großmutter und klopfte an die Türe. »Wer ist draußen?« – »Rotkäppchen, das bringt Kuchen und Wein, mach auf.« – »Drück nur die Klinke«, rief die Großmutter, »ich bin zu schwach und kann nicht aufstehen.« Der Wolf drückte auf die Klinke, die Türe sprang auf, und er ging, ohne ein Wort zu sprechen, gerade zum Bett der Großmutter und verschluckte sie. Dann tat er ihre Kleider an, setzte ihre Haube auf, legte sich in ihr Bett und zog die Vorhänge vor.

Rotkäppchen aber war nach den Blumen herumgelaufen,

und als es so viel zusammen hatte, dass es keine mehr tragen konnte, fiel ihm die Großmutter wieder ein, und es machte sich auf den Weg zu ihr. Es wunderte sich, dass die Türe aufstand, und wie es in die Stube trat, so kam es ihm so seltsam darin vor, dass es dachte, »ei, du mein Gott, wie ängstlich wird mir's heute zu Mut, und bin sonst so gerne bei der Großmutter!« Es rief: »Guten Morgen«, bekam aber keine Antwort. Darauf ging es zum Bett und zog die Vorhänge zurück: da lag die Großmutter und hatte die Haube tief ins Gesicht gesetzt und sah so wunderlich aus. »Ei, Großmutter, was hast du für große Ohren!« – »Dass ich dich besser hören kann.« – »Ei, Großmutter, was hast du für große Augen!« – »Dass ich dich besser sehen kann.« – »Ei, Großmutter, was hast du für große Hände!« – »Dass ich dich besser packen kann.« – »Aber, Großmutter, was hast du für ein entsetzlich großes Maul!« – »Dass ich dich besser fressen kann.« Kaum hatte der Wolf das gesagt, so tat er einen Satz aus dem Bette und verschlang das arme Rotkäppchen.

Wie der Wolf sein Gelüsten gestillt hatte, legte er sich wieder ins Bett, schlief ein und fing an überlaut zu schnarchen. Der Jäger ging eben an dem Haus vorbei und dachte: »Wie die alte Frau schnarcht, du musst doch sehen, ob ihr etwas fehlt.« Da trat er in die Stube, und wie er vor das Bette kam, so sah er, dass der Wolf darin lag. »Finde ich dich hier, du alter Sünder«, sagte er, »ich habe dich lange gesucht.« Nun wollte er seine Büchse anlegen, da fiel ihm ein, der Wolf könnte die Großmutter gefressen haben, und sie wäre noch zu retten: schoss nicht, sondern nahm eine Schere und fing an, dem schlafenden Wolf den Bauch aufzuschneiden. Wie er ein paar Schnitte getan hatte, da sah er das rote Käppchen leuchten, und noch ein paar Schnitte, da sprang das Mädchen heraus und rief: »Ach, wie war ich erschrocken, wie war's so dunkel in dem Wolf seinen Leib!« Und dann kam die alte Großmutter auch noch lebendig heraus und konnte kaum atmen. Rot-

käppchen aber holte geschwind große Steine, damit füllten sie dem Wolf den Leib, und wie er aufwachte, wollte er fortspringen, aber die Steine waren so schwer, dass er gleich niedersank und sich tot fiel.

Da waren alle drei vergnügt; der Jäger zog dem Wolf den Pelz ab und ging damit heim, die Großmutter aß den Kuchen und trank den Wein, den Rotkäppchen gebracht hatte und erholte sich wieder, Rotkäppchen aber dachte: »Du willst dein Lebtag nicht wieder allein vom Wege ab in den Wald laufen, wenn dir's die Mutter verboten hat.«

Ramona war überglücklich! Nach zwei Jahren Heimaufenthalt durfte ihr Sohn Markus zum ersten Mal nach Hause. Er war damals so schwierig geworden, er hatte mehrfach gezündelt, Reifen von Autos durchstochen, geklaut, war abends nicht nach Hause gekommen, dass ihr zuletzt gar nichts anderes übrig geblieben war, als ihn bereits mit zwölf Jahren in ein Erziehungsheim zu geben.

In der Folgezeit überfiel sie eine schwere Depression, auch Selbstmordgedanken tauchten auf, aber allmählich bekam sie auch diese Symptome wieder in den Griff, wie schon so manches in ihrem Leben.

Jetzt freute sie sich auf das Wiedersehen, wenn das Zusammensein auch durch eine Urlaubsunterbrechung erschwert wurde. Wegen eines Krankheitsfalles in der Firma musste sie die Nachtschicht übernehmen.

Was blieb ihr anderes übrig. »Nein« zu sagen hatte sie nie lernen dürfen. Auch war es undenkbar für sie, ihre Abteilung im Stich zu lassen. Also bat sie ihre älteste Tochter, sie wohnte bereits außer Haus, Markus solange bei sich aufzunehmen. Auf gar keinen Fall sollte er Kontakt mit Oma, ihrer Mutter, bekommen, denn jedes Mal, wenn er früher von ihr nach Hause zurückkam, war er verschlossen und unwirsch.

Ihre ersten beiden Kinder waren Mädchen, Markus der

erste langersehnte Bub. Sie selber wäre ja auch viel lieber als Junge auf die Welt gekommen. Die durften alles, mussten der Mutter weniger zur Hand gehen, auch stand ihnen die Welt weit eher offen als einer Frau.

Es klingelte, sie öffnete die Tür, breitete die Arme aus und erstarrte. Wie ein Karate-Kämpfer hielt Markus seinen ausgestreckten linken Arm abwehrend gegen sie, Kopf und Oberkörper weit nach hinten weggebogen. Weit schlimmer noch aber waren seine Augen. So viel Ablehnung, ein solcher Hass, war ihr noch nie begegnet. Während sie noch nach irgendwelchen Worten rang, schob er sie schweigend beiseite und ging ins Wohnzimmer.

»Was soll denn dieser Kinderfraß?«, hörte sie ihn aus weiter Ferne sagen, »ein ordentliches Bier und ein Stück Wurst wären mir jetzt recht. Also sieh zu, dass das Zeugs bald beikommt!«

Ramona war froh, als die Woche endlich verstrichen war und sie ihren Sohn wieder im Internat abliefern konnte.

Ihr Mann war ihr keine Hilfe, denn sein einziger Kommentar zu ihrer zunehmenden Verzweiflung gipfelte in dem Satz: »Der Markus ist von meinem Vorgänger, und hinter dem ist ja die Polizei her. Der Apfel fällt nicht weit vom Stamm!«

Von jener Woche an begann sich Ramona zunehmend müde zu fühlen. Arme und Beine wurden durch eine bleierne Schwere fest gehalten. Hinzu kamen stechende Schmerzen in der Rückenmuskulatur. Beim Treppensteigen stellte sich Atemnot ein. Sie ging ungern zum Arzt, schob daher all die Beschwerden auf ihre chronische Arbeitsbelastung und wartete erst einmal die geplanten vierzehn Tage Herbsturlaub ab.

Und tatsächlich, die Tage in Jugoslawien, zusammen mit Mann und ihrem jüngsten gemeinsamen Sohn, waren wie eine Erlösung. Alle Krankheitssymptome bildeten sich über

Nacht zurück, sie konnte wieder lachen, tanzen und fröhlich sein wie schon lange nicht mehr.

Aber kaum wieder zu Hause, begannen all die Behinderungen wieder von vorne. Dabei waren es zuerst weniger die körperlichen Beschwerden, die ihr zu schaffen machten, als vielmehr eine Veränderung in ihrer Nachbarschaft. Drei ihr wichtige Bekannte grüßten sie auf einmal nicht mehr, wichen ihr auf der Straße aus und ließen sich am Telefon verleugnen. Ramona stand vor einem Rätsel, denn auch ein Nachfragen bei den Frauen erklärte deren Ausweichen nicht.

Einige Wochen später brachte eine Ungeschicklichkeit Ramona ins Krankenhaus. Sie war in ihrer Wohnung gestolpert, und um innere Verletzungen oder eine Beschädigung der Wirbelsäule auszuschließen, sollte sie zur Beobachtung in die Klinik. Dabei wurde festgestellt, dass ihre Anzahl der weißen Blutkörperchen bei dreißigtausend lag. Ein Zufallsbefund. Es dauerte dann noch einige Wochen, bis die Diagnose einer chronischen Veränderung der weißen Blutkörperchen (chronische myeloische Leukämie) eindeutig feststand. Nach fünf Jahren leben nur noch fünf Prozent, wurde ihr zu verstehen gegeben. Sie war damals gerade einundvierzig Jahre alt.

Sie nahm das Martyrium der Chemotherapie auf sich. Aber trotz Infusionen und Tabletten wurden die Beschwerden nicht weniger. Gelegentlich nahm die Zahl der weißen Blutkörperchen ab, um dann bei der nächsten Messung noch höher als früher zu sein. Der Mann betrank sich fast jeden Abend in seiner Stammkneipe. War sie in der Klinik, so hielt er sich auch fern. Er könne keine kranken Menschen sehen, gab er als Begründung zum Besten. Seine größte Sorge schien aber vielmehr zu sein, ob denn nun die Krankenkasse auch wirklich all die anfallenden enormen Kosten bezahlen würde. Andernfalls müssten seiner Meinung nach die teuren Infusionen abgebrochen werden!

Die weißen Blutkörperchen setzten sich unter anderem zunehmend im Herzmuskel fest und hinderten diesen an seiner Arbeit. Jede kleinste Steigung wurde für Ramona zunehmend ein Problem. Zuletzt verursachte sie einen schweren Verkehrsunfall und verlor dadurch ihren Führerschein. Nach einem ihrer häufigen Klinikaufenthalte kam sie früher als erwartet nach Hause und wurde so unbemerkt Zeugin eines Gespräches zwischen ihrer Mutter und ihren Töchtern, das ihr die unerwartete Erkenntnis brachte, dass es wohl stets ihre Mutter war, die gegen sie aufgehetzt hatte. »Vergesst nie, dass ich es war, die euch großgezogen hat. Meine missratene Tochter hatte ja nie Zeit für euch, trieb sich ja nur mit Männern rum. Nach der Scheidung bestand ja kurz Hoffnung, dass sie endlich zur Vernunft und zu mir zurückkehren würde, aber da musste sie sich ja diesem unrasierten Ausländer an den Hals schmeißen. Nun, ihr habt es ja selber erlebt, wie ihr jetzt endgültig abgeschrieben seid und euer jüngster Bruder nach Strich und Faden verwöhnt wird. Aber lasst das mal meine Sorge sein. Den Markus habe ich erfolgreich umgedreht, den Kleinen schaffe ich auch noch. Mona hat mein Leben vernichtet. Das könnte ich ihr ja noch verzeihen. Aber dass sie mir keine Dankbarkeit erweist für all die Demütigungen, die ich für sie ertragen habe, für all die Mühen, die ich mir für sie aufgeladen habe, das wird sie mir büßen. Es war ihr Fehler, noch einmal zu heiraten. Ich werde sie Gott zurückgeben.«

Ramona glaubte, den Verstand zu verlieren. Sie wollte schreien, aber die Kehle blieb zugeschnürt, die Beine gelähmt. Das stimmte doch alles nicht! Lügen über Lügen tischte ihre Mutter ihren Töchtern auf. Sie, Mona, war es doch immer gewesen, die Tag und Nacht für ihre Mutter zur Verfügung gestanden hatte. Warum nur dieser Hass?

Ramona entschloss sich zu einer Familienberatung und kam zu mir. Selbstverständlich wurde die Chemotherapie weitergeführt. Ihr Mann war zu Hause geblieben und hatte sich vorsorglich für diesen Abend auch gleich wieder betrunken. An eine hoffnungslosere Ausgangssituation konnte ich mich nicht erinnern. Ich gestand dies auch offen ein.

Auf meine einleitende Frage, welches Märchen ihr in der Jugend am meisten gefallen habe, nannte sie Hänsel und Gretel und die Geschichte vom Rotkäppchen. Wenn sie aber genau bedächte, würde vor allem Rotkäppchen am besten zu ihr passen. Wichtig sei wohl, dass in beiden Begebenheiten böse Frauen vorkämen.

Ich schaute sie fragend an, worauf sie erklärte: »Na, hören Sie mal! Meine Großmutter war doch ein verkappter Wolf. Dreimal täglich rannte sie in die Kirche, stets fromme Sprüche auf den Lippen, aber hintenherum zog sie über die Leute her, dass einem angst und bange werden konnte. Von frühester Kindheit an hatte ich Angst vor ihr, da ich nie wusste, was denn nun eigentlich galt. Sie konnte einen liebevoll in den Arm nehmen, und gleichzeitig machte sie mich auf einen Fleck im Kleid aufmerksam, was wiederum meiner Mutti gar nicht gefallen würde. Heute weiß ich aber, dass ich vor meiner Mutter noch viel mehr Angst hatte. Damals war es wohl nur ein unbestimmtes, unangenehmes Gefühl. Aber ich konnte und durfte es nicht vor mir wahrhaben, dass ich nur aus Angst ihr gegenüber stets so dienstbeflissen und hilfreich war: das reinste Rotkäppchen. Ich war stolz darauf, schon als kleines Mädchen den Haushalt völlig alleine führen zu können. Im Stall und auf dem Feld machte ich mich nützlich. Es war eine harte, aber doch gute Schule. Eigene Dinge erlaubte ich mir nicht zu tun. Und wenn ich mal mit den anderen Kindern an den Fluss zum Baden ging oder doch einmal einen Schulausflug mitmachte, so plagte mich stets ein schlechtes Gewissen.

Schuldgefühle waren wohl das Leitmotiv in meiner Jugend. Ich hatte immer wieder den Eindruck, der letzte

Dreck zu sein und dachte: Nur wenn ich die anderen zufrieden stelle, natürlich unter Verzicht auf meine Interessen, dann würde es mir gelingen, mich von meiner Schuld rein zu waschen.

Also, der Wolf, das ist sowohl meine Mutter als auch meine Großmutter: falsch, verschlagen und hinterhältig. Der nützliche Idiot, das Rotkäppchen, das war meine Aufgabe. Vom rechten Weg abkommen hieß, ja nicht eigene Ideen verfolgen; sich nur immer für die Interessen anderer engagieren.

Tja, und den Jäger, den Erlöser aus dieser Sklaverei, den habe ich in den Männern gesucht.

Nach dem gelernten Motiv, immer nur lieb sein, sich so zu verhalten, dass man mit mir einverstanden ist, habe ich die Männer zufrieden gestellt – in der Hoffnung, jetzt endlich einmal wirklich geliebt zu werden.

Das funktionierte aber nicht, was mir allerdings erst seit kurzem klar geworden ist. Dafür bekam ich ein Kind nach dem anderen. Die ersten beiden unehelich. Na ja, und die Prügel von allen Seiten, die können Sie sich leicht vorstellen. Und ich hatte wieder einmal meine Schuldgefühle, da ich mit meinen beiden Balgen die Familie blamierte. Ich war, wie eh und je, der letzte Dreck! Es war zum Verzweifeln!«

»Wenn Sie Glück haben«, so gab ich ihr zu bedenken, »geht Ihr Märchen vielleicht doch noch gut aus. Versuchsweise könnten Sie die Sichtweise, das Modell der Familienberatung, als eine Leiter, um aus dem tiefen Brunnen ihrer familiären Verstrickungen herauszukommen, betrachten. Die jetzt erkannten alten Ängste könnten sie eines Tages als die erwähnten Steine in den Schacht oder irgendeinen See werfen!«

Nun wusste ich über Ramona, dass sie in unserem Ort schon manchen Trubel ausgelöst hatte. Ehefrauen waren rebellisch geworden, da sie den Eindruck hatten, Mona hätte ihren Partnern den Kopf verdreht. Nach all den Gesprächen kann ich mich des Eindrucks nicht erwehren, dass von Ramona verführerische Signale ausgehen, die das Misstrauen der Frauen erwecken. Auch wenn sie sprach, blieb in mir ein zwiespältiges Gefühl zurück. Ein Ehrlichkeitstraining musste erfolgen.

So begann ich, ihr vorsichtig eine Brücke zu bauen: »Sie haben Ihren Vater nie kennen lernen dürfen. Er wurde von der Familie Ihrer Mutter nicht akzeptiert und damit vertrieben. Wie dies alles sich nun genau abgespielt hat, wurde Ihnen verschwiegen. Die Großmutter arbeitete mit Doppelbotschaften: Nach außen war sie zu den Leuten freundlich, hinter deren Rücken wurde über sie geschimpft. Ihre Mutter hetzte heimlich Ihre beiden Jungs gegen Sie auf. Ihnen gegenüber tut sie so, als ob sie kein Wässerchen trüben könnte. Ich habe den Eindruck, dass Unehrlichkeit und Lügen ein Lebenselixier Ihrer Herkunftsfamilie waren, und dass Sie wohl selber auch nur zu Überleben vermochten, indem Sie hin und wieder die Wahrheit etwas elastisch behandelten?«

Mona grinste spitzbübisch: »Ich hab' halt jedem erzählt, was er gerne hören wollte, und da die alle miteinander verfeindet waren, gab es auch keine einheitliche Meinung gegen mich. Die konnte ich schon gegeneinander ausspielen.«

Im Verlaufe unseres weiteren Gespräches stellte sich recht bald heraus, dass Ramona in ihrem Leben sehr viel für ihre Mitmenschen getan hatte. Unentwegt war sie für ihre Mama zur Stelle gewesen, hatte ihren ersten Mann bei seinen unlauteren Unternehmungen gedeckt und nach der Scheidung sein massiv überzogenes Konto wieder ausgeglichen. Ihre Kinder beschützte sie wie eine Glucke. Ihrem zweiten Ehemann besorgte sie eine ordentliche Arbeitsstelle und ein geborgenes Zuhause. Am Arbeitsplatz war sie als »Feuerwehr« beliebt. Wo jemand ausfiel, war sie zur Stelle, nichts war ihr zu viel.

Nur, einmal etwas ganz alleine zu unternehmen, das war ihr bisher noch nie eingefallen.

Auf meine Frage, welche beruflichen Wünsche sie in ihrer Jugend gehabt hätte, erinnert sie sich, dass sie gerne etwas mit Entwicklungshilfe gemacht hätte. Ihre Mutter hielt dies aber für unausgereifte Jungmädchen-Gespinste und meldete sie für eine kaufmännische Lehre an.

»Mein Gott! Etwas alleine zu unternehmen. Das hält doch mein Mann nicht aus! Der hat mich doch schon am Arbeitsplatz kontrolliert, und als ich unseren Sohn zur Welt brachte, unterstellte er mir, ich hätte ›etwas‹ mit dem Stationsarzt. Der ist krankhaft eifersüchtig!« Wie recht sie hatte, zeigt sich in der folgenden Zeit.

Ihr Mann wurde gewalttätig. Bei den ersten Versuchen von Ramona, eigenständige Entscheidungen zu treffen, schlug er zu. Je mehr sie versuchte, eigene Wege zu gehen, um so rabiater wurde er.

Eines Tages packte sie ihre Sachen und nahm Zuflucht in dem Frauenhaus der benachbarten Großstadt.

Mit der Zeit kam sie auch mit dem Alleinsein zurecht, etwas, was sie sich früher nie zugetraut hätte. Gleich beim Einzug in ihr Refugium war ihr klar geworden, dass sie jetzt die Herausforderung, erst einmal alleine zu leben, annehmen und bestehen müsse, wenn sie überhaupt noch mit dem Leben zurechtkommen wolle.

Sie entdeckte in dieser Zeit ihr Talent zum Zeichnen und Malen. Nach anderthalb Jahren bekam sie ihre erste Ausstellung. Es wurde ein Erfolg. Auch die Mitarbeit in einer internationalen Hilfsorganisation brachte ihr erfüllende Gespräche und Anerkennung. Sie wusste Vorträge und Sammelaktionen zu organisieren. Bald hatte sie keine Zeit mehr, an ihre Erkrankung zu denken.

»Es ist eine ungemein aufregende Erfahrung, sich Dinge einfallen lassen zu können, und Mitmenschen führen dann diese Ideen aus. Ich habe zwar immer wieder mal Mühe, zu glauben, dass andere mich mögen, wenn ich sie beschäftige, und ich frage dann schon mal versteckt nach. Aber zu meiner großen Verwunderung lassen sie mich wissen, dass dies alles in Ordnung sei.«

Inzwischen hatte sie auch wieder Kontakt mit ihrem Mann aufgenommen. Man traf sich aber in einem Café in der Stadt, besprach dort die notwendigsten Dinge, und dann suchte sie auf Umwegen wieder ihre Wohnung auf. »Wie in einem Spionagefilm musste ich ihn mehrmals abschütteln. Er hat meine Adresse nie rausbekommen!«

Es gab noch eine weitere, zumindest für mich interessante Beobachtung. Immer dann, wenn sie ihrem Mann begegnet war, wurden auch ihre weißen Blutkörperchen in Bereichen von sechzig- bis neunzigtausend gemessen. Hatte sie über längere Zeit keinen Kontakt mit ihm, so gingen die »Leukos« auf zwanzig- bis dreißigtausend zurück. Ein verblüffendes Phänomen.

Ich bat Ramonas Mutter zu einer Beratungsstunde mit ihrer Tochter zu kommen, da die Gespräche immer wieder auf sie hinausliefen. Ramona war nicht eingeweiht. (Es war ein äußerst riskantes Manöver, und normalerweise gehören solche Überraschungseffekte nicht zu meinem Interventionsrepertoire. Ziel dieser Aktion sollte sein, Ramona aufzuzeigen, dass sie durchaus in der Lage sein könne, mit ihrer Mutter zu reden, Einfluss auf sie zu haben.)

Der erste Augenblick war allerdings auch für mich erschreckend. Beim Anblick ihrer unerwartet hereintretenden Mutter veränderte sich Ramonas Aussehen und Körperhaltung so, als ob ein Geisterfahrer auf sie zu raste. Abwehrend hob sie die Hände, mit den Füßen schob sie das Sofa noch mehr in die Ecke.

»Ich sehe, es geht dir gut«, eröffnete Elisabeth das Gespräch. »Vor einem halben Jahr, ich stand in einem

Geschäft hinter dir an der Kasse, sahst du noch sehr krank aus.«

Ramona brachte keinen Ton heraus. Sie rieb sich die Kehle und fuhr mit der Zunge über den trockenen Mund, es schien aber alles nichts zu helfen.

»Gut beobachtet«, bestätigte ich Elisabeth. »Schon seit einiger Zeit macht die Leukämie Ihrer Tochter immer weniger zu schaffen. Vielmehr beschäftigt sie ihre abgrundtiefe Angst vor ihrer Mutter. Aber bevor wir darüber reden, würde ich gerne etwas mehr aus Ihrer Jugendzeit erfahren. Weiter interessiert mich, wie es zu der frühen Scheidung kam und wie Sie dann Ihre Tochter alleine großgezogen haben.«

Elisabeth zeichnete ein abenteuerliches Bild. In ihrer Herkunftsfamilie war sie Prinzessin und Sündenbock zugleich. Während ihr Vater sie vergötterte, hatte sie für die Streiche ihrer Brüder geradezustehen. Es galt nur die Meinung der Männer, Frauen waren entweder nützliche Arbeitstiere oder aber dienten als Entsorger der Männer. Elisabeth war wohl tendenziell dazu auserkoren worden, die »Carmen« der Familie zu sein. Sie wurde auf ein Podest gestellt, das sie sich, da sie nie zu harter Arbeit herangezogen wurde, nicht selbst verdienen konnte. Selbstverständlich wurde es ihr auch nicht erlaubt, einen Beruf zu erlernen. Systematisch war sie zu einer gelernten Hilflosen abgerichtet worden.

In ihrer Unbekümmertheit kam es zur Schwangerschaft mit Ramona. Die Hochzeit wurde, einer Königin würdig, aufwendig gefeiert. Dann aber war der Ehemann auf einmal lästig. Als einfacher Mann vom Lande konnte er weder ihren Ansprüchen noch denen der Familie entsprechen. Es fehlte ihm »das Rittergut im Hintergrund«. So wurde ihm recht bald der Zugang zum Haus der Schwiegerleute verboten. Nach der Geburt der Tochter Ramona reichte Elisabeths Familie die Scheidung ein. Tochter und Vater haben sich nie gesehen.

Vielleicht wäre dies alles für sie noch zu ertragen gewesen, hätten sie nicht die Kriegswirren aus ihrer Heimat vertrieben und die Familie auseinander gerissen. So stand sie auf einmal mit ihrer Mutter und Tochter alleine da, ohne Geld, ohne Ausbildung und ohne Initiative.

»Mein Mann, dieser Feigling, hat sich auch verdrückt und mich mit einem Gör sitzen lassen. Als alleinstehende junge Frau mit Kind war ich doch in unserer ländlichen Gegend ein für allemal erledigt. Und dann musste ich mit ansehen, wie meine Tochter, kaum hatte sie den ersten Ansatz zum Busen, sich mit einem Knaben nach dem anderen einließ.

Na ja, sie hatte ja auch bald zwei Balgen am Hals, und das noch mitten in der Ausbildung. So wie ich heute noch meine über neunzigjährige Mutter pflege, sollte doch Ramona auch für mich da sein. Das ist doch nach all dem Unglück nicht zu viel verlangt.

Übrigens, was die Männer taugen, hat sie ja sehr schnell durch ihren ersten Mann erfahren. Rumgesoffen und rumgehurt hat er, und am Schluss ist er im Kittchen gelandet. Aber das reichte ja noch nicht. Einen Ausländer musste sie jetzt anschleppen. Der wird sie eines Tages mit in seine Heimat nehmen und ich kann sehen, wer nach mir schaut.

Dies verfluchte Leben. Hätte man mich doch vorher bloß gefragt, ob ich überhaupt auf diese Erde will. Nie und nimmer hätte ich zugestimmt. Und mich umzubringen, dazu bin ich leider auch zu feige.«

Ein lautloses Schluchzen schüttelte ihren Körper. Zusammengesunken war sie in ihrer Sofaecke kaum mehr wahrnehmbar. Ramona versuchte, ihre Hände zu erreichen, wollte sie streicheln. Elisabeth wehrte ab: »Jetzt rettest du auch nichts mehr. Jetzt ist ohnehin alles zu spät.«

Trotz Einladung blieb sie den weiteren Beratungsstunden fern. Ich musste akzeptieren, dass sie auch in Zukunft nur ihre Wirklichkeit gelten lassen wollte. Für Ramona dagegen wurde diese Stunde zu einem durchschlagenden Erfolg.

»Einmal kann ich heute meine Mutter zutiefst verstehen. Vieles aus ihrem Leben wusste ich ja gar nicht, das habe ich erst jetzt in jener Stunde erfahren. Aber viel entscheidender ist für mich die Tatsache, dass ich auf einmal jegliche Angst vor ihr verloren habe. Wie mit einem Zauberstab ist die lebenslange Furcht, die ich vor ihr hatte, weggewischt. Es ist eine Erlösung. Früher kam sie mir immer vor wie ein Wolf, wie ein Dämon. Nun, wo ich sie schwach, hilflos und verzweifelt erlebt habe, kam Mitleid in mir auf. Wenn sie eines Tages Hilfe braucht und sie es zulässt, werde ich mich um sie kümmern.«

Nach zweieinhalb Jahren benötigte Ramona meine Hilfe nicht mehr. Sie konnte ihre Medikamente (Zytostatika) absetzen, ohne dass sich ihre weißen Blutkörperchen wieder vermehrten.

Fünf Jahre nach Beginn der Erkrankung trafen wir uns zufällig wieder. Einmal interessierte mich ihr Gesundheitszustand, weiter war ich neugierig zu hören, wie sie inzwischen ihr Leben gestaltete, und ich brauchte ja ihr Einverständnis, über ihr Schicksal schreiben zu dürfen.

Vieles hatte sich verändert. Zusammen mit ihrem Mann war sie in eine große, schön gelegene Wohnung umgezogen. Ihr Hausarzt konnte bei den regelmäßigen Kontrollen nur Gutes feststellen. Ihre Bilder wurden mehr und mehr gefragt. In der Hilfsorganisation war sie fest eingebunden.

»Die Zeit meiner Erkrankung erscheint mir heute wie ein böser Traum. Aber ich brauchte wohl diesen Schuss vor den Bug, um mich endlich einmal aufzuraffen, mein Leben grundsätzlich umzugestalten. Fast bin ich dankbar, dass es mich damals so übel erwischt hat. Ich habe mir inzwischen eine eigene Theorie über die Leukämie zurechtgelegt. Die weißen Blutkörperchen sind ja nun einmal die Abwehrtruppe, die Polizei gegen fremde Eindringlinge. Sie sollen Fremdkörper erkennen und anschließend vernichten. Nun stelle ich mir das heute so vor, dass ich unbewusst spürte, irgendwo halten sich in meiner Nähe Feinde auf, jede Menge Wölfe. Sie hatten sich aber so gut getarnt, dass ich sie nicht erkennen konnte. Also dachte wohl mein Körper: Vergrößere die Abwehrtruppe. Noch mehr Polizisten müssten dann eines Tages den Gegner entlarven und unschädlich machen können.

Das Problem lag demnach darin, dass ich mir früher stets Leute aussuchte, die mich versteckt angreifen, vielleicht sogar vernichten wollten, aber ich konnte dies nicht erkennen.

Das allerschönste Gefühl der letzten Monate ist es aber, keine Schuld mehr zu empfinden. Ich traue mich heute, die Ziele zu verfolgen, die mir persönlich wichtig erscheinen, und ich lasse mich von nichts und niemandem davon abbringen. Dies alles ohne Schuldgefühle – ein herrliches Erleben!«

Zusammenfassung

Verständlicherweise sah Ramona, und somit auch die sie behandelnden Organmediziner, ihr Problem in der chronischen Leukämie. Der hieraus folgende und auch logische Therapieansatz musste demnach darin bestehen, mittels Zytostatika (Medikamente, die sich schnell vermehrende Zellen, also zum Beispiel die Tumorzellen, zerstören) die Überzahl an weißen Blutkörperchen zu verringern. Es ist dies sicherlich ein zu Beginn einer solchen Erkrankung absolut notwendiges und auch oft erfolgreiches Verfahren.

Als Familienberater dagegen definiere ich Ramonas zentrales Problem auf andere Weise: Sie hatte die Kontrolle über ihr Leben verloren, bzw. sie war in eine Situation der völligen Ohnmacht geraten: Ihre beiden ältesten Kinder, die beiden

Mädchen, waren erwachsen geworden und verließen das Haus. Im Grunde ein ganz natürlicher Vorgang. Da aber Ramona auf Grund ihrer übergroßen Fürsorglichkeit viel zu viel in die beiden Töchter investiert hatte, erwartete sie jetzt – ihr unbewusst – von den beiden Mädchen auch wiederum einiges an Dankbarkeit zurück: *1. Veränderung.*

Ihr zweiter Ehemann, den sie gegen den heftigen Widerstand ihrer Mutter geheiratet hatte, entpuppte sich wieder einmal als eine große Enttäuschung. Ihre übergroße Hoffnung auf Harmonie und Geborgenheit machte er mit seinem übermäßigen Alkoholkonsum und durch seine Kneipenbesuche zunichte: *2. Veränderung.*

Als »Näheersatzobjekt« sollte nun ihr ältester Sohn herhalten. Der aber wehrte sich vehement, noch dazu aufgestachelt von seiner Großmutter, gegen die ihn einengenden Überbehütungsstrategien seiner Mama*: 3. Veränderung.*

Nichts ging mehr, zumindest aus der Sicht von Ramona, denn ihr fehlten absolut lebensnotwendige Lebensbewältigungsstrategien: Das zentrale Problem von Ramona war einmal ihre großen Angst davor, zu genießen, sich auch im Nichtstun zu akzeptieren, lieb haben zu können, und insbesondere ihre fast panische Angst davor Wünsche anzumelden. (Ihre Mutter, als Prinzessin erzogen, war dagegen geradezu eine Expertin darin, Wünsche anzumelden, andere zu lenken und die zu vernichten, die ihr nicht gehorchten!)

Und so war es auch nur konsequent, dass sich Ramona immer wieder Männer ausgesucht hatte, die keine Probleme hatten, Wünsche anzumelden und andere auszubeuten, denn so hatte sie ja in ihrer Kindheit ihre Mutter erlebt.

Im Verlaufe der Beratung lernte nun Ramona diese ihr einst anerzogenen Ängste ganz langsam in den Griff zu bekommen: Sie übte immer wieder, Wünsche anzumelden, sich auch einmal konsequent durchzusetzen, und zusätzlich musste sie jetzt nicht mehr stets in irgendeiner Aktivität stecken. Sie konnte ganz langsam auch einmal einen Tag verstreichen lassen, ohne viel getan zu haben.

Die Griechen hatten vor zweieinhalbtausend Jahren gar nicht so Unrecht, in ihren Tragödien darauf hinzuweisen, wie sich Unglück von Generation zu Generation fortpflanzt. Wie wir aber heute wissen, hat dies nichts mit einem blindwütigen, zufälligen Schicksal zu tun, sondern wir Menschen geben nicht nur über unsere Gene körperliche Merkmale weiter, sondern über Erziehung auch Ängste, die einen gelungenen Umgang mit dem Leben beeinträchtigen oder sogar blockieren können.

Es liegt aber in unserer Hand, das in Zukunft zu verhindern und darauf bedacht zu sein, angstfreie Psychodynamiken weiterzugeben.

5.

Wenn die Füchse »Vorschriften« und »Wünsche anmelden« heißen

Dornröschen
oder Ein Schicksal von chronischen Durchfällen

Vor Zeiten war ein König und eine Königin, die sprachen jeden Tag: »Ach, wenn wir doch ein Kind hätten!« und kriegten immer keins. Da trug sich zu, als die Königin einmal im Bade saß, dass ein Frosch aus dem Wasser ans Land kroch und sprach: »dein Wunsch wird erfüllt werden, ehe ein Jahr vergeht, wirst du eine Tochter zur Welt bringen.« Was der Frosch gesagt hatte, das geschah, und die Königin gebar ein Mädchen, das war so schön, dass der König vor Freude sich nicht zu lassen wusste und ein großes Fest anstellte. Er lud nicht bloß Verwandte, Freunde und Bekannte, sondern auch die weisen Frauen dazu ein, damit sie dem Kind hold und gewogen wären. Es waren ihrer dreizehn in seinem Reiche; weil er aber nur zwölf goldene Teller hatte, von welchen sie essen sollten, so musste eine von ihnen daheim bleiben. Das Fest ward mit aller Pracht gefeiert, und als es zu Ende war, beschenkten die weisen Frauen das Kind mit ihren Wundergaben: die eine mit Tugend, die andere mit Schönheit, die dritte mit Reichtum und so mit allem, was auf der Welt zu wünschen ist. Als elfe ihre Sprüche eben getan hatten, trat plötzlich die dreizehnte herein. Sie wollte sich dafür rächen, dass sie nicht eingeladen war, und ohne jemand zu grüßen oder nur anzusehen, rief sie mit lauter Stimme: »Die Königstochter soll sich in ihrem fünfzehnten Jahr an einer Spindel stechen und tot hinfallen.« Und ohne ein Wort weiter zu spre-

chen, kehrte sie sich um und verließ den Saal. Alle waren erschrocken, da trat die zwölfte hervor, die ihren Wunsch noch übrig hatte, und weil sie den bösen Spruch nicht aufheben, sondern nur mildern konnte, so sagte sie: »Es soll aber kein Tod sein, sondern ein hundertjähriger tiefer Schlaf, in welchen die Königstochter fällt.«

Der König, der sein liebes Kind vor dem Unglück gern bewahren wollte, ließ den Befehl ausgeben, dass alle Spindeln im ganzen Königreiche sollten verbrannt werden. An dem Mädchen aber wurden die Gaben der weisen Frauen sämtlich erfüllt; denn es war schön, sittsam, freundlich und verständig, dass es jedermann, der es ansah, lieb haben musste. Es geschah, dass an dem Tage, wo es gerade fünfzehn Jahre alt ward, der König und die Königin nicht zu Haus waren, und das Mädchen ganz allein im Schloss zurückblieb. Da ging es aller Orten herum, besah Stuben und Kammern, wie es Lust hatte, und kam endlich auch an einen alten Turm. Es stieg die enge Wendeltreppe hinauf und gelangte zu einer kleinen Türe. In dem Schloss steckte ein verrosteter Schlüssel, und als es umdrehte, sprang die Türe auf, und saß da in einem kleinen Stübchen eine alte Frau mit einer Spindel und spann emsig ihren Flachs. »Guten Tag, du altes Mütterchen«, sprach die Königstochter, »was machst du da?« – »Ich spinne«, sagte die Alte und nickte mit dem Kopf. »Was ist das für ein Ding, das so lustig herumspringt?« sprach das Mädchen, nahm die Spindel und wollte auch spinnen. Kaum hatte sie aber die Spindel angerührt, so ging der Zauberspruch in Erfüllung, und sie stach sich damit in den Finger.

In dem Augenblick aber, wo sie den Stich empfand, fiel sie auf das Bett nieder, das da stand, und lag in einem tiefen Schlaf. Und dieser Schlaf verbreitete sich über das ganze Schloss: der König und die Königin, die eben heimgekommen und in den Saal getreten waren, fingen an einzuschlafen und der ganze Hofstaat mit ihnen. Da schliefen auch die Pferde im Stall, die Hunde im Hof, die Tauben auf dem Dache, die Fliegen an der Wand, ja, das Feuer, das auf dem Herde flackerte, ward still und schlief ein, und der Braten hörte auf zu brutzeln, und der Koch, der den Küchenjungen, weil er etwas versehen hatte, in den Haaren ziehen wollte, ließ ihn los und schlief. Und der Wind legte sich, und auf den Bäumen vor dem Schloss regte sich kein Blättchen mehr.

Rings um das Schloss aber begann eine Dornenhecke zu wachsen, die jedes Jahr höher ward und endlich das ganze Schloss umzog und darüber hinaus wuchs, dass gar nichts mehr davon zu sehen war, selbst nicht die Fahne auf dem Dach. Es ging aber die Sage in dem Land von dem schönen schlafenden Dornröschen; denn so ward die Königstochter genannt, also dass von Zeit zu Zeit Königssöhne kamen und durch die Hecke in das Schloss dringen wollten. Es war ihnen aber nicht möglich; denn die Dornen, als hätten sie Hände, hielten fest zusammen, und die Jünglinge blieben darin hängen, konnten sich nicht wieder losmachen und starben eines jämmerlichen Todes. Nach langen, langen Jahren kam wieder einmal ein Königssohn in das Land und hörte, wie ein alter Mann von der Dornhecke erzählte, es sollte ein Schloss dahinter stehen, in welchem eine wunderschöne Königstochter, Dornröschen genannt, schon seit hundert Jahren schliefe, und mit ihr schliefe der König und die Königin und der ganze Hofstaat. Er wusste auch von seinem Großvater, dass schon viele Königssöhne gekommen wären und versucht hätten, durch die Dornenhecke zu dringen, aber sie wären darin hängengeblieben und eines traurigen Todes gestorben. Da sprach der Jüngling: »Ich fürchte mich nicht, ich will hinaus und das schöne Dornröschen sehen.« Der gute Alte mochte ihm abraten, wie er wollte, er hörte nicht auf seine Worte.

Nun waren aber gerade die hundert Jahre verflossen, und der Tag war gekommen, wo Dornröschen wieder erwachen sollte. Als der Königssohn sich der Dornenhecke näherte, waren es lauter große schöne Blumen, die taten sich von selbst auseinander und ließen ihn unbeschädigt hindurch, und hinter ihm taten sie sich wieder als eine Hecke zusammen. Im Schlosshof sah er die Pferde und scheckigen Jagdhunde liegen und schlafen. Auf dem Dache saßen die Tauben und hatten das Köpfchen unter den Flügel gesteckt. Und als er ins Haus kam, schliefen die Fliegen an der Wand, der Koch in der Küche hielt noch die Hand, als wollte er den Jungen anpacken, und die Magd saß vor dem schwarzen Huhn, das sollte gerupft werden. Da ging er weiter und sah im Saale den ganzen Hofstaat liegen und schlafen, und oben bei dem Throne lag der König und die Königin. Da ging er noch weiter, und alles war so still, dass einer seinen Atem hören konnte, und endlich kam er zu dem Turm und öffnete die Türe zu der kleinen Stube, in welcher Dornröschen schlief. Da lag es und war so schön, dass er die Augen nicht abwenden konnte, und er bückte sich und gab ihm einen Kuss. Wie er es mit dem Kuss berührt hatte, schlug Dornröschen die Augen auf, erwachte und blickte ihn ganz freundlich an. Da gingen sie zusammen herab, und der König erwachte und die Königin und der ganze Hofstaat und sahen einander mit großen Augen an. Und die Pferde im Hof standen auf und rüttelten sich: die Jagdhunde sprangen und wedelten: die Tauben auf dem Dache zogen das Köpfchen unterm Flügel hervor, sahen umher und flogen ins Feld: die Fliegen an den Wänden krochen weiter: das Feuer in der Küche erhob sich, flackerte und kochte das Essen: der Braten fing wieder an zu brutzeln: und der Koch gab dem Jungen eine Ohrfeige, dass er schrie, und die Magd rupfte das Huhn fertig. Und da wurde die Hochzeit des Königssohns mit dem Dornröschen in aller Pracht gefeiert, und sie lebten vergnügt bis an ihr Ende.

Die 30-jährige Doris kam wegen chronischem Durchfall in meine Praxis. Sie war geschieden, kam alleine, die Mutter war bereits gestorben und der Vater konnte das Haus nicht mehr verlassen. Ich hatte sie zu einer Familienberatung gebeten, da mich Durchfallerkrankungen interessieren, seien es Colitis-ulcerosa- oder Morbus-Crohn-Patienten, aber auch rein nervöse Durchfälle.

Sie kam zu mir, nachdem sie mein erstes Buch gelesen hatte.

»Ich fand mich da an einigen Stellen wieder. Ich kann zum Beispiel keine Fehler machen. Und in letzter Zeit ist es mit meinen Durchfällen so schlimm geworden, dass ich kaum mehr das Haus verlassen mag. Heute früh hierher zu kommen, war schon ein kleines Drama. Kaum war ich jeweils an der Haustür, schon fuhr es mir wieder durchs Gedärm.«

Die Darmerkrankungen begannen nach dem Wechsel von der zehnten in die elfte Klasse. Dieses Kurssystem im Gymnasium machte ihr anfänglich enorm zu schaffen. »Auf einmal gab es keinen festen Klassenverband mehr. Ich musste nun ständig immer wieder neue Zimmer, andere Gemeinschaften aufsuchen und dann hatte dies alles bis zum Abitur zusammenzupassen. Aber ich glaube, es war wohl mehr die fehlende Geborgenheit einer fest zusammengefügten Klasse, so wie ich das vorher zehn Jahre lang genossen habe, was mir derart zusetzte.

In der Rückschau kann ich sehen, was mich damals so belastet hat. In jener Zeit waren mir keinerlei unangenehme Gefühle bewusst! Ich hatte nur plötzlich meine Durchfälle!«

Die Patientin hatte schon viele Ärzte aufgesucht, die Diagnose lautete ›Odysseus-Syndrom‹, oder ›Koryphäen-Killer‹, helfen konnten sie ihr aber letztlich nicht.

»Den ganzen Medikamentenkram habe ich eines Tages in den Mülleimer geworfen. Diese Tat war wenigstens vorübergehend eine große Erleichterung. Vor lauter Darmspiegelungen kam ich mir schon analfixiert vor. Ich leide unter Reizcolon, nervösem Dickdarm oder funktionellen Durchfällen: Jetzt sind Sie meine letzte Rettung!«

»Auch die Familienberatung hat nur fünfundsiebzig Prozent Erfolg«, antwortete ich so beiläufig wie möglich. »Weit mehr interessiert mich aber jetzt, welche Befürchtungen Sie an unsere Zusammenarbeit hegen.«

»Gar keine! Was sollten Sie mir schon antun. Bis auf meine Erkrankung ist mir noch nie etwas Schlimmes passiert. Alle waren stets freundlich zu mir. Warum sollten Sie da eine Ausnahme sein?«

Ich versuchte herauszubekommen, ob es einen Sinnzusammenhang zwischen ihren Durchfällen und ihrem Leben gab. Gedanken darüber schien sie sich noch nicht gemacht zu haben.

Auf mich machte Doris einen perfekt gepflegten Eindruck und das nahm ich als Einstieg.

»Nehmen wir einmal an, Sie kleiden sich ab morgen mit einer alten Jeans, einem Pulli mit ein, zwei Löchern, die Haare nicht frisiert, wem würde das zuerst auffallen? Mutti oder Vati? Ich nehme einmal an, Ihre Mama wäre noch am Leben.«

»Um Gottes Willen!« entfuhr es ihr und ihre Fröhlichkeit verschwand aus ihrem Gesicht. Nervös nestelte sie mit den Händen an ihrem eleganten Kostüm.

»Was sagen die Leute? war so einer unserer Leitsprüche zu Hause. Und nur immer alles so lassen wie es ist! Besonders für Mutti waren Veränderungen ein Gräuel. Deswegen könnte ich morgen Ihren Vorschlag gar nicht befolgen und mit anderen Klamotten 'rumlaufen.«

»Freunde haben mich schon wegen meines Konservativismus aufgezogen. Und ich dachte immer, das sei meine Entscheidung. Der Apfel fällt mal wieder nicht weit vom Stamm!«

Ein Märchen fiel ihr lange nicht ein. »Das ist irgendwie

seltsam. Ich hatte doch eine wunderschöne Jugend. Alle waren stets freundlich zu mir. Ich hatte nie Probleme und doch erscheint mir das heute so wie eingeschlafene Füße, eingemottet, tot!«

Zur nächsten Stunde erschien sie fröhlich wie zuvor. Aber irgendetwas war doch anders. Erst bei genauerem Hinsehen konnte ich bemerken, dass die Haare etwas nachlässiger geordnet, die Kleider wohl älteren Datums waren. Sie trieb mit ihrem Outfit keinen so großen Aufwand mehr.

»Die Aufgabe mit dem Märchen hat mich ganz schön beschäftigt! Ich habe mir extra zwei Märchenbücher gekauft und Abende lang darin rumgestöbert. Auf einmal merkte ich, dass ich immer wieder auf die Geschichte vom Dornröschen zurückkam. Ich glaube jetzt, dass diese Erzählung sehr viel mit mir zu tun hat. – Groß geworden bin ich in der Obhut von drei Frauen: meiner Mutter, deren unverheirateter Schwester und meiner Oma. Mein Vater war zwar im Haus, spielte aber keine Rolle.

Großmutter und Mutter trugen mich auf Händen. Die schenkten mir alles. So wären diese beiden Frauen vergleichbar mit den weisen Frauen aus dem Märchen. Meine Tante ist die Hexe, die dreizehnte, nicht eingeladene Person. Sie lag in einem Dauerstreit mit meiner Mutter. Sie war unverheiratet und daher wohl neidisch auf das Glück ihrer Schwester. Ich machte stets einen großen Bogen um sie herum. Ich kann mich nicht erinnern, dass meine Eltern oder auch die Oma irgendwelche Außenkontakte oder gar Freunde hatten. Wir waren ein verschworener Haufen und uns selbst genug! Vielleicht kommt daher mein Eindruck, dass bei uns zu Hause alles so tot war. Als ich in die Pubertät kam, erwachsen wurde, hatte Mutti immer einen Vorwand, mich an sie zu binden. Wir haben abends zusammen Karten gespielt. Am Sonntag gab's den obligaten Spaziergang und anschließend Kaffee und Kuchen. Ich war ununterbrochen eingebunden, so dass ich gar nicht erst auf die Idee kam, auch mal in eine Disco zu wollen. Ich hatte überhaupt kein Bedürfnis mal nach den Jungs zu schauen. Eine Riesenhecke umgab unser Haus. Wir fünf darin schliefen hundert Jahre.

Ich kann mich noch erinnern, von einem Prinzen, völlig unwirklich, unerotisch geträumt zu haben. Vielleicht war dies eine gewisse Sehnsucht nach einem stärkeren Vater. Dass er endlich mal auf den Tisch haut und frischen Wind ins Haus bringt. Aber es blieb alles beim Alten.

Mutti überwachte mich auf Schritt und Tritt. Fast alles, was ich tat, war in ihren Augen falsch. Liebevoll, aber bestimmt, korrigierte sie jede meiner Unternehmungen. Kein Wunder, dass mich heute eine panische Angst, Fehler zu machen, im Handeln blockiert!

Ich habe zwar das Abitur geschafft. Zum Studieren hätte ich weiter weg müssen. Das wurde mir ganz sanft ausgeredet. So bin ich jetzt eine schlichte Sekretärin.«

»Sie waren aber doch verheiratet? Wie ist es denn diesem Helden gelungen, in Ihre Festung einzudringen?« wollte ich weiter wissen.

»Das ist mir heute noch unklar. Mein Mann war ein Überaktiver. Ohne viel Federlesen hat er mich einfach von der Stelle weg geheiratet. Ich war es ja gewohnt, an die Hand genommen und nicht gefragt zu werden. Meine Mutter war wohl nicht ganz einverstanden, aber das hat sie nie offen gezeigt.

Auf unserer Ehe lag aber von Anfang an ein Schatten. Denn in dem Jahr, in welchem wir heirateten, starb auch Mama innerhalb weniger Monate an einer akuten Leukämie.

Ich konnte mich über meine Ehe gar nicht freuen.

Zu Beginn unseres Zusammenseins hat sich mein Mann sehr lieb um mich gekümmert, mich vergöttert. Nun, so wie ich es von zu Hause gewohnt war. Mit der Zeit aber blieb er immer mehr weg, verbrachte die Abende in seinem Club oder in Kneipen. Auf einmal hatte er eine Freundin und jetzt bin ich seit drei Jahren geschieden.«

»Kinder?«

»Wir haben wenig miteinander geschlafen. Schmusen mag ich ganz gerne, aber alles Weitere ist für mich irgendwie unästhetisch! So konnte es zu gar keinen Kindern kommen.«

»Wie erleben Sie heute Ihr Elternhaus. Wie hoch schätzen Sie die Hecke ein und wie lange werden Ihre hundert Jahre noch dauern, bis der wirklich erlösende Prinz Sie wachküsst?«

»Wie soll ich das wissen. Vielleicht könnte ich die Wartezeit durch etwas mehr Eigeninitiative abkürzen. Aber ich möchte ja nicht die Dornenhecke, sondern meine Durchfälle loswerden. Über die verlieren Sie kein Wort.«

Ich erklärte ihr, dass es mir um eine andere Strategie geht, als nur das Symptom Durchfall zu behandeln. Mich interessiert also viel weniger der Rauch, als vielmehr das Feuer. Wenn es uns beiden gelingt, eine einleuchtende Vermutung zu entwickeln, wozu die Erkrankung für Doris gut sein kann, dann ist es möglich, diesem Spuk ein Ende zu bereiten.

Ich stellte ihr daraufhin die direkte Frage, wo sie das denn hinführen würde, nähmen die Durchfälle noch weiter zu.

»Ja, dann bin ich zu Hause lebendig begraben. Verflixt, schon wieder taucht das verwunschene Dornröschen-Schloss auf! Ich sitze dann nur noch zu Hause auf dem Klo und warte auf mein Ende. Keine sehr reizvolle Perspektive!«

»Aber Mama wäre mit Ihrem braven Verhalten überaus zufrieden. Möglicherweise Ihr Vater auch. Wollen Sie es wirklich riskieren, Ihre Erzieher abgrundtief zu enttäuschen, vielleicht sogar zu verärgern? Außerdem wäre ein neues Verhalten Ihrerseits mit viel Schweiß und vielleicht auch mit ein paar Tränen verbunden. Ob eine Prinzessin all die Müh' auf sich nehmen möchte? Ich weiß es nicht. Zur nächsten Stunde überlegen Sie bitte noch einmal gründlich, ob Sie Neuland entdecken wollen. Ich kann nur warnen.«

Doris schien wütend zu sein, entschied sich dann aber doch dazu, an sich zu arbeiten.

Ich erzählte ihr jetzt die Geschichte von dem Fuchs und dem Häschen nach J. LeDoux.

Anschließend konnte ich für sie zusammenfassen:

»Ich darf annehmen, dass sie von den beiden Füchsen »Vorschriften« und »Wünsche anmelden« gesteuert werden, wobei der »Vorschriften-Fuchs« der größere zu sein scheint. Einerseits folgen Sie heute noch einer übergroßen Menge von Vorschriften – so wie Ihnen dies Ihre Eltern beigebracht haben. Andererseits sind Sie verständlicherweise in Ihrem tiefsten Inneren hoch allergisch auf jede neue Vorschrift. Unter anderem kann ich Ihre Empfindlichkeit auf Vorschriften an ihrem zähen Verhalten mir gegenüber ablesen. Ich bitte höflich darum, diesen letzten Satz nicht als einen Vorwurf, sondern als eine reine Beschreibung Ihres Verhaltens zu verstehen! Für mein Erleben pendeln Sie zwischen Szenarien harmonischer Geborgenheit und der Vermeidung von Neuem. Neues zu riskieren würde beinhalten, neuen Vorschriften zu folgen.«

»Da fallen mir gleich viele Beispiele ein, die Ihre Aussagen voll bestätigen. Leider! Wenn ich es mir in unserer Wohnstube mit einem Buch in der Hand, am besten natürlich mit ganz seichter Literatur, bequem gemacht hatte und Mutti kam dazu, so strahlte sie über das ganze Gesicht und meinte: ›Ist das nicht schön, wenn wir so zusammen sind?‹

Oder beim Plätzchenbacken zu Weihnachten setzte sie mich, auch als ich schon älter war, wie eine Puppe auf einen Küchenhocker in die Ecke und von dort aus durfte ich ihrem Tun zuschauen. Wollte ich selber einmal Figuren ausstechen, so wurden meine Hände sanft in meinen Schoß zurückgeschoben mit der Bemerkung: ›Du machst dich ja ganz mehlig‹ oder ›du wirst dir noch die Fingerchen an den scharfen Rändern der Formen aufschneiden‹.«

Heute sollte nun Doris alleine für ihr Weltbild verantwortlich sein und um sie von ihrer alten Wirklichkeit zu befreien, sollte sie folgendes Experiment wagen.

»An sechs Tagen in der Woche machen Sie ganz betont alles so, wie Mutti es sich gewünscht hätte. Sie legen während dieser Zeit größten Wert darauf, das Gesicht Ihrer Mama zum Strahlen zu bringen. Es ist wichtig, dass Ihnen da kein einziger Fehler unterläuft! Am siebten Tag verändern Sie eine Kleinigkeit. Nichts Dramatisches, irgendeine Veränderung, die Ihre Mutter nur bei genauem Hinsehen bemerkt hätte. Den jetzt folgenden Rat brauchen Sie selbstverständlich nicht zu befolgen, er könnte aber Ihre Situation noch etwas mehr verdeutlichen. Sie besorgen sich in einer Drogerie oder Apotheke einen Babyschnuller und hängen ihn an den sechs ›Mutti-Tagen‹ beispielsweise im Flur an einer Schnur an die Decke. Am siebten Tag hat der Schnuller Ausgang. Er darf in einer Schublade ausruhen. Sie könnten das Ding natürlich auch an einem Kettchen um den Hals tragen. Also Ihrer Phantasie sind da keine Grenzen gesetzt.«

Zur nächsten Stunde erschien sie richtig locker. Die Haare kaum gekämmt, Flusen an einer ungebügelten Hose. Die Fingernägel waren nicht mehr lackiert. »Damit Sie es gleich wissen, einen Schnuller habe ich nicht gekauft. Dafür habe ich mal an einigen Tagen ein Foto meiner Mutter auf den Wohnzimmertisch gestellt. Das war schon schlimm genug. Ich brauchte mir gar keine so große Mühe zu geben, Mutti zufrieden zu stellen. Ich mach ja ohnehin schon alles so oder noch immer alles so, wie sie es gerne hätte. Nur, dass ich dies jetzt absichtlich tun sollte, das war das Schlimme. Manchmal ging es einfach nicht. Ich stand mir selber im Wege. Na und an dem einen Tag habe ich mal die Teppichfransen nicht mehr gekämmt.«

»Es gab noch eine bedrohliche oder lustige Situation, wie man will«, fuhr sie fort. »Als ich mich eines Tages bücke, um wieder einmal die Teppichfransen zu ordnen, schießt es in mir hoch: ›Heute aber nicht!‹ Wie ich mich aufrichte, stoße ich gegen den Wohnzimmertisch und Muttis Foto fällt um. Mein Herz raste und der Bauch gluckerte. Es hat gerade noch zur Toilette gereicht. Aber insgesamt sind die Durchfälle weniger geworden und ich weiß nicht wie. Zuerst ist es mir gar nicht aufgefallen. Dann merkte ich aber, dass das Toilettenpapier nicht mehr so schnell weniger wurde.

Ich habe jetzt nur eine Bitte. Ich möchte von dieser Sechs-zu-eins-Regelung befreit werden. Sechs Tage lang das zu machen, was meine Mutter möchte, das halte ich nicht mehr aus! Haben Sie da nicht noch eine andere Idee?«

»Sie können würfeln«, schlug ich vor. »Mit einer Münze zum Beispiel führen Sie den Zufall ein. Kopf könnte heißen: Heute ist Mutti der Boss. Zahl würde bedeuten: Heute ist der Tag der Freiheit.«

»Ja, aber wie komme ich zu mehr Selbstvertrauen?«, wollte Doris weiter wissen.

»Was meinen Sie, wie viel Jahre werden Sie abwarten müssen, bis in Ihnen Selbstvertrauen entstanden ist, um dann aufzustehen, in die Hände zu spucken und loszulegen?«

»Wenn ich es genau bedenke, so habe ich wohl bisher wie Dornröschen stets darauf gewartet, dass ich wachgeküsst werde. Ist es richtig, dass Selbstvertrauen nur durch Handeln entsteht?« »Mir fällt da gerade ein chinesisches Sprichwort ein«, versuchte ich, sie zu bestärken: »Der Mann, der den Berg abtrug, war jener, der eines Tages begonnen hatte, den ersten Stein beiseite zu schaffen.«

»Wenn es nur ein Berg wäre. Für mich sind es die Alpen. Aber es bleibt mir wohl gar nichts anderes übrig! Wenn es doch nur Prinzen gäbe!«

»Ich nehme an, dass Sie in Ihrer Kindheit unter anderem mit Puppen spielten. Wo befinden die sich heute?«

»Auf dem Speicher. Zum Teil sind es kleine Kostbarkeiten, mit echtem Haar, usw. Ach Sie meinen, ein Prinz könnte mich eines Tages auch in die Ecke, auf den Speicher … Aber das ist mir ja schon passiert!«

»Eine Möglichkeit, Ihren Aktionsradius zu vergrößern, wäre, sich eine Landkarte der hiesigen Gegend zu besorgen. An Ihrem ›Tag der Freiheit‹ unternehmen Sie einen klitzekleinen Ausflug und tragen abends mit einer Stecknadel Ihren Siegespunkt auf der Karte ein. Ähnlich wie die Polizei Unfallorte und deren Häufigkeit optisch darstellt. Nur wären Ihre Ereignisse natürlich weit erfreulicher. An die Stecknadeln ließen sich eventuell auch kleine Fähnchen heften, beschriftet mit einem Stichwort Ihres Erfolges.«

Zur nächsten Stunde erschien Doris fröhlich aufgelegt:

»Ich habe vor ein paar Tagen in unserem Büro eine Mitarbeiterin ziemlich verärgert. Die beklagte sich wieder mal bei mir über unseren Chef und da überfiel es mich wie aus heiterem Himmel. Ich machte ihr recht deutlich klar, dass sie zu ihrem Dauerstreit mit unserem Vorgesetzten auch einiges beiträgt. Bisher hatte ich ihr grundsätzlich Recht gegeben, obwohl ich in meinem Innersten wusste, dass sie schon auch kratzbürstig, gelegentlich sogar hinterhältig ist. Die hat vielleicht geguckt. Erst sprang sie auf, schimpfte Unverständliches und knallte die Tür zu. Aber nach wenigen Minuten kam sie wieder angeschlichen und bat mich um Verzeihung. Ich hab ihr dann ein paar Fragen gestellt, so wie hier in den Stunden gelernt. Sie hat richtig artig mitgemacht. Überglücklich fuhr ich an jenem Abend nach Hause!«

In der nächsten Zeit besorgte sich Doris Vorlesungsverzeichnisse von nahe gelegenen Universitäten. Sie ging ernsthaft daran, doch noch ein Studium aufzunehmen. Plötzlich gab es auch einen neuen Freund, mit dem sie dann, ein halbes

Jahr später, eine Urlaubsreise nach Florida wagte. Nach dreizehn Beratungsstunden, verteilt über vierzehn Monate, traten die Durchfälle nur noch ganz selten auf.

»Die sind jetzt so selten, damit kann ich leben. Außerdem habe ich hiermit ein zuverlässiges Signal: Du hast wohl wieder Angst, entweder vor dem Vorschriften-Fuchs, oder dem anderen Kerl, dem, der mich hindert, Wünsche anzumelden. Also sage ich mir: 'Ran an den Speck und geübt!'«

Zusammenfassung

Die chronischen Durchfälle definierte Doris als das sie ausschließlich beherrschende Problem. Auf das von ihr bestimmte Angebot gingen die rein am Körper orientierten Kollegen willig ein. Nach bestem Wissen und Gewissen versuchten sie Doris mit dem Instrumentarium der Hochschulmedizin behilflich zu sein. Vergebens. Die Patientin blieb stets der Sieger (und somit krank).

Erst durch eine Umdefinition der Schwierigkeiten konnte Doris befähigt werden, ihrem Körper zur Beschwerdefreiheit zu verhelfen. Denn auch Doris war das Leben außer Kontrolle geraten. Durch die konsequenten Überbehütungsstrategien ihres Elternhauses war ihr sowohl Angst vor Vorschriften, als auch Angst davor, Wünsche zu äußern, eingeimpft worden. Neue Situationen, gar Ereignisse, wo sie einmal etwas alleine ausprobieren sollte, mussten ihr ein Gräuel sein: solche Aufgabenstellungen waren für sie nicht beherrschbar, sie hatte sie nicht unter Kontrolle. Über ein mühevolles und angstbesetztes Training gelang es ihr nun, Unterschiede zu machen: Bisher hatte sie wohl zu hundert Prozent den Wünschen ihrer Mama entsprochen, das heißt, es gab für sie keinen Unterschied im Erleben und Verhalten zu den Vorstellungen ihrer Mutter. Jede Abweichung hiervon wurde über Vermittlung von Schuldgefühlen strikt unterbunden. (Einmal etwas anders zu machen, als sich ihr

Elternhaus vorgestellt hatte, bedeutete für sie, einen Fehler begangen zu haben.)

Sie konnte sich somit nicht vorstellen, dass eine einmal gewachsene Zuneigung auch dann weiterbesteht, wenn Menschen vorübergehend auseinander gehen oder gar streiten. Die Worte Widerspruch oder gar Konfrontation waren ihr bisher völlig unbekannt gewesen, und als ich diese beiden Begriffe das erste Mal in unserer Zusammenarbeit erwähnte, verzog sie das Gesicht, als ob sie auf eine Zitrone gebissen hätte.

In anstrengenden, kleinen (!) Schritten korrigierte sie langsam diese beiden sie beherrschenden Ängste. Hier lag ihr tatsächliches Problem.

6.

Wenn die Füchse »Vorschriften« und »Nähe« heißen

Brüderchen und Schwesterchen oder Ein Schicksal von Magersucht

Brüderchen nahm sein Schwesterchen an der Hand und sprach: »Seit die Mutter tot ist, haben wir keine gute Stunde mehr; die Stiefmutter schlägt uns alle Tage, und wenn wir zu ihr kommen, stößt sie uns mit den Füßen fort. Die harten Brotkrusten, die übrig bleiben, sind unsere Speise, und dem Hündlein unter dem Tisch geht's besser: dem wirft sie doch manchmal einen guten Bissen zu. Dass Gott erbarm, wenn das unsere Mutter wüsste! Komm, wir wollen miteinander in die weite Welt gehen.« Sie gingen den ganzen Tag über Wiesen, Felder und Steine, und wenn es regnete, sprach das Schwesterchen: »Gott und unsere Herzen, die weinen zusammen!« Abends kamen sie in einen großen Wald und waren so müde von Jammer, Hunger und dem langen Weg, dass sie sich in einen hohlen Baum setzten und einschliefen.

Am anderen Morgen, als sie aufwachten, stand die Sonne schon hoch am Himmel und schien heiß in den Baum hinein. Da sprach das Brüderchen: »Schwesterchen, mich dürstet, wenn ich ein Brünnlein wüsste, ich ging' und tränk' einmal; ich mein, ich hört eins rauschen.« Brüderchen stand auf, nahm Schwesterchen an der Hand, und sie wollten das Brünnlein suchen. Die böse Stiefmutter aber war eine Hexe und hatte wohl gesehen, wie die beiden Kinder fortgegangen waren, war ihnen nachgeschlichen, heimlich, wie Hexen schleichen, und hatte alle Brunnen im Walde verwünscht. Als sie nun ein Brünnlein fanden, das so glitzerig über die Steine sprang, wollte das Brüderchen daraus trinken; aber das Schwesterchen hörte, wie es im Rauschen sprach: »Wer aus mir trinkt, wird ein Tiger; wer aus mir trinkt, wird ein Tiger.« Da rief das Schwesterchen: »Ich bitte dich, Brüderchen, trink nicht, sonst wirst du ein wildes Tier und zerreißest mich.« Das Brüderchen trank nicht, ob es gleich einen so großen Durst hatte, und sprach: »Ich will warten bis zur nächsten Quelle.« Als sie zum zweiten Brünnlein kamen, hörte das Schwesterchen, wie auch dieses sprach: »Wer aus mir trinkt, wird ein Wolf; wer aus mir trinkt, wird ein Wolf.« Da rief das Schwesterchen: »Brüderchen, ich bitte dich, trink nicht, sonst wirst du ein Wolf und frissest mich.« Das Brüderchen trank nicht und sprach: »Ich will warten, bis wir zur nächsten Quelle kommen, aber dann muss ich trinken, du magst sagen, was du willst: mein Durst ist gar zu groß.« Und als sie zum dritten Brünnlein kamen, hörte das Schwesterlein, wie es im Rauschen sprach: »Wer aus mir trinkt, wird ein Reh; wer aus mir trinkt, wird ein Reh.« Das Schwesterchen sprach: »Ach Brüderchen, ich bitte dich, trink nicht, sonst wirst du ein Reh und läufst mir fort.« Aber das Brüderchen hatte sich gleich beim Brünnlein niedergeknieet, hinabgebeugt und von dem Wasser getrunken, und wie die ersten Tropfen auf seine Lippen gekommen waren, lag es da als ein Rehkälbchen.

Nun weinte das Schwesterchen über das arme, verwünschte Brüderchen, und das Rehchen weinte auch und saß so traurig neben ihm. Da sprach das Mädchen endlich: »Sei still, liebes Rehchen, ich will dich ja nimmermehr verlassen.« Dann band es sein goldenes Strumpfband ab und tat es dem Rehchen um den Hals, und rupfte Binsen und flocht ein weiches Seil daraus. Daran band es das Tierchen und führte es weiter und ging immer tiefer in den Wald hinein. Und als sie lange, lange gegangen waren, kamen sie endlich an ein kleines Haus, und das Mädchen schaute hinein, und weil es leer war, dachte es: »Hier können wir bleiben und wohnen.« Da suchte es dem Rehchen Laub und Moos zu einem weichen Lager, und jeden Morgen ging es aus und sammelte sich Wurzeln, Beeren und Nüsse, und für das Rehchen brachte es zartes Gras mit, das fraß es ihm aus der Hand, war vergnügt und spielte vor ihm herum. Abends, wenn Schwesterchen müde war und sein Gebet gesagt hatte, legte es seinen Kopf auf den Rücken des Rehkälbchens, das war sein Kissen, darauf es sanft einschlief. Und hätte das Brüderchen nur seine menschliche Gestalt gehabt, es wäre ein herrliches Leben gewesen.

Das dauerte eine Zeit lang, dass sie so allein in der Wildnis waren. Es trug sich aber zu, dass der König des Landes eine große Jagd in dem Wald hielt. Da schallte das Hörnerblasen, Hundegebell und das lustige Geschrei der Jäger durch die Bäume, und das Rehlein hörte es und wäre gar zu gerne dabei gewesen. »Ach«, sprach es zum Schwesterlein, »lass mich hinaus in die Jagd, ich kann's nicht länger mehr aushalten«, und bat so lange, bis es einwilligte. »Aber«, sprach es zu ihm, »komm mir ja abends wieder, vor den wilden Jägern schließ ich mein Türlein; und damit ich dich kenne, so klopf und sprich: Mein Schwesterlein, lass mich herein; und wenn du nicht so sprichst, so schließ ich mein Türlein nicht auf.« Nun sprang das Rehchen hinaus, und war ihm so wohl und war so lustig in freier Luft. Der König und seine Jäger sahen das schöne Tier und setzten ihm nach, aber sie konnten es nicht einholen, und wenn sie meinten, sie hätten es gewiss, da sprang es über das Gebüsch weg und war verschwunden. Als es dunkel ward, lief es zu dem Häuschen, klopfte und sprach: »Mein Schwesterlein, lass mich herein.« Da ward ihm die kleine Tür aufgetan, es sprang hinein und ruhete sich die ganze Nacht auf seinem weichen Lager aus. Am andern Morgen ging die Jagd von neuem an, und als das Rehlein wieder das Hüfthorn hörte und das Hoho! der Jäger, da hatte es keine Ruhe und sprach »Schwesterchen, mach mir auf, ich muss hinaus.« Das Schwesterchen öffnete ihm die Türe und sprach: »Aber zu Abend musst du wieder da sein und dein Sprüchlein sagen.« Als der König und seine Jäger das Rehlein mit dem goldenen Halsband wieder sahen, jagten sie ihm alle nach, aber es war ihnen zu schnell und behänd. Das währte den ganzen Tag, endlich aber hatten es die Jäger abends umzingelt, und einer verwundete es ein wenig am Fuß, so dass es hinken musste und langsam fortlief. Da schlich ihm ein Jäger nach bis zu dem Häuschen und hörte, wie es rief: »Mein Schwesterlein, lass mich herein«, und sah, dass die Tür ihm aufgetan und alsbald wieder zugeschlossen ward. Der Jäger behielt das alles wohl im Sinn, ging zum König und erzählte ihm, was er gesehen und gehört hatte. Da sprach der König: »Morgen soll noch einmal gejagt werden.«

Das Schwesterchen aber erschrak gewaltig, als es sah, dass sein Rehkälbchen verwundet war. Es wusch ihm das Blut ab, legte Kräuter auf und sprach: »Geh auf dein Lager, lieb Rehchen, dass du wieder heil wirst.« Die Wunde aber war so gering, dass das Rehchen am Morgen nichts mehr davon spürte. Und als es die Jagdlust wieder draußen hörte, sprach es: »Ich kann's nicht aushalten, ich muss dabei sein; so bald soll mich keiner kriegen.« Das Schwesterchen weinte und sprach: »Nun werden sie dich töten, und ich bin hier allein im Wald und verlassen von aller Welt: ich lass dich nicht hinaus.« – »So sterb ich dir hier vor Betrübnis«, antwortete das Rehchen, »wenn ich das Hüfthorn höre, so mein ich, ich müsst aus den Schuhen springen!« Da konnte das Schwesterchen nicht anders und schloss ihm mit schwerem Herzen die Tür auf, und das Rehchen sprang gesund und fröhlich in den Wald. Als es der König erblickte, sprach er zu seinen Jägern: »Nun jagt ihm nach den ganzen Tag bis in die Nacht, aber dass ihm keiner etwas zuleide tut.« Sobald die Sonne untergegangen war, sprach der König zum Jäger: »Nun komm und zeige mir das Waldhäuschen.« Und als er vor dem Türlein war, klopfte er an und rief: »Lieb Schwesterlein, lass mich herein.« Da ging die Tür auf, und der König trat herein, und da stand ein Mädchen, das war so schön, wie er noch keins gesehen hatte. Das Mädchen erschrak, als es sah, dass nicht das Rehlein, sondern ein Mann hereinkam, der eine goldene Krone auf dem Haupt hatte. Aber der König sah es freundlich an, reichte ihm die Hand und sprach: »Willst du mit mir gehen auf mein Schloss und meine liebe Frau sein?« – »Ach ja«, antwortete das Mädchen, »aber das Rehchen muss auch mit, das verlass ich nicht.« Sprach der König: »Es soll bei dir bleiben, so lange du lebst, und soll ihm an nichts fehlen.« Indem kam es hereingesprungen, da band es das Schwesterchen wieder an das Binsenseil, nahm es selbst in die Hand und ging mit ihm aus dem Waldhäuschen fort.

Der König nahm das schöne Mädchen auf sein Pferd und führte es in sein Schloss, wo die Hochzeit mit großer Pracht gefeiert wurde, und war es nun die Frau Königin und lebten sie lange Zeit vergnügt zusammen; das Rehlein ward gehegt und gepflegt und sprang in dem Schlossgarten herum. Die böse Stiefmutter aber, um derentwillen die Kinder in die Welt hineingegangen waren, die meinte nicht anders, als Schwesterchen wäre von den wilden Tieren im Walde zerrissen worden und Brüderchen als ein Rehkalb von den Jägern totgeschossen. Als sie nun hörte, dass sie so glücklich waren und es ihnen so wohl ging, da wurden Neid und Missgunst in ihrem Herzen rege und ließen ihr keine Ruhe, und sie hatte keinen anderen Gedanken, als wie sie die beiden doch noch ins Unglück bringen könnte. Ihre rechte Tochter, die hässlich war wie die Nacht und nur ein Auge hatte, die machte ihr Vorwürfe und sprach: »Eine Königin zu werden, das Glück hätte mir gebührt.« – »Sei nur still«, sagte die Alte und sprach sie zufrieden: »Wenn's Zeit ist, will ich schon bei der Hand sein.« Als nun die Zeit herangerückt war und die Königin ein schönes Knäblein zur Welt gebracht hatte und der König gerade auf der Jagd war, nahm die alte Hexe die Gestalt der Kammerfrau an, trat in die Stube, wo die Königin lag, und sprach zu der Kranken: »Komm, das Bad ist fertig, das wird euch wohl tun und frische Kräfte geben: geschwind, eh es kalt wird.« Ihre Tochter war auch bei der Hand, sie trugen die schwache Königin in die Badstube und legten sie in die Wanne: dann schlossen sie die Tür ab und liefen davon. In der Badstube aber hatten sie ein rechtes Höllenfeuer angemacht, dass die schöne junge Königin bald ersticken musste.

Als das vollbracht war, nahm die Alte ihre Tochter, setzte ihr die Haube auf und legte sie ins Bett an der Königin Stelle. Sie gab ihr auch die Gestalt und das Ansehen der Königin, nur das verlorene Auge konnte sie ihr nicht wiedergeben. Damit es aber der König nicht merkte, musste sie sich auf die Seite legen, wo sie kein Auge hatte. Am Abend, als er heimkam und hörte, dass ihm ein Söhnchen geboren war, freute er sich herzlich und wollte ans Bett seiner lieben Frau gehen und sehen, was sie machte. Da rief die Alte geschwind: »Beileibe, lass die Vorhänge zu, die Königin darf noch nicht ins Licht sehen und muss Ruhe haben.« Der König ging zurück und wusste nicht, dass eine falsche Königin im Bette lag.

Als es aber Mitternacht war und alles schlief, da sah die Kinderfrau, die in der Kinderstube neben der Wiege saß und allein noch wachte, wie die Türe aufsprang und die rechte Königin hereintrat. Sie nahm das Kind aus der Wiege, legte es in ihren Arm und gab ihm zu trinken. Dann schüttelte sie ihm sein Kisschen, legte es wieder hinein und deckte es mit dem Deckbettchen zu. Sie vergaß aber auch das Rehchen nicht, ging in die Ecke, wo es lag, und streichelte ihm über den Rücken. Darauf ging sie stillschweigend wieder zur Türe hinaus, und die Kinderfrau fragte am nächsten Morgen die Wächter, ob jemand während der Nacht ins Schloss gegangen wäre, aber sie antworteten: »Nein, wir haben niemand gese-

hen.« So kam sie viele Nächte und sprach niemals ein Wort dabei; die Kinderfrau sah sie immer, aber sie getraute sich nicht, jemand etwas davon zu sagen.

Als nun so eine Zeit verflossen war, da hub die Königin in der Nacht an zu reden und sprach:

»Was macht mein Kind? Was macht mein Reh?

Nun komm ich noch zweimal und dann nimmermehr.«

Die Kinderfrau antwortete ihr nicht, aber als sie wieder verschwunden war, ging sie zum König und erzählte ihm alles. Sprach der König: »Ach Gott, was ist das!« Ich will in der nächsten Nacht bei dem Kinde wachen.« Abends ging er in die Kinderstube, aber um Mitternacht erschien die Königin wieder und sprach:

»Was macht mein Kind? Was macht mein Reh?

Nun komm ich noch einmal und dann nimmermehr.«

Da konnte sich der König nicht zurückhalten, sprang zu ihr und sprach: »Du kannst niemand anders sein als meine liebe Frau.« Da antwortete sie: »Ja, ich bin deine liebe Frau«, und hatte in dem Augenblick durch Gottes Gnaden das Leben wiedererhalten, war frisch, rot und gesund. Darauf erzählte sie dem König den Frevel, den die böse Hexe und ihre Tochter an ihr verübt hatten. Der König ließ beide vor Gericht führen, und es ward ihnen das Urteil gesprochen. Die Tochter ward in den Wald geführt, wo sie die wilden Tiere zerrissen, die Hexe aber ward ins Feuer gelegt und musste jammervoll verbrennen. Und wie sie zu Asche verbrannt war, verwandelte sich das Rehkälbchen und erhielt seine menschliche Gestalt wieder; Schwesterchen und Brüderchen aber lebten glücklich zusammen bis an ihr Ende.

Jens war siebzehn Jahre alt, 179 cm groß und wog gerade noch 48 kg. Lanugo Haare (das Wollhaarkleid eines Säuglings) hüllten seinen ausgemergelten Körper ein. Kraftlos pendelten seine Arme im Raum herum. Ein Gesäß war nicht mehr vorhanden: das Vollbild einer Magersucht.

Aber nicht nur, dass sich Jens zum qualvollen Hungern entschieden hatte, nein, er steigerte seine Pein noch zusätzlich durch sich immer wiederholende Fressanfälle mit anschließendem Erbrechen des hastig und blindwütig in sich Hineingestopften. Seine besorgte Mutter kam durch den Rat der Krankenkasse zu mir und wünschte eine gründliche körperliche Untersuchung ihres Sohnes, wenn nötig eine psychologische Betreuung.

Die Frau wirkte grau auf mich. Die flüchtig geordneten Haare, ihre Kleidung, das Gesicht, grau. Ihre Bewegungen nervös und hektisch. Ihre Weiblichkeit schien sie zutiefst versteckt zu haben.

Haushalt, drei Kinder, eine pflegebedürftige Oma und die Sorgen um Jens und dessen auffälliges Essverhalten schienen sie zu überfordern.

»Tja«, meinte ich laut und deutlich mit einem Seitenblick auf Jens, »es steht beeindruckend schlecht um Ihren Sohn. Bald hat er sein Ziel erreicht und er wird sich endgültig für den Tod entschieden haben. Nach allgemeiner Erfahrung wird ihn aber auch niemand davon abhalten können. Das bleibt einzig und allein seine Entscheidung! Wenn die Familie Hilfe braucht, so kann ich eine Familienberatung anbieten. Es sollen dann aber, wenn irgend möglich, alle daran teilnehmen.«

Anfangs war die Bereitschaft der Familie an den Treffen mitzuwirken gering, aber in Schriftform formulierten alle fünf ihre Einsichten und Erwartungen an die Zusammenarbeit mit mir.

Die Texte sind originalgetreu wiedergegeben, um zu zeigen, wie eine engagierte Problembewältigung von Seiten der Patientenfamilie die Beratung unterstützen kann.

Die kritischen Punkte der Familie werden berührt und nur

noch wenige Informationen sind nötig, um ein Leiden in den Griff zu bekommen.

Jens erhoffte sich:

- »ehrliche Aussprache jedes Einzelnen, was ihn in der Familie stört, Vorschläge zum besser machen;
- eine neue Zusammenführung der Familie, das heißt, dass wir alle fünf einmal etwas zusammen unternehmen, zum Beispiel einen Ausflug oder abends ein Spiel. Bei uns ist alles andere wichtiger als die Familie.
- nicht immer nur kritisieren und nur auf Fehler schauen; anderen auch einmal ein Lob aussprechen und ermutigen,
- durch Aktionen der Familie, etwa einen Tagesausflug, zeigen, dass es noch was anderes gibt als Essen,
- mehr Verständnis, Vertrauen zwischen uns und Vater und Mutter und mir und den Schwestern.

Befürchtungen:

- Schwierigkeiten, Hemmungen, die Wahrheit zu sagen,
- kann Wahrheit nicht vertragen. Gespräch könnte dann in einen Streit ausarten,
- es spricht immer nur einer oder ein Teil: der Rest der Familie sitzt still da und hört zu.«

Renate, die Mutter schreibt:

»Ich wünsche mir von diesen Gesprächen, dass jeder sein Vertrauen in den anderen zurückgewinnt, und wir alle wieder aufeinander zugehen können. ...

Meine Befürchtung und Angst ist, dass mein Kind weltfremd und lebensunfähig wird.

Jens war als Säugling und Kleinkind ein liebes! und pflegeleichtes! Kind (die Ausrufezeichen sind von mir gesetzt); sicher durch unseren Hausbau bedingt. ... Er war ein guter Grundschüler und wir konnten ihn mit gutem Gewissen auf die höhere Schule schicke .... Ich glaube, er möchte bei sich, bei seinen Eltern und Geschwistern etwas verändern.«

Herbert, der Vater, brachte zu Papier:

»Ich wünsche mir von der Behandlung meines Sohnes, dass er sich wieder annimmt, dass er sich nicht körperlich kasteit. Er soll selbstbewusst werden und sich schrittweise wieder für alle öffnen. Wenn dies gelingt, habe ich keine Befürchtungen für die Zukunft.«

Die fünfzehnjährige Pia notierte:

»Ich wünsche, dass Jens endlich geholfen wird! Dass er wieder gesund wird! Das ist doch kein Leben mehr. Vom Teller zum Klo! Befürchtungen: Ich glaube kaum, dass es zu einem Streit kommt, sondern eher zu einer etwas lauteren, aber trotzdem friedlichen Diskussion.

Wir werden uns nicht alles sagen, was wir denken, denn es tut weh, Jens mit harten Sachen zu bewerfen. Er ist sehr sensibel und wird, glaube ich, auf einige Fragen sehr aggressiv antworten. Ich glaube, dass das Gespräch nur uns etwas bringt, aber nicht Jens, denn der wird nach ein paar Tagen wieder das machen, was er will!«

Ute hatte in einer schwungvollen und energischen Schrift Folgendes zu Papier gebracht:

»Da wir als Familie zu Ihnen gekommen sind, erwarte ich von Ihnen, dass Sie uns bewusst machen, was innerhalb der Familie nicht intakt ist. (Ich sehe darin Gründe für die Krankheit von Jens). Außerdem erhoffe ich, sobald wie möglich eine konkrete Aussage, wie die Probleme innerhalb der Familie und auch in Bezug auf Jens von mir gelöst werden können. Mit konkreter Aussage meine ich nicht den üblichen Rat: Nimm auf Jens Rücksicht und zeige Verständnis! Das ist im Hinblick auf meine Person nicht möglich, da es an gegenseitigem Vertrauen fehlt. Außerdem zeigt Jens keine Bereitschaft, seine Krankheit in den Griff zu bekommen oder sich damit auseinander zu setzen.«

Nun, aus dem von Jens und seinen Angehörigen Vorgetragenen war zu entnehmen, dass er wohl eine große Angst vor Unterschieden haben musste: Früher soll er sehr lieb und angepasst gewesen sein. Weiter neigte er wohl zur Passivität und Widersprüchlichkeit. Das gegenseitige Vertrauen sei abhanden gekommen.

Vielleicht, so meine Überlegung, handelt es sich um eine sehr konservative Familie in dem Sinne, dass die Eltern (besonders die Mutter) für ihre Kinder alles zum Besten richten wollen und hierdurch zu eng vorschrieben, was wie richtig getan war oder nicht. Es könnte also sein, dass Jens von einer großen Angst vor Vorschriften getrieben wurde.

Heranwachsende neigen in solchen Familiensystemen dazu, heimlich eigene Wege zu gehen, denn irgendwie müssen sie ja nun ihr eigenes Talent erproben, die Umwelt herausfordern. Die innerfamiliäre Vertrauensbasis bleibt bei einem solchen Vorgehen allerdings auf der Strecke.

Was also war das tatsächliche Problem dieser Familie? Sicherlich nicht die Magersucht von Jens. Dies war ja auch bereits Ute aufgefallen!

Auf meine Frage an Jens, wann zum ersten Mal sein Wunsch zu hungern auftrat, erhielt ich nur vage Angaben, etwa im Sommer letzten Jahres, zu dick habe sich Jens bereits im Frühjahr empfunden.

Nach einer Reihe von Fragen gelangte ich zu folgenden Hypothesen:

– der Vater ist durch seinen Beruf und ein äußerst zeitintensives, soziales Hobby wenig für seine Familie vorhanden, äußert aber, wenn er in der Familie anwesend ist, deutlichst seine Wünsche nach dem Motto »solange Ihr eure Füße unter meinem Tisch streckt … .
– die Mutter handelt nach der Auffassung: »Ich muss für andere da sein!« und vernachlässigt dabei ihre eigenen Interessen.

- Jens und Ute liegen in einem dramatischen Rivalitätsstreit. Jeder möchte in der Schule der Bessere sein, das heißt, der andere muss verlieren.
- Pia hackt im Windschatten ihrer großen Schwester auf Jens herum.

Irgendwie schien es in dieser Familie schwierig zu sein, ein Mann sein zu dürfen. (Allerdings war die weibliche Ausstrahlung von Renate auch nicht gerade überzeugend).

Zusammengefasst ergaben sich somit für mich folgende Hypothesen: Jens wurde von seiner Mutter und auch von seiner älteren Schwester mit Vorschriften eingedeckt: Eine große Angst vor Vorschriften, Bevormundung bemächtigte sich seiner. Wie aber bereits früher angedeutet neigen wir Menschen dazu, genau zu dem etwas beizutragen, was wir am allermeisten befürchten, und so begann sich Jens eines Tages mit seinen von ihm erfundenen Essensvorschriften selber zu bevormunden – im buchstäblichen Sinne des Wortes.

Zusätzlich hatte er ein schwerwiegendes Verlusterlebnis zu verarbeiten: Nach seiner älteren Schwester Ute war er als Junge der ersehnte Stammhalter und wurde sowohl von seiner Mutter als auch von seinem Vater hofiert. Geschickt aber machte ihm alsbald seine jüngere Schwester Pia diesen Vorzugsrang streitig, und er rutschte tendenziell in die Bedeutungslosigkeit. Seine berechtigte Angst davor, allein gelassen zu werden, setzte er in die Angst vor Nähe um, d.h. er ließ niemanden mehr an sich heran. Mit seiner Magersucht konnte er zugleich die gesamte Familie lenken und so dennoch einen Kontakt zu seinen Mitmenschen haben..

So verschrieb ich Renate die Botschaft, sich doch einmal zu trauen, mehr eigene Bedürfnisse zu leben und sich hiermit etwas weniger um die Familie zu kümmern. Insbesondere hätte sie immer dann eine Mark in die Urlaubskasse zu entrichten, wenn sie Jens wieder einmal auf sein Essverhalten aufmerksam gemacht hatte.

Herbert versuchte ich Mut zu machen, wieder einmal Theater- oder Konzertkarten zu besorgen und seine Frau auszuführen. Jens sollte üben, an vielen kleinen, für ihn noch ungefährlichen Stellen Unterschiede zu machen, also zum Beispiel sein Bett in seinem Zimmer umstellen, oder seinen Sitzplatz bei Tisch wechseln. (Aus lauter Angst vor Vorschriften und der hieraus resultierenden Angst, einen Fehler zu begehen, war er in eine nahezu völlige Passivität gefallen, traute er sich kaum mehr ein eigenverantwortliches Handeln zu).

»Wenn es dir gelingt, mehr und mehr eigenverantwortlich initiierte Erfolgserlebnisse hinter dir aufzustapeln, so kannst du dich mehr und mehr selber ernst nehmen und brauchst eines Tages dein skelettartiges Aussehen nicht mehr, um wenigstens hierüber ernst genommen zu werden«, war meine Nachricht an Jens.

Ute und Pia riet ich, weiter den Daumen auf Jens zu halten, denn Männer seien nun mal für Frauen gefährliche Wesen. Da könne man sich wohl nicht früh genug wehren. (Da beide Mädels zum paradoxen Verhalten neigten, setzte ich hier die Strategie der Gegenparadoxie ein, und prompt »gehorchten« beide meiner Aufforderung nicht und ließen in Zukunft Jens in Ruhe).

Zur vierten Stunde erschien die Familie wie verwandelt. Renate war kaum wieder zu erkennen. Das Haar in einer anmutigen Dauerwelle gelegt, ein blumiges Kleid, Gesicht und Hände tadellos gepflegt: eine lachende, Herzlichkeit ausstrahlende Frau.

Auch Herbert zeigte sich vergnügter. Seine Blicke zu Renate hinüber waren anteilnehmender.

Die beiden Töchter plauderten vergnügt miteinander. Es war kaum mehr Aggressivität Jens gegenüber wahrzunehmen.

Der Familie schienen die Beratungsstunden gut zu tun, bei

Jens aber zeigte sich eine Verschlechterung. Sein Gewicht nahm weiter ab und er wurde zudem in den letzten Tagen bei einem Ladendiebstahl ertappt.

Ich zog einen Endokrinologen (Hormonspezialisten) zu Rate, der nichts Besorgnis Erregendes feststellte, und versuchte nun über das Lieblingsmärchen von Jens, näher an sein Problem heranzukommen. Die beiden Schwestern nahmen an der Stunde nicht teil, und Jens eröffnete zum ersten Mal das Gespräch.

»Mir ist sofort eine Geschichte eingefallen: ›Brüderchen und Schwesterchen‹ heißt sie. Ich habe sie früher immer und immer wieder gelesen.«

Auf meine Bitte hin erzählte uns Jens das Märchen aus dem Gedächtnis. (Es ist gelegentlich recht aufschlussreich, woran sich der Erzähler erinnert.)

Jens vergaß kaum ein Detail, und so bat ich ihn, doch einmal zu überlegen, wer denn jetzt wer aus seiner Familie sein könnte. Zu wem könnte die Figur des Brüderchens und zu wem die des Schwesterchens passen und so fort? Seine Augen leuchteten.

»Das Brüderchen bin natürlich ich und Ute ist mein Schwesterchen!«

Meine Anfangshypothese wurde somit bestätigt: Jens wurde nicht nur von seiner Mutter, sondern auch von seiner älteren Schwester mit Vorschriften eingedeckt.

»Aber das stimmt doch haargenau«, ergänzte Renate. »Ich sehe die beiden heute noch. Ute hatte ihren kleinen Bruder stets an der Hand. Sie nahm ihn so in den Kindergarten mit, auf den Spielplatz und am Anfang auch in die Schule. Die waren fast wie Zwillinge.«

»Bleiben noch die Rollen der Stiefmutter und des Prinzen übrig«, ermunterte ich Jens fortzufahren.

»Dazu fällt mir nichts mehr ein«, kam es hastig von ihm zurück. Das Eisen schien ihm wohl zu heiß zu sein.

»Was ich jetzt vorschlage, muss ja nicht stimmen, aber in Herbert sehe ich schon einen wunderbaren Prinzen. Erst trifft er das Reh mit einem Pfeil. Und wie wir hier alle gelernt haben, vermag Herbert mit seinen spitzen Bemerkungen ganz schön zu verletzen – auch wenn dies in seinen Augen nur spaßige Bemerkungen sind, die ein wenig zu Fleiß und Leistung antreiben sollen.

Und dann könnte es sein, dass sich Jens nach einem Erlöser, nach einem männlichen Vorbild sehnt. Sein Vater ist beruflich und durch sein Hobby derart weit weg von seiner Familie, dass er für Jens kaum eine Identifikationsfigur abgibt. Wie soll denn Jens bei all den ›Frauen‹ lernen, wie ein Mann aussieht?«

»Da ist was dran«, bekannte Jens. »Ich habe doch schon in der ersten Stunde gesagt, dass wir mehr was zusammen unternehmen sollten. Vielleicht habe ich da besonders meinen Vater gemeint.«

»Jens, nehmen wir einmal an, dein Vater beschäftigt sich wieder mehr mit dir, du hättest nun inzwischen gelernt, was Mannsein bedeutet, was würdest du dann alles unternehmen?«

»Oh, das weiß ich heute schon. Ich muss nur erst noch ganz schnell meine Magersucht loswerden, das heißt wieder zu Kräften kommen und dann sause ich mit Freunden zum Baggersee oder in die Sporthalle. Ich würde wieder mehr lernen. Ja, und ich würde verreisen, nach Frankreich zum Beispiel.«

»Mit dem Zug?«

»Nein, ich mach ja im Augenblick den Führerschein und dann geht es mit dem Auto los.«

»Mit wessen Auto?«

»Das von Mutti natürlich. Aber das könnte Schwierigkeiten geben. Ute wird dann stinksauer. Die ist dauernd mit Muttis Wagen unterwegs. Seit die den Führerschein hat, genau an ihrem achtzehnten Geburtstag hat sie ihre Prüfung bestanden, ist die nur noch unterwegs!«

Mir begann ein Licht aufzugehen.

»Sag mal, wann genau hat Ute ihren Führerschein erhalten?«

»Das war im Frühjahr letzten Jahres.«

»Und mit ihren Autoausflügen ist sie auch Frau geworden«, fügte Herbert verschmitzt hinzu.

Ich erinnerte mich jetzt an die beiläufige Bemerkung von Jens in der ersten Stunde, dass er ja bereits im Frühjahr begonnen hatte, auf seine Figur zu achten. Oft beginnt in dieser Form eine Magersucht.

Als ein gelernter Hilfloser, war ihm sein »Leittier« abhanden gekommen. Seine Panik war mir jetzt nur allzu verständlich und ebenso der sich daraus entwickelnde Kleinkrieg der beiden. Allerdings war Ute die Mächtigere. Sie besaß das weitaus größere Durchsetzungsvermögen. Für Jens blieb nur der Ausweg in die Erkrankung.

Während Herbert von seiner Leitgeschichte »Parzival« erzählt, in der ein Junge von seiner Mutter zum nützlichen Trottel erzogen wird, erkennt er die Parallelen zu seinem Leben.

»Mein Überengagement in der Firma, meine vielen Pöstchen und Ämter: stets für die anderen da sein. Für die Familie habe ich auch manches möglich gemacht. Aber wenn ich ehrlich bin, mein Herz haben sie nicht bekommen. Ich seh jetzt, wie ich vor allem Jens allein gelassen habe. Also, nach vielen Irrfahrten bei denen Parzival, vergleichbar mit Don Quichote, manches vergeblich versucht hat – er war ja zur Ungeschicklichkeit erzogen worden –, mausert er sich doch langsam zu einem stattlichen Mann, wird in der Artusrunde aufgenommen und darf zuletzt den heiligen Gral hüten.«

Herbert war sichtlich bewegt und rang mit seiner Fassung. Bisher hatte er sich in den Sitzungen ziemlich herausgehalten und mit spitzer Zunge manches kommentiert. Andere zu blamieren, war seine Art, die in ihm wirkenden Ängste zu beschwichtigen.

Jetzt begann Herbert ganz vorsichtig auch einmal die Strategie der Harmonie einzusetzen, d.h. seinen Sohn Jens zu loben mit ihm gemeinsam Dinge zu besprechen.

Auch die Mutter ging jetzt auf das Märchen ein.

»Nachdem sich hier scheinbar keiner traut zu fragen, auf wen denn nun die böse Stiefmutter passt, gebe ich es lieber gleich selber zu! Seltsam, mit Jens verbindet mich sowohl eine tiefe Zuneigung als auch schärfste Ablehnung. Ich habe ihn schon ab und zu heftig zusammengestaucht, angeschrien und geschüttelt. Hinterher tat es mir immer wahnsinnig Leid. Aber dann war es halt schon passiert. Meine Geschichte, ich habe sie wieder und wieder gelesen, ist die von Peter Rosegger ›Als ich noch ein Waldbauernbub war‹.

Nach all dem, was ich jetzt hier gelernt habe, wundert es mich nicht. Ich musste meine jüngeren Geschwister großziehen, den Haushalt schmeißen und moralische Stütze für meine Mutter sein. Es gab zwar einen Vater, aber der war meistens mit Arbeit beschäftigt, bis ihn dann eines Tages ein Herzinfarkt erlöst hat.

Als Mädchen war ich nicht gefragt, nur als Roboter.«

»Nun, Sie haben ja bereits vor drei Monaten begonnen, Ihre Weiblichkeit zu entdecken. Sie sind ja inzwischen kaum wieder zu erkennen. Auch für Sie könnte gelten, statt des Waldbauernbuben eine weibliche Identifikationsfigur zu kreieren.«

Von dieser Stunde an war der Bann gebrochen. Jens und seine Familie befinden sich zwar noch in meiner Beratung, aber es geht Jens zunehmend besser. Ich hoffe, dass keine unvorhergesehene Belastung diesen Erfolg gefährdet.

Zusammenfassung

Alle magersüchtigen Menschen, die mir bisher begegneten, seien es Mädchen oder Jungen, zeichnen sich durch einen enorme Angst vor Vorschriften und vor Nähe aus. Diese beiden Ängste sind ihre sie umtreibenden Füchse bzw. die sie krank machenden »psychologischen Bakterien«.

Konsequenterweise muss demnach die Therapie daraufhin abzielen, den nicht erkrankten Familienmitgliedern (beiden Eltern, den Geschwistern, aber auch den unten im Haus wohnenden Oma und Opa) Mut zu machen, sich nicht mehr um das Essverhalten des essgestörten magersüchtigen Jugendlichen zu kümmern. Einem magersüchtigen Menschen zu sagen: »Nun iss doch endlich mal eine Kleinigkeit! Du verhungerst doch sonst!«, ist als eine Beihilfe zum Mord einzustufen! Denn durch genau diesen Satz wird die Angst, die Allergie gegen Vorschriften, in dem Hungernden wieder aufs Neue aktiviert, und er/sie wird noch mehr hungern – und koste es das Leben!

In einer nichtdirektiven Form, seien es Märchen, Legenden, Parabeln oder Schilderungen, wie andere Magersüchtige es geschafft haben, aus ihrem Hungerstreik herauszukommen, ist dem Indexpatienten Mut zu machen, mehr und mehr in eigenverantwortliches Handeln zu gehen, für etwas zu sein, zunehmend Selbstbestimmung zu leben und wieder mehr Kontakte mit Gleichaltrigen aufzunehmen, zu lernen, Nähe ganz langsam zu zulassen.

Um diese für die Familie neue Strategie deutlich zu machen, wird eingeführt, dass derjenige Gesunde, der noch einmal über Essen spricht, 1,-DM in die Familienkasse zahlt. Aber auch die Magersüchtige hat 1,- DM zu löhnen, wenn sie eine Bevormundung provoziert, also z.B. sich nachts einen Salat zurechtmacht und anschließend die Küche nicht aufräumt. (Ihr soll bewusst werden, wie sie genau das bei ihrer Familie hervorruft, was sie im Grunde fürchtet und hasst).

Zur Warnung an die Eltern von magersüchtigen Kindern sei zum Schluss noch bemerkt, dass es gelegentlich zu Beginn einer Verhaltensänderung der Erwachsenen zu einer dramatischen Verschlechterung des Ernährungszustandes der Hungerstreikenden kommen kann: Mit aller Gewalt versucht gelegentlich eine Hungernde den alten familiären Zustand aufrecht zu erhalten, d.h. über noch mehr Abnehmen die Eltern zu nötigen, sich um ihr Essverhalten zu kümmern und ihr so weiter Vorschriften zu machen. Sie ist ja nichts anderes gewöhnt und alles Neue ist erst einmal angstauslösend.

Hier gilt es Nerven zu bewahren, oder aber in ganz seltenen Fällen muss kurzfristig und vorübergehend ein stationärer Klinikaufenthalt in Kauf genommen werden. Wird aber auch diese Thematik in aller Offenheit und Ehrlichkeit mit der Hungernden besprochen, rückt eine stationäre Einweisung in weite Ferne – so meine persönliche Erfahrung.

7.

Wenn die Füchse »genießen« und »Nähe« heißen

Der Fischer und seine Frau oder Ein Schicksal von Neurodermitis

Es waren einmal ein Fischer und seine Frau, die lebten zusammen in einer Tonne. Sie wohnten dicht am Meer, und der Fischer ging jeden Tag dorthin und angelte.

Einmal, als er wieder bei seiner Angel saß und in das klare Wasser hineinsah, da ging die Angel bis auf den Grund, ganz tief nach unten. Als er sie wieder herausholte, zog er einen großen Plattfisch heraus. Der Plattfisch sagte zu ihm: »hör mal, Fischer. Ich bitte dich, lass mich leben. Ich bin nämlich kein richtiger Plattfisch, ich bin ein verwunschener Prinz. Was hilft es dir, wenn du mich tötest? Ich würde dir doch nicht gut schmecken. Lass mich also wieder ins Wasser zurück.«

»Du brauchst gar nicht so viele Worte zu machen«, sagte der Fischer. Einen Plattfisch, der sprechen kann, hätte ich sowieso schwimmen lassen.« Dann setzte er ihn ins klare Wasser zurück, und der Plattfisch schwamm wieder auf den Grund des Meeres zurück. Da stand der Fischer auf und ging zu seiner Frau in die Tonne.

»Na«, sagte die Frau, hast du heute gar nichts gefangen?«

»Nein«, sagte der Mann. »Ich habe einen Plattfisch gefangen, aber der war nur ein verwunschener Prinz. Also habe ich ihn wieder schwimmen lassen.«

»Und du hast dir nichts gewünscht?« fragte die Frau.

»Nein«, sagte der Mann. »Was sollte ich mir wünschen?«

»Ach«, sagte die Frau, »fällt dir denn gar nichts ein? Es ist doch ziemlich schlimm, hier so in einer Tonne zu wohnen, wo es stinkt und eklig ist. Du hättest uns doch wenigstens eine kleine Hütte wünschen können. Geh noch einmal zum Meer und ruf den Fisch. Sag ihm, wir hätten gern eine kleine Hütte. Das tut er bestimmt.«

»So«, sagte der Mann, »warum soll ich denn da noch mal hingehen?«

»Mann«, sagte die Frau, »du hast ihn doch gefangen. Und dann hast du ihn wieder schwimmen lassen. Wenn du ihn jetzt um etwas bittest, dann tut er es bestimmt.«

Der Mann wollte erst gar nicht. Aber dann tat er seiner Frau den Gefallen und ging ans Meer zurück. Als er dort ankam, war das Wasser ganz grün und gelb und gar nicht mehr so klar. Er stellte sich hin und sagte:

»Großer Plattfisch in dem Meer, bitte schwimme zu mir her. Meine Frau, die Ilsebill, will nicht so, wie ich es will.«

Da kam der Plattfisch angeschwommen und fragte: »Na, was will sie denn?«

»Ach«, sagte der Mann. »Du erinnerst dich noch, dass ich dich gefangen hatte. Und meine Frau meint nun, ich solle mir etwas wünschen. Sie mag nämlich nicht mehr in der Tone wohnen. Sie hätte gerne eine Hütte.«

»Geh nur nach Hause«, sagte der Plattfisch. »Sie hat sie schon.«

Da ging der Mann nach Hause, und seine Frau saß nicht mehr in der Tonne. Es stand nämlich eine kleine Hütte da, und seine Frau saß auf einer Bank vor der Tür. Da nahm seine Frau ihn bei der Hand und sagte: »Komm doch erst mal herein und sieh dir alles an! Es ist jetzt viel schöner.« Da ging sie hinein, und in der Hütte war eine schöne kleine Stube und eine Kammer, in der ihr Bett stand, und eine kleine Küche mit einer Speisekammer, die bis obenhin gefüllt war. Und hinter dem Haus war noch ein kleiner Hof mit Hühnern und Enten, dazu ein Garten mit Gemüse und Obstbäumen.

»Siehst du«, sagte die Frau. »Ist das nicht hübsch?«

»ja«, sagte der Mann, »und so soll es bleiben. Jetzt wollen wir recht zufrieden sein.!

»So sicher bin ich mir da nicht«, sagte die Frau. Dann aßen sie zu Abend und gingen ins Bett.

So ging es einige Tage ganz gut, bis die Frau sagte: »Hör mir mal zu, Mann. Die Hütte ist mir viel zu eng, und der Hof und der Garten sind sehr klein. Der Plattfisch hätte uns ruhig ein größeres Haus schenken können. Am liebsten hätte ich ein richtiges Schloss aus Stein. Frag doch mal den Plattfisch, ob er uns nicht ein Schloss schenken kann.«

»Ach Frau«, sagte der Mann, »die Hütte ist doch so schön, warum sollen wir denn in einem Schloss wohnen?«

»Unsinn«, sagte die Frau. »Geh zum Meer, der Plattfisch kann es bestimmt machen.«

»Nein«, sagte der Mann. »Der Plattfisch hat uns schon die Hütte geschenkt, und jetzt will ich ihn nicht schon wieder um etwas bitten. Vielleicht wird er sonst zornig.«

»Nun geh doch«, sagte die Frau. »Für ihn ist es eine Kleinigkeit, er tut es sicher gern für uns.«

Dem Mann war es gar nicht recht, und er wollte nicht. Aber seiner Frau zuliebe ging er schließlich doch hin. Als er ans Meer kam, war das Wasser ganz dunkelblau und grau und schlammig. Und es war ganz still. Er stellte sich ans Ufer und rief:

»Großer Plattfisch in dem Meer, bitte schwimm zu mir her. Meine Frau die Ilsebill, will nicht so, wie ich es will.«

»Na, was will sie denn?« fragte der Plattfisch.

»Ach«, sagte der Mann ziemlich traurig, »sie will in einem großen Schloss aus Stein wohnen.«

»Geh nur«, sagte der Plattfisch, »sie hat es schon«.

Da ging der Mann zurück und als er ankam, stand da ein großer steinerner Palast, und seine Frau stand auf der Treppe und wollte gerade hineingehen. Sie nahm ihn bei der Hand und sagte:«Komm mit mir!« So trat er mit ihr ein, und in dem Schloss war eine große Halle aus Marmor, und eine Menge Diener, die rissen die großen Türen auf, und die Wände glänzten und waren mit prächtigen Tapeten behangen, und in den Räumen standen goldene Stühle und Tische, und kristallerne Kronleuchter hingen an der Decke, und so war es in all den Stuben und Kammern, mit Teppichen auf dem Boden, und auf den Tischen stand Essen und der allerbeste Wein. Unter hinter dem Haus war noch ein großer Hof mit Pferde- und Kuhställen und den prächtigsten Kutschen. Dann gab es da noch einen großen, wunderbaren Garten mit den schönsten Blumen und Obstbäumen, und einen riesigen Park, in dem Hirsche und Rehe weideten. »Und?« sagte die Frau »Ist das nicht schön?«

»Ja schon«, sagte der Mann, »aber nun reicht es. In diesem schönen Schloss wollen wir wohnen, bis wir alt werden, und wollen auch ganz zufrieden sein.«

»Das müssen wir uns erst noch überlegen«, sagte die Frau. Dann ging sie zu Bett. Am nächsten Morgen, als die Frau aufwachte, sah sie auf das schöne Land vor ihrem Fenster. Der Mann reckte sich noch, als sie ihn mit dem Ellbogen stieß und sagte: »Mann, steh auf und sieh dir das einmal an. Könnten wir nicht König werden über dieses Land? Geh zum Plattfisch. Wir wollen König sein!«

»Ach, Frau«, sagte der Mann, »was soll denn das nun wieder? Ich will doch gar kein König sein.«

»Du vielleicht«, sagte die Frau. »Aber ich will Königin sein. Geh zum Plattfisch und sag ihm das.«

»Ach, Frau«, sagte der Mann, »warum willst du Königin sein?«

»Warum, warum?« keifte die Frau. »Geh auf der Stelle hin, ich muss es einfach sein.«

Da ging der Mann los und war ganz traurig, dass seine

Frau Königin werden wollte. Es ist nicht recht, dachte er, es ist einfach nicht recht.

Als er an das Meer kam, war das Wasser ganz dunkelgrau und schwarz und schlammig, und es gährte aus der Tiefe, und es roch ganz verfault.

Da stellte er sich hin und sagte:

»Großer Plattfisch in dem Meer, bitte schwimme zu mir her. Meine Frau, die Ilsebill, will nicht so, wie ich es will.«

«Na«, was will sie denn?« fragte der Plattfisch.

»Ach«, antwortete der Mann, »sie will Königin werden.«

»Geh nur hin«, sagte der Plattfisch, »sie ist es schon.«

Und als der Mann zurückging, da war das Schloss viel größer geworden und hatte einen großen Turm und Wachposten standen vor dem Tor, und Soldaten waren da, die auf ihre Pauken schlugen und die Trompeten bliesen. Und als er in das Haus trat, da war innen alles aus reinem Marmor und Gold, und Samtdecken hingen überall und dicke Quasten. Und als sich die Türen des Thronsaales öffneten, da war der ganze Hofstaat versammelt, und seine Frau saß auf einem großen Thron aus Gold und Diamanten, und sie trug eine große goldene Krone, und in der Hand hielt sie das Zepter aus purem Gold und Edelsteinen.

Da trat der Mann vor und fragte: »Nun, Frau, bist du jetzt Königin?«

»Ja«, sagte die Frau, »jetzt bin ich Königin.«

Da sah der Mann sie lange an und sagte: »Es steht dir gut, Königin zu sein! Und nun lass uns zufrieden leben und uns nichts mehr wünschen«.

»Na ja«, sagte die Frau, und sie wurde ganz unruhig, »irgendwie ist es mir schrecklich langweilig. Ich kann das einfach nicht mehr aushalten. Geh wieder zum Plattfisch, ich muss jetzt Kaiserin werden!«

»Ach du Schreck!« sagte der Mann. »Wozu möchtest du denn Kaiserin werden?«

»Frag nicht, Mann«, rief sie, »gehe zum Plattfisch und sag ihm, ich will Kaiserin sein.«

»Ach, Frau«, sagte der Mann, »Kaiser kann er sicher nicht machen. Ich mag das dem Plattfisch gar nicht sagen. Einen Kaiser gibt es doch nur einmal im Reich«

»Was?« sagte die Frau. »Ich bin Königin, und du bist bloß mein Mann, und du willst mir nicht gehorchen? Geh auf der Stelle hin. Wenn er einen König machen kann, dann kann er auch einen Kaiser machen. Ich will und will und will Kaiserin sein!«

Da musste der arme Mann gehen. Unterwegs wurde ihm angst und bange, und er dachte: «Das geht nicht gut aus. Kaiser zu sein, das ist zu unverschämt.«

Als er an das Meer kam, war es ganz schwarz und dick und fing schon an, aus der Tiefe zu gähren, dass es Blasen warf, und ein Wirbelwind ging darüber hin, dass das Wasser sich drehte. Dem Mann wurde ganz angst. Er stellte sich hin und sagte:

»Großer Plattfisch in dem Meer, bitte schwimme zu mir her. Meine Frau, die Ilsebill, will nicht so, wie ich es will.«

»Na, was will sie denn?« fragte der Plattfisch.

»Ach, Plattfisch, du glaubst es nicht«, sagte der Mann. »Meine Frau will Kaiserin werden.«

»Geh nur hin«, sagte der Plattfisch, »sie ist es schon.«

Da ging der Mann zurück, und als er ankam, da war das ganze Schloss aus poliertem Marmor und hatte überall goldene Verzierungen. Vor dem Tor marschierten die Soldaten; sie bliesen Trompeten und paukten und trommelten, und als er hereinkam, saß seine Frau auf einem Thron, der war aus einem einzigen Stück Gold und viele Meter hoch, und sie trug eine große goldene Krone, die war riesengroß und mit Brillanten und Karfunkelsteinen besetzt. Der Mann stellte sich vor sie hin und fragte: »So, Frau, bist du jetzt Kaiserin?«

»Ja«, sagte sie, »jetzt bin ich Kaiserin.«

Da sah er sie lange an und meinte schließlich: »Ach, Frau! Wie gut es dir steht, Kaiserin zu sein!«

»Kaiserin, Kaiserin!« schimpfte die Frau. »Es ist mir stinklangweilig!«

»Nein, Frau« sagte der Mann. »Nun sei endlich zufrieden. Mehr kannst du doch nicht werden.«

»Das will ich mir noch überlegen«, sagte die Frau.

Dann gingen sie zu Bett.

Der Mann schließ gut und tief. Er war am Tag viel auf den Beinen gewesen. Aber die Frau warf sich die ganze Nacht von einer Seite auf die andere und dachte darüber nach, was sie denn noch werden könnte, und nichts Größeres wollte ihr einfallen.

Als es Morgen wurde und die Sonne eben aufgehen wollte, setzte sie sich im Bett auf und dachte: »Na klar! Könnte ich nicht auch die Sonne und den Mond aufgehen lassen?«

»Mann«, sagte sie und stieß ihn mit dem Ellbogen in die Rippen. »Ich hab's. Geh jetzt schnell zum Plattfisch. Ich will werden wie Gott!«

Der Mann schlief noch ganz fest, aber er erschrak so, dass er aus dem Bett fiel. Er meinte, er hätte sich verhört, rieb sich die Augen und fragte: «Was hast du gesagt, Frau?«

»Mann«, sagte sie, »wenn ich doch nur den Mond und die Sonne aufgehen lassen könnte! Ich muss es einfach! Ich habe keine ruhige Minute mehr, bis ich das geschafft habe.« Dann sah sie den Mann lange an und sagte schließlich böse: »Geh jetzt sofort zum Plattfisch. Ich will werden wie Gott.«

»Nein, Frau«, sagte der Mann, und er fiel vor ihr auf die Knie, »das kann der Plattfisch nicht. Er kann den König und den Kaiser machen, aber jetzt muss auch endlich Schluss sein.«

Da wurde die Frau sehr böse, die Haare flogen ihr wild um den Kopf, sie stieß mit dem Fuß nach ihrem Mann und schrie: »Ich halte das nicht aus, ich halte das nicht aus!«

Da zog sich der Mann die Hosen an und lief traurig ans Meer. Draußen aber tobte ein Sturm, dass er sich kaum auf den Beinen halten konnte. Die Häuser und die Bäume wurden umgeweht, und die Berge bebten, und die Felsbrocken stürzten in die See, und der ganze Himmel wurde pechschwarz, und es donnerte und blitzte, und das Meer warf schwarze Wellen so hoch wie ein Gebirge. Da schrie der Mann, weil er sein eigenes Wort kaum hören konnte:

»Großer Plattfisch in dem Meer!« Bitte schwimme zu mir her! Meine Frau, die Ilsebill, will nicht so, wie ich es will.«

»Na, was will sie denn?« ragte der Plattfisch.

»Ach«, sagte der Mann ganz traurig, »sie will werden wie Gott.«

»Geh nur hin«, sagte der Plattfisch. »Sie sitzt schon wieder in der Tonne.«

Und da sitzen sie noch heute, bis auf diesen Tag.

(nach einem Märchen von Philipp Otto Runge)

Mir sind inzwischen schon viele Neurodermitiker begegnet und ich bin daher so manchen Anblick von zerstörter Haut gewöhnt, aber als mir Sonja, fünfunddreißig Jahre alt, begegnete, hatte ich doch etwas Mühe, mein Erschrecken nicht zu sehr in meinem Gesicht deutlich werden zu lassen. Meine Verstellung muss aber doch nicht so gut gelungen sein, denn Sonja lächelte mich müde an und meinte: Ich weiß Doktor, ich sehe zum Wegwerfen aus, aber nett von Ihnen, dass Sie wenigstens keine pseudohilfreiche Bemerkung machen, wie ich das so von manchen Ärzten inzwischen gewohnt bin.

Über den Neurodermitkerbund – eine Selbsthilfeorganisation für Patienten mit dieser Hauterkrankung – war Sonja zusammen mit ihrem Mann Jens und ihren beiden Söhnen Markus, sieben Jahre und Sven, fünf Jahre, zu mir in Beratung gekommen.

Ihr kurzer und knapper Bericht über ihren Leidensweg war typisch für einen Neurodermitiker: Begonnen hatte alles kurz nach der Geburt ihres zweiten Sohnes Sven. Sofort war sie zu einem Hautarzt geeilt, der ihr ohne viel zu fragen eine Cortisonsalbe verschrieb. Das half, aber zufällig traf sie eine weitere Leidensgenossin und erfuhr von dieser, wie schädlich das Cortison auf Dauer sei. Sie schmiss die Salbe in den Mülleimer und suchte einen anderen Hautarzt auf, der sie gar nicht erst zu Wort kommen ließ und anschnauzte: »Sie wissen doch, dass man bei dieser Erkrankung nichts machen kann. Was wollen Sie denn noch bei mir?!« Es folgten Konsultationen bei Naturheilpraktikern und Homöopathen, eine Kinäsiologin wurde zu Rate gezogen, Bachblüten eingesetzt und auch eine Eigenblutbehandlung ausprobiert. Vor dem Urintrinken schreckte sie allerdings zurück. Auch der Aufenthalt in einer Kurklinik, spezialisiert auf ND-Patienten, brachte nur einen kurzfristigen Erfolg. Es gab wohl auch kaum eine Diät, die sie nicht ausprobiert hätte, aber alle Kasteiungen halfen nicht.

Verständlicherweise war Sonja dem Verzweifeln nahe, denn allein schon die nächtliche Schlaflosigkeit brachte sie an den Rand des kräftemäßigen Zusammenbruchs: Die halbe Nacht über war sie mit Kratzen beschäftigt, musste dann wieder das blutige und mit Hautschuppen verunreinigte Laken wechseln und wenn sie dann morgens endlich hätte einschlafen können, standen die beiden Jungs mit einer nicht zu bändigenden Energie vor ihr »auf der Matte«.

Die erste Beratungsstunde mit Sonja und ihrer Familie gestaltete sich für mich etwas mühsam: Die beiden Buben schossen wie ein aufgescheuchter Wespenschwarm durch das Beratungszimmer und ließen nichts mehr an seinem Platz. Dann folgten lautstarke Ringkämpfe und erbitterte Streitereien. Die Filzstifte wurden weniger an der Wandtafel ausprobiert, als viel mehr sich gegenseitig ins Gesicht gestoßen und in der Küche ging zuletzt ein Wasserglas zu Bruch. Vater Jens saß gemütlich in einer Sofaecke. Ihn schien das alles nicht zu tangieren. Sonja hockte wie zum Sprung auf der vordersten Couchkante, rutschte ununterbrochen unruhig hin und her und kratzte sich unaufhörlich. Ihre zögerlichen und leisen Ermahnungen an ihre Kinder gingen in dem Lärm völlig unter.

Nach einer Stunde brach ich das Treffen ab und wir vereinbarten einen neuen Termin, diesmal allerdings ohne Kinder. Zusätzlich empfahl ich ihr noch das Buch: »Jedes Kind kann Regeln lernen«.

In der nächsten Stunde erarbeiteten wir ihr Genogramm: nach einem bestimmten Muster wird hier die Herkunftsfamilie des Betreffenden an der Wandtafel aufgezeichnet, wobei es neben Daten und Fakten vor allem um Beziehungsqualitäten zwischen den einzelnen Familienmitgliedern geht. Dabei stellte es sich heraus, dass Sonja als Älteste von drei Kindern die Aufgabe hatte, sowohl auf die Kleinen aufzupassen – wenn die etwas angestellt hatten, wurde Sonja dafür bestraft – als auch als Vermittler zwischen den Eltern zu fungieren, denn die waren heftig zerstritten.

Als Lieblingsmärchen gab sie spontan die Erzählung vom Fischer und seiner Frau an. »Der Fischer, das bin ich. Seine Frau sind meine Eltern. Die waren nie mit mir zufrieden. Was ich auch tat, es war stets zu wenig. Ein Ausruhen gab es für mich nicht. Als besonders gemein empfand ich es, dass ich meine beiden jüngeren Brüder nie energisch zurechtweisen durfte. Tat ich dies, so verpetzten die mich bei meiner Mutter und ich bekam es wieder ab.«

Später konnte wir noch erarbeiten, dass sie in den ersten drei Jahren ihres Lebens der Liebling ihres Vaters gewesen war, er ihr viel Nähe entgegengebracht hatte. Aber als dann der erste Sohn auf der Bildfläche erschien, wurde sie zur

Dienstmagd zurückgestuft: Sie erlitt ein bitteres Verlusterlebnis.

Der geneigte Leser wird bereits richtig diagnostiziert haben, dass Sonja in ihrem Leben von der Angst zu genießen bzw. abschalten zu können und der Angst vor Nähe getrieben wurde und wird. Weit im Vordergrund stand allerdings der Fuchs »Genießen«. Entsprechend hatte sie sich einen Ehemann ausgesucht, dessen Lebensmotto es war, keinen Genuss auszulassen, es stets gemächlich anzugehen und sich nicht aus der Ruhe bringen zu lassen: Er hatte etwas, was ihr verboten war – Grund genug, sich in ihn zu verlieben.

Im weiteren Gespräch war noch zu erfahren, dass sich Sonja auch für das Wohlbefinden ihrer Nachbarn verantwortlich fühlte: Sie hütete, wann immer es verlangt wurde, auch deren Kinder. Selbstverständlich war sie für ihren ersten Sohn auch im Elternbeirat und für die Mutter ihres Mannes erledigte sie wöchentlich einen Großeinkauf… .

Ein erstes, entscheidendes Aha-Erlebnis hatte Sonja, als ich sie nach den drei schönsten Momenten in ihrem Leben fragte. Ein solches Erlebnis sollte auch aus der Zeit ihrer Neurodermitikerkarriere stammen. Einmal hatte sie nach Abschluss der mittleren Reife eine Woche Ferien bei einem Onkel verbringen dürfen. Jener Verwandte besaß einen Bungalow an einem großen See, mit Segel- und Motorboot. Es muss für Sonja das Paradies gewesen sein, denn es gab keine kleinen Brüder zu hüten und auch sonst wollte niemand etwas von ihr.

Vor einem Jahr hatte sie einmal eine Freundin mühsam überredet, gemeinsam einen Wochenendausflug zu wagen, ohne Kinder, ohne Männer, und siehe da, der Juckreiz war weit weniger intensiv als sonst. Sonja konnte sich sogar jetzt noch daran erinnern, dass sich anlässlich dieses Ausfluges immer in dem Augenblick der Juckreiz wieder einstellte, wenn sie kurz an zu Hause dachte und ein schlechtes Gewissen entwickelte (schlechtes Gewissen steht für Angst vor … !).

Der Zusammenhang zwischen ihrer Unfähigkeit, sich Ruhe zu gönnen, ihrer *Angst vor dem Genießen* und der Neurodermitis war jetzt für Sonja hergestellt und sie begann nun ganz langsam »faul« zu werden. Zusätzlich bekam sie von mir die Erlaubnis, ihre Kinder energischer anzufassen, ihnen mehr und mehr Aufgaben zu übertragen und bei Nichtbefolgen Sanktionen einzuführen. (Erwachsenwerden, bzw. Erwachsensein definiere ich als Verantwortung tragen, für das eigene Tun haften).

Ihren Mann Jens bat ich, sich zu Hause doch etwas mehr zu engagieren, seine Frau zu entlasten und ab und zu dafür zu sorgen, dass sie auch mal wieder etwas ganz für sich alleine unternehmen konnte.

Sukzessive bildete sich die Neurodermitis zurück.

Sonja: »Es ist ja schon wie verhext. Ich brauche nur im Ansatz zu denken, zu wenig getan zu haben, faul oder zu langsam gewesen zu sein, oder nur ein minimal schlechtes Gewissen reicht schon aus und ich kann wieder kratzen. Immer wieder muss ich mir gut zureden, dass ich jetzt auch mal abschalten, die Seele baumeln lassen darf, um Ihren Fuchs, diesen Höllenhund, zu beruhigen.«

Auf meine Frage, wie sie denn heute ihren Erfolg in der Abheilung der Neurodermitis sehe, meinte Sonja: »Wenn ich meine schlimmste Zeit als hundert Prozent nehme, so bin ich heute bei noch restlichen fünf bis sieben Prozent angelangt. Sie sehen ja, im Gesicht und Hals und an den Armen und Beinen ist kaum mehr etwas festzustellen. Nur hier an den beiden Handrücken verwirft sich die Haut noch etwas. Damit kann ich aber locker leben und ich habe sogar die Vermutung oder Hoffnung, dass ich bei weiterem Fuchszähmen auch noch den Rest zum Verschwinden bringe. Und zum Abschluss der Beratung ist es mir heute wichtig noch Folgendes hinzuzufügen: Die Bilder in meinem Kopf mit dem Fischer und seiner Frau sind gelöscht. Dafür denke ich jetzt immer wieder einmal an das Märchen von dem Hasen und dem Igel. Ich bin der Igel, sitze still da und genieße und lasse gelegentlich mal andere Leute laufen. Das bekommt mir unendlich gut und bereitet mir gelegentlich auch eine diebische Freude. Eine Freundin habe ich zwar dadurch verloren. Aber bei Licht besehen war die wohl gar keine Freundin, denn sie hat immer mehr genommen als gegeben – aber ich wollte es damals ja gar nicht anders!«

Nun werden sich aber manche Leserinnen und Leser fragen, wie das bei Säuglingen und Kindern ist. Gerade sehr kleine Kinder sind immer häufiger von Neurodermitis befallen, und ein so kleiner Mensch kann doch nun weiß Gott nichts mit einer Aufopferung für andere zu tun haben?

Nun, es geht nicht um ein Engagement für andere, sondern viel mehr darum, *zur Ruhe zu kommen!*

»Genießen« meint, zur Ruhe zu kommen, abzuschalten, »Stecker raus«, »die Seele baumeln lassen«, relaxen, die Welt schauen und bewundern, usw..

Bereits in meinem letzten Buch »Die Verliebtheitsfalle« habe ich dargestellt, wie ich seit achtzehn Jahren beobachten konnte, dass sich Neurodermitiker-Familien häufig durch Uneinigkeit der Eltern und einen inkonsequenten Erziehungsstil auszeichnen: Dem Kind werden hierdurch keine klaren, eindeutigen Grenzen gesetzt, es weiß nie so richtig, woran es ist, und eine solche Situation der steten Unsicherheit bewirkt in dem Heranwachsenden eine permanente Anspannung: Das Kind kommt nicht zur Ruhe, nicht zum Genießen!

Aus diesem Grund ist es in meinen Beratungen mit solchen Familien seit vielen Jahren üblich, den Eltern bereits in der ersten Stunde Mut zu machen, mehr und mehr Einigkeit unter den Erziehenden (auch die Oma im Parterre muss da mit einbezogen werden!) und liebevolle Konsequenz einzuführen. D.h., es darf kaum mehr Ausnahmen geben und eine einmal eingeführte Spielregel gilt immer!!! (Es sei denn, das Kind ist inzwischen größer geworden und neue Spielregeln sind angebracht).

Gerne wiederhole ich mein Erlebnis mit Susi, knapp vier Jahre alt. Sie war ein bildhübsches Mädchen: Blonder Lockenkopf, sportlich, geistig hellwach und initiativ. Nur ihre Haut, vor allem im Gesicht, war durch ihre Neurodermitis übel zerstört. Das rohe Fleisch trat zu Tage. Sie sah aus, als ob sie in einen Erdbeermarmeladentopf gefallen wäre. In der ersten Beratungsstunde konnte ich mich mit den Eltern kaum unterhalten, denn Susi zerlegte mir mit ihrer Ungesteuertheit das Sprechzimmer, und ihre Lautstärke war kaum zu überbieten. Zur dritten Stunde kam Susi liebevoll lächelnd, überhaupt nicht mehr aggressiv, fröhlich tanzend wie ein Funkenmariechen in meine Praxis und tönte leicht belustigt: »Ich weiß schon Doc, Scheiß-Konsequenz, Scheiß-Konsequenz; nichts läuft mehr ...!« Aber ihre Neurodermitis war schon über die Hälfte abgeheilt.

Ich teile die Ansicht von Herrn Langer, Psychologe und Mitarbeiter bei Herrn Professor Stemman, Leiter der Neurodermitis-Klinik in Gelsenkirchen, dass Kinder kleine Forscher sind, die immer wieder herausfinden wollen, was denn erlaubt und was verboten ist. Kinder haben ein Anrecht darauf zu erfahren, welche Spielregeln denn nun gerade in dieser Familie, in die sie hineingeboren worden sind, gelten. Nur wenn ihnen immer wieder klipp und klar aufgezeigt wird, was geht und was unerwünscht ist, entsteht für sie Sicherheit und Geborgenheit und damit die notwendige Ruhe, abschalten und genießen können.

Ein solches Szenarium wird erreicht, wenn sich beide Eltern in wesentlichen Erziehungsfragen einig sind, wenn

Spielregeln konsequent eingehalten werden müssen *und* wenn die Eltern – meist betrifft diese letzte Aussagen die Mütter – keine Angst haben, einen Fehler in der Erziehung zu machen. Heranwachsende spüren eine solche Unsicherheit bzw. Angst der Erziehenden. Es ist weit günstiger, einmal eine Erziehungsmaßnahme unbeirrt durchgeführt zu haben, die sich später als nicht so hilfreich erweist, als immer wieder zu zögern und sich unsicher zu fragen, ob das nun richtig ist oder nicht. Ein Kind braucht klare, unbezweifelbare Instruktionen.

Es wird heute meines Erachtens viel zu viel mit Kindern diskutiert. Damit wird den Kleinen eine Macht zugeschoben, die ihnen auf Grund ihres Alters noch gar nicht zusteht und die sie auch nicht verkraften können. Es entstehen Dramen oder sogar echte Tragödien, in denen eine Vierjährige bereits der Boss über die gesamte Familie ist und die Eltern nur noch ängstlich schauen, es ihrem kleinen Tyrannen recht zu machen. (Ich erinnere an die Bücher von Jirina Prekop »Der kleine Tyrann« und Annette Kast-Zahn »Jedes Kind kann Regeln lernen«.)

Im Rahmen eines von mir geleiteten Fortbildungsseminars für Ärzte meinte ein Kollege, als wir die Neurodermitis unter diesem Aspekt besprochen hatten: »Ja, aber dann ist die ND doch weniger eine Krankheit an sich als vielmehr ein gesellschaftliches Problem!«

Ich meine, da hatte er ganz Recht.

Die Seuchen, die Infektionskrankheiten des Mittelalters, waren nicht Krankheiten an sich, sondern vielmehr auf mangelnde körperliche Hygiene und mangelhafte Sauberkeit von Nahrungsmitteln und Trinkwasser zurückzuführen, wodurch die verschiedensten *materiellen* Krankheitserreger, die Bakterien, erst »zuschlagen« konnten. Genauso haben wir es heute immer wieder mit einer krank machenden Kommunikation zu tun: Heute sind es die »Psychobakterien«, diese *immateriellen* unhygienischen Kommunikationsformen, die viele chronische Erkrankungen bewirken.

Ich nenne diese Krankheitserreger »*Füchse*«.

Weitere Forschung muss in der Zukunft zeigen, wie weit auch bei Erkrankungen, die in diesem Buch noch nicht aufgeführt wurden, die vier genannten Füchse eine Rolle spielen. Die folgenden Hinweise sind daher bisher nur Vermutungen, da ich noch keine ausreichende Zahl von Patienten behandelt habe, um allgemeingültige Aussagen machen zu können:

Bei Morbus Bechterew und der chronischen Polyarthritis (dem echten Rheuma) sehe ich vorrangig eine enorme Angst vor Vorschriften.

Auch die Patienten mit einer Colitis ulcerosa, entzündlichen »Dickdarmdurchfällen«, erlebe ich hoch allergisch auf Vorschriften.

Dagegen zeichnen sich die M.Crohn-Patienten, das heißt, Menschen mit entzündlichen »Dünndarmdurchfällen«, durch Angst vor dem Genießen aus.

Die Schuppenflechte, Psoriasis scheint etwas mit Angst vor Nähe zu tun zu haben, genauso wie die Bulimie.

Eine Überprüfung in einer groß angelegten Feldstudie ist hier erforderlich.

8.

Wonach alle sich sehnen

In meinem Buch »Die Verliebtheitsfalle« habe ich ein Modell vorgestellt, wie man die menschliche Existenz definieren kann: *Sein* und *Können* ist hier die Frage! Inzwischen habe ich diesen Entwurf noch weiter verfeinert und zusätzlich sehen gelernt, wie wichtig für uns Menschen die Bestätigung in diesen beiden Bereichen ist und welche krank machenden Folgen ein Defizit im Sein und/oder Können zu bewirken vermag.

Aus diesen Gründen möchte ich hier noch einmal vertiefter auf diese beiden für uns Menschen lebensnotwendigen Säulen eingehen.

Susanne, 40 J., und Walter, 43 J., suchten meine Beratung auf, um herauszufinden, ob denn eine Fortdauer der Ehe für beide noch sinnvoll wäre oder ob es nicht besser sei, sich zu trennen.

Zusätzlich wollte Walter wissen, ob denn seine immer wiederkehrenden Magenschleimhautentzündungen (Gastritiden) und seine Neigung zur Depression etwas mit seiner kaputten Ehe zu tun haben könnte.

Susanne litt seit ihrer Pubertät unter ein bis zwei heftigen Migräneattacken pro Monat: Sie musste sich dann jeweils ins Bett legen, die Vorhänge zuziehen und sich auch gelegentlich erbrechen. Sie war der Meinung, dies habe wohl nichts mit ihrem jetzigen Leben zu tun. Es sei sicher angeboren, denn schon ihre Mutter habe Migräne gehabt.

Die beiden Kinder, Kevin, 15 J., und Yvonne, 12 J., hätten keine Lust mit in die Beratung zu kommen, und man solle Kindern ja nicht ihren Willen brechen, meinte Susanne.

Auf meine Frage, wie denn die beiden in der Schule stünden, kam von Walter ein gequältes Lächeln und er meinte kaum hörbar: »Katastrophal. Kevin wiederholt bereits eine Klasse, und wenn er im Augenblick nicht besser wird, dann ist auch seine nächste Versetzung gefährdet. Yvonne schlängelt sich so durch und nur weil sie enorm schnell begreift und ein gutes Mundwerk hat, ist sie noch nicht abgestürzt, denn Hausaufgaben kennt sie nicht. Und … .«

»Nun halt aber die Luft an«, unterbrach ihn Susanne, »du siehst doch immer alles rabenschwarz. Unsere beiden Süßen werden ihren Weg schon machen, und lass sie mir bitte mit deinem Leistungsfanatismus in Ruhe!«

»Nun gut,« winkte ich ab, »wollen wir doch erst ein mal schauen, was Sie beide persönlich betrifft. Walter, was müsste in allernächster Zeit passieren, dass sie wieder ein bisschen Licht im Tunnel sehen, sie sich wieder für ein Fortführen der Ehe entscheiden könnten?« (Es war für mich von Interesse zu beobachten, wie sich derweil Susanne im Raum umschaute, meine Bücherwand studierte und anschließend irgendetwas in ihrer Tasche suchte, aber nicht fand).

»Wenn ich das wüsste, wäre ich vielleicht gar nicht hier. Ich habe mir in den letzten Jahren so viel abgewöhnt, so dass eigentlich nur noch meine Arbeit übrig geblieben ist. Ich habe mir eine eigene kleine Firma aufgebaut, die von mir entworfene Elektronikteile produziert, und ich liege ganz gut im Markt, d.h., ich bin gefragt.«

»Ja, ja, wenn du nur in deinem Elektroschuppen verschwinden kannst, und ich habe die Kinder und das Haus am Hals. So habe ich mir das Leben nicht vorgestellt«, unterbrach ihn wieder einmal seine Frau.

»Aber ich habe dir doch angeboten, dass wir uns eine

Haushälterin leisten könnten. Dann wärest du von der Grobarbeit befreit und hättest mehr Zeit für dein Hobby. Aber das wolltest du ja auch nicht.«

»Mal wieder typisch von dir, dass du mein Studium der Philosophie und Kunst als Hobby abqualifizierst. Du hast mich doch noch nie ernst genommen, und das wird sich wohl auch nie ändern!«

»Eben geben Sie mir das Stichwort, Ihnen eine ganz bestimmte Abbildung zu zeigen. Aber zuvor hätte ich gerne noch gewusst, wie es um Ihre Sexualität steht?«

Walter winkte müde ab. »Seit Jahren schlafe ich in meinem Arbeitszimmer und passe auf, dass ich nicht morgens in einer kleinen Pfütze aufwache.«

»Wie du wieder um Mitleid jammerst, da kann einem ja richtig übel werden«, konterte Susanne. »Erstens kann ich es nicht leiden, dauernd jemanden so dicht neben mir zu haben. Im Mittelalter hatten die Leute ja auch getrennte Ehebetten. Und du willst ja immer nur gleich deinen Schwanz in mich stecken (Originalton!). Da fühle ich mich missbraucht. Mit mir nicht!«

»Gut, auch in diesem Bereich habe ich Klarheit gewonnen und ich möchte Ihnen nun, wie vorhin angekündigt, folgende Abbildung vorstellen.

Ich meine, dass sich unsere menschliche Existenz aus den beiden Bereichen Sein und Können zusammensetzen lässt: Sein steht für Charakter; Aussehen und einfach dafür, dass ich da bin, dass es mich gibt. Können steht für Handeln, bzw. Lösungen.

Sicherheit im Sein baut sich nun in der Kindheit auf, wenn der Heranwachsende »von morgens bis abends« von seinen Eltern in Worten, Mimik, Gestik und Klang der Stimme hört: »Du bist uns herzlich willkommen!« Das Kind muss immer wieder erfahren, dass es angenommen wird(und nicht abge-

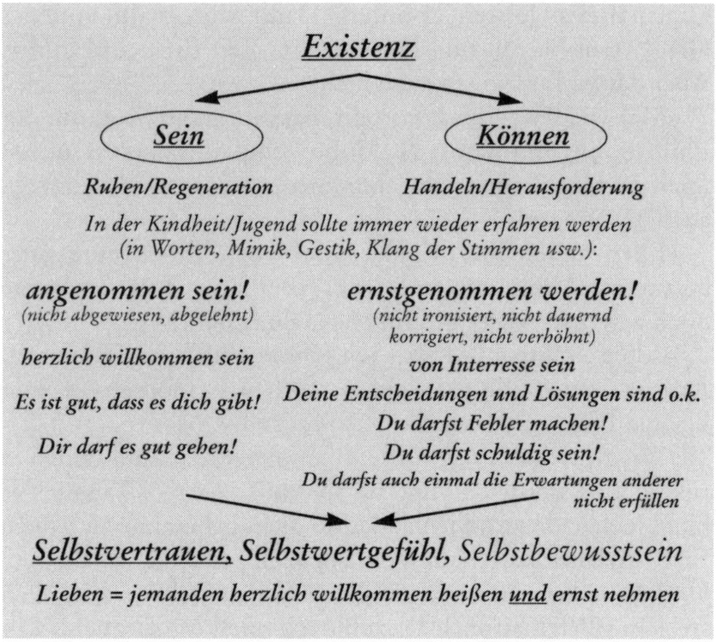

wiesen, abgelehnt). Die Botschaft der Eltern muss lauten: »Es ist gut, dass es dich gibt!«, so dass eines Tages dieser Satz ein Selbstläufer in dem Jugendlichen wird und er alsbald bewusst oder unbewusst davon ausgeht: »Jawohl, es ist gut, dass es mich gibt!« Ein solcher Mensch wird auch der Überzeugung sein, dass es ihm in seinem Leben gut gehen darf, denn wenn die Eltern die Einstellung haben, dass es gut ist dass es das Kleine gibt, werden sie auch lückenlos dafür sorgen, dass ihr Nachkomme keinen Mangel leidet. Ein solcher Erwachsener wird später sorgsam darauf achten, sich nicht unnötig in unliebsame Situationen zu bringen, sich z.B. nicht mit Arbeit zu überladen.

Eine Sicherheit im Können entwickelt sich in einem Heranwachsenden, wenn sein Tun, seine Lösungen und Ziele von seinen Eltern ernst genommen werden, wenn sein Handeln für seine Erzeuger immer wieder von Interesse ist. Er sollte nicht erleben müssen, immer wieder kritisiert, korrigiert oder gar ironisiert, verhöhnt und verächtlich runtergeputzt zu werden. Wird das Handeln eines Kindes vorwiegend für o.k. befunden, wird es auch verinnerlichen: »Ich darf Fehler machen, schuldig sein und auch mal die Erwartungen der anderen nicht erfüllen!«

Wer nun in seiner Kindheit beiden Bereichen gut versorgt worden ist, der verfügt über großes Selbstvertrauen, Selbstwertgefühl oder Selbstbewusstsein.

Wer nun in einem dieser beiden Bereiche oder gar in beiden ein Defizit mit ins Erwachsenenleben hinaus mitnimmt, hat verständlicherweise einen großen Hunger, »Nachschlagbedarf« nach dem, was ihm vorenthalten worden ist, sei es im Sein, sei es im Können.

Unglückseligerweise verliebt sich nun z.B. ein Mensch, der im Sein kaum etwas erfahren hat, in einen Partner, der im Sein optimal bedient worden ist und umgekehrt. Bei oberflächlicher Betrachtung mag eine solche Wahl zwar folgerichtig sein, denn der andere hat ja etwas, was einem selber fehlt – ein guter Grund, sich zu verlieben.

Nur, dieser andere, »dieser Schurke«, gibt nichts von dem ab, worüber er im Übermaße verfügt. Im Gegenteil. Ein jeder geizt mit dem, wonach sich der andere sehnt, und so erfährt ein jeder wieder die Verletzungen, die er bereits in der Kindheit erdulden musste! Über Generationen hinweg können sich so Tragödien weitertradieren und Leben nicht lebenswert erscheinen lassen.

So war es nun auch bei Walter und Yvonne.

Als ich ihn nach seiner Selbsteinschätzung befragte, was Sein und Können in seiner Kindheit betraf, gab er resigniert zur Antwort: »Meine Mutter wollte im Grunde gar nicht heiraten. Sie träumte von einer akademischen Laufbahn.

Mein Vater aber, dieser Genießer, verführte sie anlässlich eines Balles, und so sah sich meine Mama gezwungen, ihr Studium abzubrechen und zu heiraten. Nicht dass sie schwanger gewesen wäre, aber sie war noch so konservativ erzogen worden, dass ein sexueller Kontakt gleich Ehe bedeutete. Irgendwie muss es meinem Vater noch einmal gelungen sein, meine Mutter rumzubekommen, denn Sexualität war ihr ein Gräuel, und so entstand ich. Von Anfang der Ehe an war mein Vater beruflich viel unterwegs, dann verunglückte er tödlich, und so war ich ganz alleine ihren Wutanfällen und Hasstiraden ausgesetzt. Ich sei ihr letzter Sargnagel, Grund all ihres Unglücks usw. D.h. Ablehnung, Abweisung wie Sie das hier an der Wandtafel aufgemalt haben, war mein täglich Brot! Retten konnte ich mich nur, wenn ich über Leistung glänzte, mich nützlich machte und verzichtete.«

»Ja aber, das darf doch nicht war sein«, fuhr Walter fort. »Dann habe ich mir ja in meiner Frau Abweisung und Ablehnung auf das Feinste nachgestellt. Sobald ich etwas von ihr will, läuft das gerade nicht, werde ich beschimpft und gedemütigt und … .«

»Das könnte dir so passen, dass ich wieder an allem Schuld bin!«, schrie Yvonne in den Raum. »Du bist es doch, der mich an allem hindert, dem man es nie recht machen kann und der mich mit seinem Schweigen immer wieder total verunsichert! Ich könnte dich … .« Betroffen hielt sie inne und begann zu weinen.

»Ich weiß«, meldete sich Walter. »Du würdest mich am liebsten umbringen und du hast ja auch schon zugeschlagen. Ich kann diesen Hass beim besten Willen nicht verstehen, denn ich tue doch wirklich alles für dich!«

»Schauen Sie Walter«, versuchte ich ihm zu erklären. »Wer in seiner Kindheit am eigenverantwortlichen Tun gehindert worden ist, d.h. keinen Fehler machen durfte, immer schuldig war und somit immer wieder in die Situation der Ohnmacht geführt wurde, dem fehlt ein wesentliches Instrument mit dem Leben gelungen umzugehen. Und ich kann heute verstehen, dass solche Leute voller Neid und im Extremfall voller Hass auf die sind, die durch Ängste nicht gehindert von einem Handlungserfolg zum nächsten eilen. Und, Walter, kann es nicht auch sein, dass Sie gelegentlich das Tun ihrer Frau mit einem milden, verächtlichen Blick begleitet haben?«

»Hm, das gebe ich natürlich nicht gerne zu, aber hin und wieder fand ich die Art, wie meine Frau Lösungen herbeizuführen versucht, schon etwas seltsam. Vor allem, bis sie mal endlich in die Gänge kam, da hatten sich die Dinge schon oft von alleine erledigt.«

»Also gilt es ab heute, jede geringste Andeutung von Verächtlichkeit zu unterlassen und stattdessen Interesse an dem Tun Ihrer Frau zu zeigen, d.h. vor allem mehr Zeit für sie zu haben«, machte ich Walter Mut. »Für jemanden Zeit zu haben bedeutet auch, ihn ernst zu nehmen. Und noch etwas. Unser Gehirn arbeitet ja nun leider so, dass wir, wenn wir etwas befürchten, jede Menge dazu beitragen, dass genau dieses passiert. (Es ist dies das Prinzip der sich selbst erfüllenden Prophezeiung.) Und umgekehrt verhindern wir intensiv, dass das eintritt, was wir uns von Herzen wünschen. Somit kann ich mir vorstellen, Walter, wie Sie sich gelegentlich ihrem Umfeld gegenüber abweisend zeigen und wie soll man Sie dann annehmen?!«

»Mein Gott, wie recht Sie haben. Wie oft habe ich mich zurückgezogen oder eine abweisende Miene aufgesetzt, um z.B. nicht wieder mit Aufgaben eingedeckt zu werden oder einfach nur wie der Indianer am Marterpfahl nicht zu erkennen zu geben, wie verletzt ich war.«

»Schauen Sie Walter. Sie haben sich sicherlich oft über die Unbeherrschtheit Ihrer Frau geärgert und sie deswegen vielleicht auch verachtet, aber geschwiegen! Mit Ihrem Schweigen sind aber auch Sie schuldig geworden, denn hierdurch fühlte sich Ihre Frau wiederum nicht ernst genommen und musste noch aggressiver werden. Wer passiv bleibt und schweigt, trägt letztendlich genauso zum Unglück bei wie ein lautstarker Aggressor.«

Im weiteren Verlauf war es dann nicht mehr schwierig Walter aufzuzeigen, dass er von den beiden Füchsen »Genießen« und »Wünsche anmelden« beherrscht war, wobei der Fuchs »Wünsche anmelden« der weit größere war: Schon in seiner Kindheit stieß er bei seiner Mutter auf heftigste Ablehnung, wenn er einen Wunsch äußerte, und so hatte er in seiner Frau Yvonne wieder die genau »Richtige« gefunden, denn die war von ihren Eltern zur Prinzessin hochstilisiert und ihr somit jeder Wunsch erfüllt worden. Dass sie einmal etwas zu geben hatte, war ihr völlig fremd. Außerdem konnte man ja beim Geben Fehler machen, die Erwartungen des anderen nicht erfüllen, und diese Angst war für sie bisher nicht überwindbar.

Einerseits hatte Yvonne eine sehr schöne Jugend erleben dürfen, denn sie wurde sowohl von ihrer Mutter als auch von ihrem Vater umsorgt und behütet. Aber es war wohl zu viel an Fürsorge gewesen: »Nichts durfte ich alleine machen. Jeder Stein wurde mir aus dem Weg geräumt, und wenn ich dennoch einmal einen Alleingang riskierte, wurde mir sofort bedeutet, dass dies so wohl nicht richtig gewesen war.«

Mit anderen Worten: Yvonne entwickelte völlig korrekt eine große Allergie gegen Vorschriften. Sie fühlte sich bereits in Situationen bevormundet, wo andere eine solche Behinderung überhaupt noch nicht wahrnehmen konnten.

Als sie sechs Jahre alt war, bekam sie noch ein Brüderchen. Jetzt endlich war der langersehnte Stammhalter da, und der Vater von Yvonne zog sein Interesse von ihr ab und widmete sich von nun an mehr und mehr seinem Sohn: Verlusterlebnis für Yvonne!

Ihr zweiter Fuchs hieß demnach »Nähe«, und sie kompensierte nun ihre Einsamkeit, indem sie andere zu lenken versuchte. Walter war auch in dieser Hinsicht für sie ein willkommenes Opfer, denn er war ja in seiner Kindheit auf Gehorsam abgerichtet worden.

Die beiden passten wirklich zusammen wie die berühmte Faust aufs Auge.

Es war nicht ganz einfach mit Yvonne zu kommunizieren, beanspruchte sie doch immer wieder die Führung des Gespräches – sie musste ja lenken. Andererseits witterte sie in fast jedem Satz von mir einen Vorwurf bzw. eine Schuldzuweisung.

Es gelang aber doch ihr einsichtig zu machen, dass auch sie in ihrem Verhalten immer wieder zu dem beitrug, was sie gar nicht wollte: Indem sie vor den einfachsten Aufgabenstellungen kapitulierte, immer wieder bei den kleinsten Schwierigkeiten lautstark ausrastete und vieles zu erledigen vergaß, gab sie ihrem Mann jede Menge Gelegenheiten, sie nicht ernst nehmen zu können. Auch fragte sie ihn viel zu oft Dinge, die sie selber wissen konnte, und provozierte somit wiederum Vorschriften. Selbstverständlich übernahm sie kaum je einen Tipp von ihm, obwohl sie ihn vorher hartnäckig befragt hatte – und förderte so wiederum seine Verachtung ihr gegenüber.

Zusammenfassende Diagnose:

Yvonne ist beherrscht von den beiden Füchsen »Vorschriften« und »Nähe«. Ihre Abwehrstrategie besteht darin, sich bedeckt zu halten und andere zu lenken. Sie bevorzugt das Verhalten der Konfrontation, des Widerspruchs und neigt dazu, andere abzulehnen.

Walter ist in seinem Leben behindert durch die beiden Füchse »genießen« und »Wünsche anmelden«. Als Abwehr gegen diese Ängste bevorzugt er die Strategien des Work- und Speedaholics, er zieht sich zurück in Schweigen und erledigt Dinge vorzugsweise alleine, wodurch er seiner Partnerin das Gefühl der Bedeutungslosigkeit vermittelt: Sie fühlt sich nicht ernst genommen. Er favorisiert das Verhalten der Harmonie und neigt dazu, ihr Tun mit dem Blick der Verachtung zu begleiten.

Weiter konnte herausgearbeitet werden, dass sich ihre Migräneattacken immer dann einstellten, wenn sich andere von ihr nicht ausreichend lenken ließen. Mit ihrer Migräne konnte sie sich ihr Umfeld wieder gefügig machen.

Die immer wiederkehrenden Magenschleimhautentzündungen von Walter waren darauf zurückzuführen, dass er seinen Ärger immer runterschluckte. In dem Augenblick, wo er begann sich nicht mehr alles gefallen zu lassen, nicht mehr stoisch zu schweigen, erholte sich auch sofort sein Magen.

Seine Neigung zur Depression ließ sich durch das stets abweisende Verhalten von Yvonne erklären: Sie übernahm gar nichts von ihm, und Lob kannte sie auch nicht. Walter konnte so kaum je das Gefühl der Bedeutung an ihrer Seite erfahren, etwas, was er bereits in seiner Kindheit kennen gelernt hatte.

Die Beratung erstreckt sich nun schon über viereinhalb Jahre. Mal kommen die beiden besser zurecht, dann kracht es wieder.

Yvonne: »Irgendwo liebe ich ihn ja noch. Aber dann entscheidet er wieder einmal etwas ganz alleine – ich fühle mich nicht ernst genommen und ich könnte ihn erwürgen. Uns trennen wollen wir auch nicht, denn dann müssten wir unser Häuschen verkaufen, und außerdem waren wir beide in unserem Leben noch nie alleine. So etwas können wir beide uns wohl nicht vorstellen.«

Walter: »Ja wenn ich sie vor einer Entscheidung um Rat frage, bekomme ich entweder zu hören, das interessiere sie nicht, oder aber es gibt nächtelange Diskussionen, die auch zu nichts führen. Und wenn ich einmal einer ihrer Empfehlungen folge, bekomme ich nachher Vorwürfe, warum ich es denn so gemacht hätte. Wenn ich mich rechtfertige, ich hätte mich doch genau an ihre Idee gehalten, schreit sie mich an, dass sie das so nie gesagt hätte.«

Zu einem anderen Berater möchten die beiden auch nicht, denn dann müsse man ja wieder von vorne anfangen. So treffen wir uns alle zwei, drei Monate einmal und sind vorerst mit dem wenigen bisher Erreichten zufrieden.

Ganz bewusst habe ich diese Geschichte von Yvonne und Walter ausgesucht. Nicht jede Beratung geht so einfach, wie auf den ersten Seiten dieses Buches dargestellt. Und gelegentlich kann trotz größten Bemühens des Beraters auch gar nichts erreicht werden, ohne daß die Gründe dafür klar werden. Trost kann dann nur sein, dass doch rund zwei Drittel der Beratungen zur Zufriedenheit aller verlaufen.

Haben Sie nun inzwischen herausgefunden, ob sie in Ihrer Kindheit sowohl im Sein als auch im Können gut bedient worden sind, oder ob es bei Ihnen in einem oder gar in beiden dieser Bereiche Defizite gibt? Sehnen Sie sich über die Maßen danach angenommen, herzlich willkommen geheißen zu werden oder reagieren Sie allergisch darauf, wenn man Sie nicht ernst nimmt?

Ich hoffe, ich habe ausreichend deutlich gemacht, wie Sie bei einem solchen Defizit erfolgreich gegensteuern und wie Sie auch Ihren Partner gezielt um Unterstützung bitten können.

Für *Lieben* kenne ich zwei Definitionen:

1. Lieben = wohlwollendes, wertschätzendes Verhandeln.
2. Lieben = annehmen und ernst nehmen.

Was letztendlich den Kosmos zusammenhält, ist die Liebe, und wir Menschen sollten viel mehr darauf achten, liebevoll mit unserem Planeten, den Pflanzen und Tieren und letztendlich mit uns selber umzugehen.

Gerne wiederhole ich daher folgenden Satz: »Die zukünftige Medizin wird eine naturwissenschaftliche *und* eine liebende sein, oder sie wird nicht mehr sein.«

9.

Das Liebesrisiko

Verliebtsein ist ein schönes und beflügelndes Gefühl. Romeo und Julia, die Leiden des jungen Werther, das Käthchen von Heilbronn sind nur einige wenige Beispiele einer Bibliotheken füllenden Menge von Geschichten, die sich mit dem Verliebtsein befassen. Oft kommt es zu einem Happy End, gelegentlich endet die Erzählung aber auch in einem Blutbad. Wie lange die Glückseligkeit nach einem guten Ausgang der Geschichte jedoch andauert, wird selten berichtet.

Mir ist bewusst, dass ich in meinem beruflichen Alltag mit einer einseitigen Auswahl von Paaren konfrontiert werde: Entweder erlebe ich Patientenfamilien (hier hat einer – nämlich der Patient – den familiären Streit nach innen, das heißt gegen sich selbst gerichtet), oder aber ich habe es mit offen zerstrittenen Gemeinschaften zu tun. So genannte gesunde Familien sehe ich weniger. Die Scheidungsstatistiken, das heißt die zunehmende Rate von Trennungen, bestärken mich allerdings in der Annahme, dass Verliebtsein als Ausgangspunkt für eine Beziehung vielleicht doch nicht wirklich zweckmäßig ist.

Bevor ich nun aber meine Zweifel über den Sinn des Verliebtseins weiter entwickle, möchte ich noch einige Gedanken über Partnerschaft darlegen.

Unter all den bekannten Lebewesen sind wir Menschen das mit der längsten Jugendzeit ausgestattete Individuum.

Viel zu früh geboren, völlig unreif und damit schutz- und wehrlos den Unbilden der Umwelt ausgeliefert, bedürfen wir, rund um die Uhr, einer intensiven Betreuung, und das über Jahre hinweg. Das ist eine Aufgabe, die für die Mutter allein kaum zu bewältigen ist, deshalb muss der männliche Partner in die Verantwortung mit einbezogen werden, zumindest als Schutzspender und Ernährer für die gesamte Familie.

Nun, freiwillig tut ein Lebewesen kaum irgendetwas für andere. Das muss sich schon lohnen! Folglich erfand die Schöpfung die ständige Paarungsbereitschaft der Frau und die Annehmlichkeit der sexuellen Gefühle für beide (zumindest ist dies eine Theorie der Anthropologen und Biologen, die mir plausibel erscheint).

Aber es gibt noch ein weiteres, genauso wichtiges Argument für uns Menschen, Zweisamkeit der Einsamkeit vorzuziehen. Durch unsere Fähigkeit, eine Zeitvorstellung zu haben – wir sind in der Lage, Vergangenheit von Gegenwart und Zukunft zu unterscheiden – sind wir dem Empfinden von Einsamkeit ausgeliefert. Zu lang andauernde Einsamkeit aber ist für uns Menschen schädlich:

Alleinstehende Menschen werden eher krank und sterben früher als verheiratete (so die Erkenntnisse amerikanischer Lebensversicherungsstatistiken). Hält man einem tief bewusstlosen (komatösen) Patienten – zum Beispiel einem Verkehrsunfallopfer mit einem schweren Schädel-Hirn-Trauma – die Hand, so wird der Puls langsamer, der Blutdruck senkt sich, die Schweißbildung der Haut wird weniger. Der Betreffende spürt also auch in seiner Bewusstlosigkeit Nähe, die ihm wohl tut.

Die Natur hat uns als Gemeinschaftswesen konzipiert. Noch eine weitere Erkenntnis stützt diese Einsicht. Wir Menschen können uns als Spezialisten im Nichtspezialisiertsein betrachten. Während die meisten Tiere über irgendeine besondere Fähigkeit zum Überleben verfügen (zum Beispiel das Gebiss eines Löwen, oder die Schnelligkeit eines Geparden), können wir sehr vieles, aber keine unserer Möglichkeiten ist sehr ausgeprägt. Die Fähigkeit zur Kooperation ist daher eine der Bedingungen, die uns Menschen zum Menschen macht.

Und ein letztes Argument soll die These stützen, dass wir Menschen der Nähe anderer dringend bedürfen. Die Schöpfung schenkte uns das Bewusstsein. Sich seiner bewusst sein heißt zu wissen, dass es mich als einzelnes, als individuelles Wesen gibt. Mit diesem Bewusstsein verbunden ist die Einsicht in unsere unendliche Einsamkeit. In dem Augenblick, in dem sich ein Mensch seiner bewusst wird, er sich als ein eigenständiges Wesen wahrnimmt, erlebt er sich gleichzeitig auch als von den anderen getrennt. Diese Einsamkeit, so hat es die Natur eingerichtet, ist für uns Menschen wenig bekömmlich, zumindest, wenn sie zu lange anhält.

Wohl nicht umsonst bestehen die meisten Strafen, die wir uns antun können – von körperlichen Misshandlungen einmal abgesehen – aus Einsamkeitsandrohungen wie: in die Ecke stellen, Einzelhaft, Schandpfahl und Verbannung. Partnerschaft, Kooperation ist somit für uns Menschen eine lebensnotwendige Bedingung!

In dem Bedürfnis, andere zu lieben, sehe ich nun das Elixier, das Menschen vor den sie schädigenden Folgen des Alleinseins schützt. Einander zu lieben hebt Einsamkeit auf und motiviert auch zu neuem Tun. Was aber heißt denn nun »lieben«?

»Ist Lieben eine Kunst? Dann erfordert es Wissen und Bemühung. Oder ist Lieben nur ein angenehmes Gefühl, das zu verspüren nur eine Sache des Zufalls ist, etwas, dem man verfällt, wenn man Glück hat?«, schreibt Erich Fromm auf den ersten Seiten seines berühmten Büchleins »Die Kunst des Liebens«.

Mit Verliebtsein beschreiben wir einen Zustand, der einen Menschen mehr oder weniger plötzlich überfällt (to fall in love). Er/Sie sieht auf einmal, völlig unerwartet, einen (meist) gegengeschlechtlichen Menschen, und plötzlich beginnt das Herz zu klopfen, die Körperhaltung wird straffer, der Gang beschwingter, die Knie verlieren ihre Festigkeit, Phantasien kommen in Gang.

Gedanken scheinen mir überhaupt *das* Merkmal für das Phänomen des Verliebtseins zu sein. (Liebe dagegen, wie ich weiter unten ausführen werde, ist weniger ein Ereignis der Vorstellungswelt.)

Ich muss gestehen, dass mir diese Beobachtungen anfänglich selber ganz und gar nicht gefielen. Was gibt es denn Schöneres, als mit einem munteren Liedchen auf den Lippen einem heiß ersehnten Rendezvous mit einer Angebeteten entgegen zu fliegen, in einer solchen Erregung Pläne zu schmieden und über die Kraft zu verfügen »die Welt aus den Angeln heben zu können«? Nun, Johann Wolfgang von Goethe hat diese Zustände bei seinen zahlreichen Liebschaften brillant beschrieben. Sie gaben ihm Kraft und Anregung für manches Werk. Verliebtsein benötigte er als elementares Lebenselixier.

Mit der Zeit wurde für mich aber immer klarer, dass dem Sich-Verlieben ein ganz bestimmter Mechanismus zugrunde zu liegen schien. Ein besonderer Wiederholungszwang fiel mir vor allem bei Individuen auf, die zum zweiten, dritten Mal geheiratet hatten: Die jeweils aufeinander folgenden Partner, äußerlich sicher sehr verschieden, hatten stets die gleiche Psychodynamik – und das Drama aus der ersten Ehe konnte – leider – wieder von vorne beginnen!

So blieb mir gar nichts anderes übrig, als das Ereignis, sich zu verlieben, immer kritischer zu betrachten. Mein Eindruck ist nun der, dass sich über Verliebtsein stets zwei Menschen zusammenfinden, die sich auf das genaueste ihre aus der

Jugend mitgebrachten Vorurteile bestätigen: Ein tendenziell Aktiver neigt dann dazu, sich eine tendenziell Passive auszusuchen und umgekehrt.

Dabei scheinen auf einer dem Bewusstsein noch zugänglichen Ebene folgende Schlüsselreize ins Spiel zu kommen: Dem (tendenziell) Passiven imponiert die (äußerliche) Selbstsicherheit, mit der der (tendenziell) Aktive Aufgaben des Lebens anpackt. Der Passive mag denken: »Bei diesem starken Partner kann ich Fehler machen, unter seinem Schutz vermag ich zu experimentieren, ohne gleich wieder korrigiert und entmutigt zu werden.« (So die Aussagen ›gelernter Hilfloser‹.) Den (tendenziell) Aktiven fasziniert dagegen die Weise, in der der (tendenziell) Passive Zugang zu seinen Gefühlen zu haben scheint und er eigene Wünsche zu artikulieren und zu befriedigen vermag. Hier darf ich mich auch mal fallen lassen oder »auf dem Tisch tanzen«, sind mögliche Phantasien eines Aktiven an die Zukunft im Zusammensein mit seinem neuen Partner. Jeder hofft insgeheim, der andere möge ihm etwas von seinem Talent abgeben.

An dieser Stelle finde ich auch all die Gedanken angesiedelt, die ein Verliebtsein auslösen und begleiten. Ein jeder phantasiert sich all das Gute herbei, das er bisher in seinem Leben so schmerzlich entbehren musste: Der neue Partner als Erlöser, Zauberer und Fee.

Woher nehmen eigentlich zwei Verliebte die Gewissheit, füreinander die Offenbarung zu sein? Sie haben ja bisher noch kaum etwas miteinander erlebt, keine gemeinsame Not durchgestanden, kein Erbe geteilt und keine Alltagsroutine ausgehalten. Alles sind nur Spekulationen, Gedanken und Träume.

Aber auf einer noch weit tieferen und daher dem Bewusstsein entzogenen Ebene passen die beiden genau, fast wie Antigen und Antikörper, zueinander: Im Umfeld des Passiven kann der Aktive sein Vorurteil: »Ich muss für andere da sein« oder »Ich muss mich als kompetent und nützlich erweisen« voll bestätigt finden. Der Passive, bzw. der »gelernte Hilflose« fordert gerade dazu auf, dass man ihm hilft, ihm belehrend unter die Arme greift, für ihn die Verantwortung übernimmt. Die Aktiven (sowohl der aktive Gruppenmensch als auch der aktive Einzelkämpfer) können somit in der Nähe eines Passiven ihr einmal in der Jugend gelerntes Programm bestens zur Geltung bringen. Umgekehrt wird sich der Passive durch die Überkompetenz und Besserwisserei seines aktiven Partners täglich aufs Neue angegriffen fühlen. Er hat also allen Grund auf der Hut zu sein, ununterbrochen aufzupassen, nicht in die Ecke getrieben zu werden und damit, wie gelernt, hilflos dazustehen. Somit wird auch er in seinem Vorurteil bestätigt und daher noch passiver werden.

Im tagtäglichen Aufeinanderwirken kommt es somit zu einer Eskalation. Die bei Beginn der Ehe noch geringe Polarisierung (der eine war nur wenig aktiver als der andere) verstärkt sich mehr und mehr, bis eines Tages die Partnerschaft zerbricht und/oder der eine von beiden über eine Erkrankung versucht, doch noch sein Ziel zu erreichen.

Über Verliebtheit finden demnach Menschen zusammen, für die, beiden verborgen, das Motto gilt: »Ich liebe dich, weil ich dich brauche! Das heißt, du bist für mich der Mensch, der mir auf das Genaueste meine alten Vorurteile zu bestätigen vermag: Ich benötige dich für die alltägliche Erneuerung meiner abhängigen Wirklichkeiten!«

Wie aber entsteht dann die wahre Liebe, eine gegenseitige Zuneigung, die weniger Gefahr läuft, in Trennung und/oder aber Erkrankung zu enden? Auch hier möchte ich meine Ausführungen nur als Modell, als eine mögliche Sicht- und Handlungsweise verstanden wissen.

Im Gegensatz zum Verliebtsein, das einen unverhofft überfällt, entsteht eine tiefe, andauernde Liebe mit der Zeit.

Arbeite ich mit einem Partner über eine längere Phase Hand in Hand zusammen, so kann es mir eines Tages passieren, dass sich in meinem »Bauch« ein angenehmes, aber doch ruhiges und gelassenes Gefühl der Geborgenheit entwickelt. Ohne viel nachzudenken stelle ich auf einmal fest, dass mir die Nähe des anderen gut tut. Liebe will demnach »erarbeitet« sein. Nicht ohne Grund hieß es noch vor nicht allzu langer Zeit, »willst du jemanden kennen lernen, so musst du mit ihm einmal gemeinsam essen gehen, eine Reise unternehmen und ein Erbe teilen!«

Welche Bedingungen sollten nun erfüllt sein, dass durch gemeinsames Handeln gegenseitige Zuneigung entsteht? Das Geheimnis scheint eine größtmögliche Handlungsfreiheit für jeden zu sein. Es sieht so aus, dass wir die Nähe derjenigen Menschen gerne aufsuchen, bei denen wir uneingeschränkt all das tun dürfen, wonach uns gerade zumute ist (soweit es auch den guten Sitten entspricht und die anderen nicht schädigt). Die Menschen, die unsere Erlebens- und Verhaltensmöglichkeiten *erweitern*, lösen in uns das Gefühl der Liebe aus. Oder, wie es Hans Jellouschek in dem von ihm interpretierten »Froschkönig« darstellt: »Ich brauche dich, weil ich dich liebe!«

Ich möchte an dieser Stelle auch noch einmal an die Bedeutung von Autonomie erinnern, Autonomie, so führte ich aus, entsteht durch die beiden Fähigkeiten:

1. *Selbsterkenntnis* (Zugang haben zur eigenen inneren Wirklichkeit: Sinneseindrücke, Empfindungen und Gefühle) und sich auch trauen, diese in sich wahrgenommenen Bedürfnisse zu leben.
2. *Fremderkenntnis* (Zugang haben zur äußeren Wirklichkeit), das heißt die Erfordernisse der Umwelt, die Ansprüche der Mitmenschen an mich einigermaßen realitätsgerecht wahrnehmen und darauf reagieren können.

Mit Einfühlung (Verstehen) meine ich nun die Fähigkeit und das Wollen eines Menschen, sich in einen anderen hineinzuversetzen. Wenn mir jemand »aus der Seele spricht«, wenn es meinem Partner gelingt, meine augenblickliche Gefühlssituation richtig zu erraten und auch danach zu handeln, so werde ich mich verstanden wissen, die Einfühlung spüren.

Bejahen dagegen meint das Tun des anderen in der äußeren Wirklichkeit gut zu heißen. Bin ich in der Lage, das Handeln meines Partners weitestgehend zu akzeptieren, vielleicht sogar zu bewundern, so wird er sich in seinen Unternehmungen »bejaht« fühlen. Es kommt darauf an, dass jeder den Erfolg des anderen will!

Beherrschen somit zwei Menschen sowohl die Kunst, sich über Einfühlung in ihrer inneren Wirklichkeit zu begegnen als auch sich über Bejahung in der äußeren Wirklichkeit zu bestärken, so wird sich zwischen beiden – über die Zeit! – ganz langsam das einstellen, was wir mit dem Wort Liebe bezeichnen.

Beide Vorgänge, bei denen es sich immer um ein aktives Geschehen handelt, heben für eine kurze Frist Einsamkeit auf. In solchen Momenten verschmelzen zwei Menschen für einen Augenblick. Gemeinsam Einsamkeit aufzuheben sind Erfahrungen höchsten Glücks. Das Gefühl der Liebe verbindet mich mit den Menschen, mit denen ein solches Erleben immer wieder möglich ist.

Auch mit der Kunst der Meditation ist es möglich, das uns ein Leben lang verfolgende Problem der Einsamkeit zu überbrücken. Der Zen-Buddhismus bietet hierfür ein eindrucksvolles Beispiel.

Bei der Frage, wie ich denn nun meinen Partner in der äußeren Wirklichkeit be- und verstärken kann, stellt sich alsbald das Problem, was denn eigentlich der Mann und die Frau in dieser Welt bewirken können. Die Antwort hierauf kann auch nur wieder eine Annäherung sein.

In meinem ersten Buch schrieb ich bereits, dass wohl in jedem Menschen ein besonderes Talent, eine einmalige Begabung auf Entfaltung wartet. Gelingt es einem Individuum im Verlaufe seines Lebens, diese ihm ureigene Botschaft zu entdecken und zu leben, so wird nicht nur er selber glücklich werden, er wird auch eine Bereicherung für seine Mitmenschen sein.

Ein gemeinsames Interessengebiet ist in der Regel eine gute Voraussetzung, um sich in einer Beziehung gegenseitig bejahen zu können. Beide spielen zum Beispiel Tennis, er geht aber auch noch dem Tauchsport nach, sie fährt mit Freundinnen zusammen Ski. In der Sprache der Familienberatung nennen wir dies das Nähe-Distanz-Problem – einer der schwierigsten Balanceakte. Denn auch hier finden wir wieder das Phänomen, dass eine Aufgabe gleichzeitig in zwei Richtungen gelöst werden muss: Es gilt sowohl Dinge gemeinsam zu unternehmen, als auch in einer Partnerschaft die Freiheit zu haben, ein Hobby alleine verfolgen zu können. Schwierigkeiten können nun durch zwei unterschiedliche Überbetonungen zustande kommen:

a) zu viel Nähe

b) zu viel Distanz.

Setzt sich in einer Partnerschaft die Wirklichkeit eines Menschen, dem die Überbetonung der Kooperation wichtig ist, durch (entweder ein aktiver oder ein passiver Gruppenmensch), so werden sich die anderen um ihn herum schwer tun, auch mal etwas alleine zu tun. Abstand zu halten und im Alleingang eigene Dinge zu wagen, wird in einem solchen Familiensystem kaum möglich sein; persönliche Talente werden nicht zum Zuge kommen können.

Gewinnt dagegen die Wirklichkeit eines Einzelkämpfers die Oberhand, so wird jeder seines alleine machen. Zu einer gegenseitigen Verstärkung und Multiplizierung der eigenen Kräfte kommt es aber nicht. Besonders ausgeprägt finde ich diese Situation bei Paaren, bei denen der eine aus dem Feld des aktiven und der andere aus dem Gebiet des passiven Einzelkämpfers kommt. Es tobt ein regelrechter Machtkampf.

Beide kennen nur das Prinzip von »Sieg oder Niederlage« und jeder möchte natürlich gewinnen. (Auch der, der bereits von zu Hause aus auf Niederlage programmiert wurde, versucht immer wieder aufs Neue – wenn auch mit untauglichen Mitteln – doch noch einen Sieg zu erringen.) Meist völlig unbewusst muss bei einer solchen Konstellation jeder danach trachten, einen möglichen Erfolg des Partners zu verhindern. Der Sieg des Partners bedeutet die eigene Niederlage – eine fast tragisch zu nennende Situation. Denn weder können beide das Prinzip der Konkurrenz zur Geltung bringen, noch kann sich in einer solchen Familie Geborgenheit, ausgelöst durch Kooperation, entwickeln. Verzweiflung, Scheidung, Krankheit müssen zwangsläufig die Folge sein.

Haben zwei Menschen das Glück, ihre äußere und innere Wirklichkeit einigermaßen angstfrei wahrnehmen zu können, so wird in ihnen weniger der Rausch des Sich-Verliebens entstehen. Sie werden feststellen, dass sie gemeinsame Interessen verbindet, dass sie in etwa ebenbürtig sind und jeder den anderen fördern und bereichern möchte und kann.

Hilfreich können folgende Fragen sein:

- Haben wir gemeinsame Interessensgebiete?
- Fühle ich mich von meinem Partner verstanden?
- Fühle ich mich von meinem Partner in meinen Handlungsweisen akzeptiert?

Vermag ich diese drei Fragen positiv zu beantworten, so könnte über die Zeit, nach vielen gemeinsam durchstandenen Situationen der Not, Liebe entstehen.

»Wir haben über die Jahrzehnte gelernt, einander zu ertragen«, gestand mir einst ein gemeinsam alt gewordenes Ehepaar. Sie hatten in ihrer Jugend Glück gehabt. Aus einer aus Not geborenen zufälligen Arbeitsgemeinschaft war damals in beiden über die Zeit der Wunsch entstanden, es auch weiterhin miteinander zu probieren.

Sie heirateten und hielten durch.

Nachwort

Was wäre, würden auf einmal mehr und mehr Menschen wirklich gesund?

»Als vor etwas mehr als drei Jahren Dr. Tournier mir darlegte, wie sehr ihm in den zehn Jahren seiner ärztlichen Tätigkeit die Unzulänglichkeit der klassischen und offiziellen Medizin gegenüber gewissen chronischen Krankheiten zu denken gebe, und wie allmählich die Überzeugung in ihm gereift sei, dass es bei vielen Krankheiten wichtiger wäre, die psychischen Ursachen des Übels zu entwurzeln, als deren augenblickliche körperliche Erscheinungen zu bessern, da konnte ich ihn nur von ganzem Herzen aufmuntern, sich doch dem moralischen Rettungswerk zu widmen, von dem er sich so angezogen fühlte.

Es gibt tatsächlich unter denen, die täglich die Hilfe unserer Kunst beanspruchen, eine Menge Unglücklicher, für die die ausgeklügelsten Medikamente und die sorgfältigst angepassten Verordnungen nur ein Notbehelf sind, dessen Ungenügen wir selbst am meisten spüren. Denn wir haben die Überzeugung, dass die Krankheiten, deren Symptome wir beobachten, nur die Veräußerlichung eines viel tieferen Leidens ist, dessen wirkliche Ursachen der Patient uns nicht immer zu analysieren erlaubt.

Während wir in unserer Untersuchung vordringen, spüren wir immer deutlicher, dass die Ursache nicht im Bereich der Organe zu suchen ist, deren Versagen wir feststellen, dass sie ebenso wenig im Bereich der Nerven liegt, deren Tätigkeit ins Gleichgewicht zu bringen wir uns bemühen; dass vielmehr die organischen Störungen, die den Patienten zu uns führen, das Endergebnis einer tiefer liegenden Unordnung sind, die unserer sachlichen Erforschung meist unzugänglich bleibt, die aber eine Gewissensprüfung, sofern sie sich in aller Offenheit und in vollem gegenseitigen Vertrauen vollzieht, allein zu entdecken vermag.

Gewisse Patienten spüren übrigens diese Verständnislosigkeit der Schulmedizin gegenüber inneren Ursachen ihrer Leiden und beklagen sich darüber. Sie wenden sich dann, je nach ihrer Geistesrichtung und den Ratschlägen ihrer Umgebung, an die Psychoanalyse oder an die christliche Wissenschaft, die ihnen oft eine vorübergehende Entspannung, nicht aber die endgültige Befreiung verschaffen. Nur die persönliche und völlige Lösung dessen, was Dr. Tournier mit Recht die »Lebensprobleme« nennt, kann diese Befreiung bringen. Diese Probleme stellen sich übrigens allen denen unter uns, die ehrlich nachdenken. … »

Dieses Vorwort aus dem Buch des Schweizers Dr. med. Paul Tournier »Krankheit und Lebensprobleme«, 1943 herausgegeben, stammt von Dr. Georges Bickel, Professor an der Medizinischen Fakultät der Universität Genf.

»Diese Probleme stellen sich übrigens allen denen unter uns, die ehrlich nachdenken. …«

Ich meine, dass das Gros der deutschen Ärzteschaft bisher noch nicht ehrlich über den Wirkungsgrad ihres Tuns nachgedacht hat.

Würden denn eines Tages mehr und mehr Ärzte einmal ehrlich aufschreiben, bei wievielen Patienten sie denn tatsächlich einen Erfolg zu verzeichnen hätten, gar mancher müsste sich anschließend fragen, mit welch gutem Gewissen er denn sein Geld einnimmt.

Ich träume davon, dass sich alsbald die Ärzteschaft darum reißt, ihre Klinik oder Praxis nach den Bedingungen des

ISO 9000 zu zertifizieren. Dann müsste sich endlich in diesem unseren Lande im Bereich des Medizinbetriebes etwas ändern.

Ein US-amerikanischer Medizinprofessor zeigte einmal anlässlich eines Vortrages ein Dia mit folgender Information: »Als 1973 die Ärzte in Israel einen Monat lang streikten, gingen die Beerdigungen um 50% zurück. Als 1976 die Ärzte in Kolumbien zwei Monate lang streikten, ging die Zahl der Beerdigungen um 38% zurück. Als 1978 die Ärzte in Großbritannien einen Monat lang streikten, gingen die Beerdigungen um 40% zurück. Sollten wir die Ärzte also darum bitten, dauerhaft zu streiken?«

Seit rund 1925 bemühen sich immer wieder einige »Spinner« eine Diagnostik und Therapie zu leben, die den Patienten weit mehr gerecht wird als die derzeitige Schulmedizin. Damals schrieb Georg Groddeck, er gilt in unserem Land als der erste Psychosomatiker, sein berühmtes Werk »Das Buch vom Es« und kurze Zeit später erschien sein Buch »Krankheit als Symbol«.

Und noch einen Zeugen möchte ich zitieren, der bereits 1950 auf die nicht übersehbaren Zusammenhänge zwischen nicht gelungener Lebensbewältigung und Krankheit hingewiesen hat:

Prof. Dr. G.H. Fischer, Direktor des Institutes für Psychosomatische Medizin in Marburg (Lahn) schildert in seinem Buch »Krankheit als Schicksal« unter anderem folgende Krankengeschichte:

1. Der heimliche Protest gegen den Vater.

Zu einem Wiener Arzt kam ein junger Mann als Patient, von Beruf Bäckerlehrling, zwanzig Jahre alt. Seine Finger sahen böse aus: sie waren gerötet, ein schuppender, nässender Ausschlag (Ekzem) mit schon tief gehenden Rissen hatte die oberste Schicht der Haut zerstört.

Dadurch war dem jungen Menschen natürlich die Ausübung seines Berufes verwehrt. Er war schon lange in ärztlicher Behandlung. Auch hatte er die Ärzte gewechselt – aber keinem war es gelungen, den Ausschlag zu heilen.

Der Arzt verschrieb, was auch schon die anderen verschrieben hatte, verschiedene Salben, aber keine half, und es halfen auch keine feuchten Umschläge oder Bäder, zu denen er riet. Er war jedoch nicht nur praktischer Arzt, er war auch psychotherapeutisch geschult, und als diese Mittel alle nicht wirkten, begnügte er sich nicht damit, dem Ekzem von außen beizukommen, sondern versuchte, die Entstehung der Krankheit von innen her aufzuhellen. Er ging der Lebensgeschichte, dem Schicksal seines Patienten nach, und da erfuhr er dies:

Der junge Mann hatte den leidenschaftlichen Wunsch, Seemann zu werden; ihn lockte das Abenteuer der bunten Fremde. Sein Vater jedoch bestimmte, er solle Bäcker werden, und da wurde er Bäcker. Der Patient hatte dem Arzt gegenüber eine gewissermaßen fügsam-trotzige Art: Er war äußerlich höflich und nachgiebig, aber innerlich widerwillig und fast feindselig. Das aber durchschaute der Arzt: es war dieselbe Haltung, die der Patient seinem Vater gegenüber hatte. Er fügte sich äußerlich, mit dem Bewusstsein, verstandes- da willensmäßig, aber innerlich, mit den Kräften des Unbewussten, war er ihm aufsässig. Er war nicht stark genug, dem Willen des Vaters zu begegnen und seine eigenen Pläne auszuführen; er wagte sogar nicht einmal den Konflikt, sondern wich ihm aus – er gab nach außen nach, aber sein Widerstand blieb bestehen, nur verdrängte er ihn ins Unbewusste, und darin saß nun das Ungelöste wie ein unverdauter Brocken. –

Der Arzt klärte ihn über die Zusammenhänge auf und suchte ihn für ein anderes Verhalten zu gewinnen: Wenn er sich nun schon einmal entschlossen habe, den Bäckerberuf zu erlernen, dann solle er doch auch ein richtiger Bäcker sein, die Lehrzeit durchstehen und seine Gesellenprüfung machen. Dann habe er immerhin einen ordentlichen Beruf gelernt und würde in dieser Zeit noch dazu volljährig; dann aber wäre der große Tag da, an dem er machen könne, was er wolle – dann sei er sein eigener Herr, und ein gelernter Bäcker gäbe vielleicht auch einen brauchbaren Schiffskoch ab.

In den nächsten Wochen wurden die Finger besser, nach einiger Zeit waren sie völlig abgeheilt und der Patient konnte wieder arbeiten. Die Nachprüfung nach einem Jahr ergab, dass das Ekzem nicht wieder aufgetreten war. Der ehemalige Patient bestand die Gesellenprüfung, und seinen Drang zum Abenteuer lebte er dadurch aus, dass er über Feierabend Amateurboxer wurde.«

Nun, solche Beispiele sind, seit es Menschen gibt, sicherlich schon hundertfach beschrieben worden.

Nur wird diese Sichtweise nicht von der Schulmedizin übernommen. Hierfür muss es Gründe geben und es lohnt sich sicherlich, hier einmal nachzuforschen.

Einige Fakten:

Der Medizinbetrieb in Westdeutschland ist den Bürgern inzwischen rund 400 Milliarden DM pro Jahr wert. Ein beachtlicher Betrag. (Die Verteidigung kostet uns dagegen »nur« 68 Milliarden DM.)

Sollten die Ausgaben für unsere Gesundheit weiterhin so exponentiell ansteigen wie in den vergangenen Jahren, ist der Tag nicht mehr fern, an dem wir unser gesamtes Bruttosozialprodukt in das Gesundheitswesen stecken. Wir arbeiten dann nur noch für die Aufrechterhaltung unseres Medizinbetriebes.

In diesem Zusammenhang ist es vielleicht von Interesse zu wissen, dass ein Drittel der Bundesbürger grundsätzlich nie zum Arzt geht; ein weiteres Drittel sucht um ärztlichen Rat dann, wenn es sich gar nicht mehr vermeiden lässt und nur das letzte Drittel der Bevölkerung macht regen Gebrauch von den Angeboten der medizinischen Versorgung. Neuere Untersuchungen zeigen inzwischen, dass bereits ein Punkt erreicht ist, an dem der Einsatz von noch mehr Geld keine weitere Steigerung der Gesundheit erbringt. Eine paradoxe Situation.

So neu ist diese Situation allerdings auch wieder nicht. Ich denke zum Beispiel an die Erfahrungen der Lufthansa, die sie mit dem Aufwand für ihren Sicherheitsstandard machte. Um Ausfälle von Motoren und anderen technischen Einrichtungen während des Fluges zu vermeiden, wurde vor Jahren ein immer engmaschigeres präventives Kontrollsystem installiert. In stets kürzeren Zeitabständen wurde die ganze Maschine inspiziert und sensible Teile wurden prophylaktisch gleich ausgetauscht. Langsam stiegen bei dieser Wartungsphilosophie die Kosten ins Unermessliche, wobei allerdings die Ausfallrate einzelner Systeme der Flieger nicht unter drei Prozent zu drücken war.

Eine Änderung der Strategie brachte die Lösung. Seit einiger Zeit wird nun nicht mehr so stur kontrolliert und ausgetauscht, sondern es werden zusätzliche Beschwerdebücher geführt. Das heißt, es wird erst dann eingegriffen, wenn ein Teil »zu klappern« beginnt: Die Kombination von routinemäßigen Kontrollen, vorsorglichem Austausch von hochbelasteten Teilen *und* dem Hinhorchen auf sich anbahnende Defekte erbrachte auf einmal eine deutliche Kostensenkung der Wartung und eine Reduktion der technischen Ausfälle auf unter ein Prozent! Es erhebt sich die Frage, warum es einem Wirtschaftsunternehmen möglich ist, solche Kurskorrekturen vorzunehmen, während dies einer staatlichen Einrichtung nicht zu gelingen scheint.

Da alle am Gesundheitswesen Beteiligten heftig klagen, sollte wohl auch etwas geändert werden. Aber nichts geschieht, zumindest nichts Prinzipielles. (Sogar Hillary Clinton scheiterte in ihrem Versuch, das amerikanische Gesundheitssystem zu reformieren).

Betrachten wir deshalb die ganze Situation systemisch (Netzwerkdenken) und schauen wir uns – wie bei einer Patientenfamilie – einmal an, wer denn nun alles an der Aufrechterhaltung unseres Gesundheitsbetriebes beteiligt ist, wem das wie nützt und wie ein jeder dazu beiträgt, dieses System am Leben zu halten. Beteiligt sind die niedergelassenen Ärzte, die Patienten, die pharmazeutische und medizintechnische Industrie, die gesetzlichen Krankenkassen, die Banken und die Politiker.

1. Die niedergelassenen Ärzte

Ich erlebe sie in einer vierfachen »Knechtschaft«:

a) abhängig von den Banken
b) abhängig von den staatlichen Institutionen (Kassen, Rentenversicherungen, Arbeits- und Sozialministerium)
c) abhängig von der Lehrmeinung der Hochschulen
d) abhängig von dem Forderungsdruck der Patienten

Zu a) Um heute eine Arztpraxis zu eröffnen, ist eine Investition von mindestens dreihunderttausend DM bis über eine Million DM (je nach Facharztrichtung) notwendig. Die meisten niedergelassenen Ärzte beginnen somit ihre Tätigkeit als hochverschuldete Leute. Logische Konsequenz: Es muss Umsatz gemacht werden!

Wer nun noch das Pech hat, sich ein Gebiet innerhalb der Medizin auszusuchen, das einen hohen apparativen Aufwand erfordert, wie zum Beispiel eine internistische oder gar röntgenologische Praxis, der sieht sich mit der immer wiederkehrenden Situation konfrontiert: Kaum sind seine Maschinen abgeschrieben, müssen diese auch gleich wieder erneuert werden. Ein weiteres Dilemma sehe ich in der grundsätzlichen Seh- und Denkweise von uns Ärzten. Vom ersten Tag der Ausbildung an werden wir darauf geschult, nur das Kranke, das Negative zu sehen. Obwohl jeder Medizinstudent mit dem Herzenswunsch zu helfen und Leben zu erhalten sein Studium beginnt, wird er erst einmal mit Leichen konfrontiert. (Eine entsprechende Studie zeigte folgendes Ergebnis: Bei Studienbeginn interessierten sich noch über fünfzig Prozent der Medizinstudenten für psychosoziale Zusammenhänge. Nach dem Staatsexamen waren es nur noch rund fünfzehn Prozent!)

Diese Fixierung auf das Negative kann dann in dem despektierlichen Satz »der Magen von Zimmer zehn« münden. Dass sich bei diesem magenkranken Menschen noch eine wunderbare Lunge, ein kräftiges Herz und ein intelligentes Gehirn beobachten ließe, wird nicht realisiert.

Diese unsere heutige Medizin ist eine rein männliche: Ausschließlich zielorientiert wird versucht, das Kranke dingfest zu machen und dann zu eliminieren. (Was alles noch um das Kranke herum zu beobachten wäre – gleich weibliches Netzwerkdenken – ist nicht von Interesse).

Das Schlimmste also, was einem Arzt passieren kann, ist ein gesunder Mensch. Daher flüstern wir auch unter Kollegen, dass Gesundheit nur eine Frage der intensiven Untersuchung ist. Mit ein wenig Phantasie und viel technischem Aufwand lässt sich letztendlich bei jedem Menschen ein Wert finden, der außerhalb der Norm liegt. Mit bedeutungsvoller Miene wird dieses unheilschwangere Ergebnis dann dem Bürger mitgeteilt und schon ist wieder ein neuer Patient kreiert und die Kasse kann klingeln.

Dementsprechend ist es auch absolut logisch, dass ein Radiologe, Facharzt für Röntgen, Computer Tomografie, Kernspin, nach Abzug seiner Praxisunkosten rund 320 000,– DM vor Steuern verdient. Ein Internist kommt auf rund

200 000,– DM, ein Psychotherapeut schafft es auf rund 120 000,– DM. Wer also am meisten die Technik klappern lässt, hat auch das höchste Einkommen.

Nun wurden zwar durch das neue Psychotherapeutengesetz rund 10 000 Psychologen zusätzlich zur Kassenärztlichen psychotherapeutischen Versorgung zugelassen, aber der Gesamtbetrag, der für Psychotherapie in Deutschland ausgewiesen ist, bleibt derselbe: Soweit ich informiert bin, sind dies rund 1% von den 400 Milliarden DM, die uns die Gesundheit insgesamt kostet.

Alle Statements der letzten zehn, fünfzehn Jahre, jetzt doch mehr und mehr eine »sprechende Medizin« zu fördern, sind daher in meinen Augen reine Lippenbekenntnisse.

Zu b) Haben Verwaltungsbürokratien einmal eine gewisse Größe überschritten, neigen sie dazu, ein intensives Eigenleben zu entwickeln. Fern von jeder Wirklichkeit werden unablässig Erlasse und Vorschriften in die Welt gesetzt, die letztendlich nur noch der Beschäftigung der Verwalter dienen.

Am Ende meiner hausärztlichen Tätigkeit war ich gut und gern mit einem Drittel meiner Arbeitszeit damit beschäftigt, Formulare auszufüllen. Gutachten zu erstellen und Anfragen der Kassen zu beantworten.

Hinzu kommt folgendes Phänomen: Beruflich selbstständige Menschen, sei es nun ein Schreiner, ein Arzt oder ein mittelständischer Fabrikant von Werkzeugmaschinen arbeiten nach dem Prinzip der Effizienz: Mit minimalen Kosten soll ein Produkt von optimaler Qualität und Nützlichkeit hergestellt werden. Wer diese Prinzip nicht beachtet, ist schnell vom Markt.

Verwaltungen dagegen arbeiten nach dem Prinzip »Einhalten von Vorschriften«. Dabei ist es völlig egal, wie nützlich oder schädlich das Endergebnis ist. Der Popanz ist die

Vorschrift und der hat sich alles unterzuordnen. Diese Denkweise lähmt verständlicherweise jegliche Form von Innovation, denn etwas Neues ist ja von Vorschriften noch nicht erfasst, also darf es nicht sein.

Wie oft schon haben mir Kassenvertreter entgegengehalten, dass sie ja nur Ausführende des Gesetzgebers seien. Sich aber selber einmal in Bewegung zu setzen und nachzuschauen, ob es denn nicht wirksamere Therapien als bisher gibt und wie sinnvoll oder unnütz manches Geld ausgegeben wird, das kommt ihnen bisher nicht in den Sinn. Ich meine, dass mit dieser bequemen Haltung das Geld der Versicherten nicht in guten Händen aufgehoben ist.

Zu c) Fünfundneunzig Prozent der erkrankten Bürger werden von den niedergelassenen Ärzten betreut, fünf Prozent werden von den Hochschulprofessoren gesehen. Und dennoch hat ausschließlich die Lehrmeinung der Universitäten, wie Krankheiten entstehen und zu behandeln sind, Gültigkeit. Das enorme Wissen von Haus- und Kinderärzten, von Gynäkologen und Orthopäden, was mögliche psychosoziale Zusammenhänge anbelangt, bleibt ungenutzt. Auch innerhalb der Medizinerhierarchie hat der Satz: Ihr da oben (die Hochschullehrer), wir da unten (die Niedergelassenen) Bedeutung. Mut wäre vonnöten, die Bevormundung durch die rein naturwissenschaftlich orientierte Medizin abzuschütteln.

Eine wunderbare Ausnahme erlebte ich in Prof. Stierlin, Heidelberg, Familientherapeut: Über zwei Jahre besuchte er zusammen mit seinem Institutsteam regelmäßig einen Kreis von uns niedergelassenen Ärzten mit dem Ziel zu erfahren, wie sich denn an der Basis hausärztliches Tun gestaltet. »Ich in meinem Elfenbeinturm sehe doch nur ein vorgesiebtes und damit ausgesuchtes Klientel, welches für einen Bevölkerungsdurchschnitt sicherlich nicht repräsentativ ist!«

Zu d) Die Krankenversicherungsbeiträge, die heute ein Bürger zu entrichten hat, sind gewaltig. Es ist somit nur verständlich, dass sich mehr und mehr Leute sagen, »dafür hätte ich jetzt aber auch gerne eine Gegenleistung!«

Ein Medikament für jedes Wehwehchen, die Erstattung von Taxikosten auf dem Wege zur Massage oder eine Kur am Toten Meer sollten es schon sein. Wehe dem Arzt, der sich solchem in den letzten Jahren zunehmendem Forderungsdruck seiner Patienten allzu sehr widersetzt. Seine Anzahl von Kassenscheinen wird alsbald drastisch abnehmen. (Ein Patient, der sich irgendein Ziel in den Kopf gesetzt hat, wird letztendlich immer einen gefügigen Arzt finden.)

Ein Arzt, der finanziell nicht untergehen möchte (in den letzten beiden Jahren haben bereits einige Kollegen Konkurs anmelden müssen), ist somit gezwungen, Umsatz zu machen. Das heißt, er wird mehr als objektiv notwendig Labor- und andere technische Untersuchungen anordnen. Er wird die Gebührenliste bis zum Letzten ausreizen und dadurch, obwohl er es sicherlich gar nicht will, die Kosten im Medizinbetrieb weiter in die Höhe drücken.

2. Die Patienten

Der größte Teil der Bürger unseres Landes ist in Krankenkassen zwangsversichert. Kaum jemand hat Einfluss darauf, ob er überhaupt und wie er versichert sein möchte. Mit dem Beginn einer Lehre, spätestens beim Beginn einer beruflichen Laufbahn flattert den Betreffenden eine Aufforderung ins Haus, sich bei einer der gesetzlichen Kassen versichern zu lassen. Ein Ein- oder Mitspracherecht gibt es nicht.

Der Patient erfährt auch nie, welche Kosten er denn nun bei einem Krankheitsfall verursacht hat. »Hinter seinem Rücken« rechnet der Arzt über seine Standesvertretung direkt mit den Kassen ab. Der Patient sieht keine Rechnung.

Weiterhin ist es für den zu entrichtenden Krankenkassenbeitrag völlig gleichgültig, ob sich jemand bemüht, gesund zu bleiben oder aber ob er raucht, trinkt, zu viel isst usw.

Unser Gesundheitssystem ist so eingerichtet, dass die Bürger zwar alles bezahlen dürfen, aber ein irgendwie gestaltetes Mitspracherecht oder irgendeine Form von Rückkoppelung ist nicht vorgesehen. Somit wird auf Patientenseite keinerlei Interesse daran aufgebaut, die Kosten im Gesundheitswesen niedrig zu halten.

Und diese Suggestion an die Beitragszahler, sich möglichst nicht um die Art und Weise zu kümmern, wie denn ihr Geld ausgegeben wird, wirkt: Kassenvorsitzende erzählten mir folgendes Erlebnis: »In mehreren Orten hatten wir über die verschiedensten Medien einen Infoabend unserer Kasse angekündigt, einschließlich der Zusage, dass wir Vorsitzende an Verbesserungsvorschlägen interessiert seien. Erwartet hatte wir jeweils über hundert Beitragszahler. Es kamen jeweils zwei bis vier Leute.«

»Es sieht heute für uns so aus, dass sich ein Versicherter nur dann um seine Kasse kümmert, wenn er krank ist und in einem solchen Moment irgendetwas nicht nach seinen Wünschen läuft. Solange ein Bürger gesund ist, ist auch seine Krankenkasse für ihn kein Thema!«

Somit entsteht von der Seite der Leute, die letztendlich den gesamten Medizinbetrieb bezahlen (400 Milliarden DM), kein Druck auf die Leute, die ihr Geld verwalten. Die Kassenvertreter können sich somit weiter bequem an ihrem sicheren Arbeitsplatz zurücklehnen und auf neue Vorschriften von Berlin warten. Diese Vorschriften aber sind das Ergebnis von Interessen der pharmazeutisch- und medizintechnischen Industrie und der Gruppe von Ärzten, die über die Industrie am meisten verdienen.

3. Die pharmazeutische und medizintechnische Industrie

In unserem System der freien Marktwirtschaft ist jeder Unternehmer dazu verpflichtet, Gewinne zu machen und Arbeitsplätze zu sichern. Somit ist es nur recht und billig, wenn Pharma-Firmen und Hersteller medizinischer Geräte preislich das nehmen, was der Markt hergibt. Ein Teil der Gewinne wird ja auch wieder in die Forschung, das heißt in die Weiter- und Neuentwicklung von Medikamenten als auch medizinischer Geräte gesteckt. Dieser Fortschritt, ich denke da zum Beispiel an die segensreiche Entwicklung der Ultraschalldiagnosegeräte, kommt den Patienten zugute.

Selbstverständlich brauchen wir in der Medizin technsches Gerät und segensreiche Medikamente und auch deren Weiterentwicklung. Nur meine ich, dass hier eine ausreichende Kontrolle bzw. ein gleichrangiges Gegengewicht fehlt. Die Macht der Industrie (und Banken) ist zu groß geworden: Unter der Initiative von Ellis Huber, Ärztekammerpräsident in Berlin, entstand vor drei Jahren eine Positiv-Liste. Darin wurden nur die Medikamente aufgeführt, die auch tatsächlich bewiesen hatten, dass sie helfen. Aber noch vor Erscheinen dieses Werkes erwirkte die Pharmaindustrie ein Verbot der Herausgabe bei 500 000,– DM Strafe – ein Maulkorb wie in den schlimmsten Zeiten der Diktatur.

4. Die gesetzlichen Krankenkassen

Sie erlebe ich als die Zahlmeister der Nation. »Wissenschaftlich untermauert« schreibt ihnen die Ärzteschaft vor, was im Medizinbereich anerkannt und damit bezahlt werden muss und was nicht. Da die Kassenvorsitzenden keine Ärzte sind, haben sie kaum eine Möglichkeit, die Richtigkeit der vorgegebenen Medizintheorien zu beurteilen.

Ich habe »wissenschaftlich untermauert« bewusst in Anführungszeichen gesetzt. Denn nach fünfunddreißig Jahren Arzttätigkeit blicke ich inzwischen auf so viele wissenschaftlich gesicherte Ergebnisse zurück, die sich inzwischen als komplett falsch erwiesen haben, dass ich die Ehrfurcht vor diesem Begriff verloren habe.

Auch die Industrie weiß die Höhe ihrer Preise kaufmännisch korrekt zu belegen, die Kassen sind auf ihren guten Glauben angewiesen. Und sollten sie es vielleicht einmal wagen wollen, billigere Medikamente im Ausland einzukaufen, so ist ihnen dies gesetzlich verboten.

5. Die Banken

Aufgabe der Banken ist es, Geld zu vermehren. Kredite zu vergeben und dadurch andere für sich arbeiten zu lassen, ist hierfür ein probater und legitimer Weg. Da Ärzte von Haus aus darauf trainiert sind, sich für andere aufzuopfern und sie in Volkswirtschaft bzw. kaufmännischem Denken nicht ausgebildet wurden, bieten sie sich demnach als ideale Partner für die Banken an.

6. Die Politiker

Schaut man sich einmal in der Menschheitsgeschichte um, so lässt sich feststellen, dass die größten Häuser den jeweilig Mächtigen gehörten. Im europäischen Mittelalter lag die macht bei der katholischen Kirche, den Fürsten und Königen. Entsprechend gab es Kirchen, Dome, Kathedralen sowie Burgen, Schlösser und Fürstenpalais. Die heutigen Großbauten gehören Banken und Konzernen.

In der Hierarchie der Macht sind die Politiker also erst an dritter Stelle, das heißt für mich, dass sie nicht allzu viel zu sagen haben.

Um einen Wandel in der medizinischen Denk- und Sichtweise zu erreichen, bedürfte es eines phantasievollen, visionären und mit viel Zivilcourage ausgestatteten Politikers, der es ohne Rücksicht auf irgendwelche Partikularinteressen wagte, Netzwerkdenken im Medizinbetrieb durchzusetzen. (Diese Betrachtungsweise wäre übrigens auch in vielen anderen Bereichen von größtem Nutzen, etwa bei ökologischen Fragestellungen!) Da aber die Einführung einer systemischen Sichtweise in das Theoriegebäude der Medizin einer kleinen Revolution gleichkäme, ist kaum zu erwarten, dass ein Politiker diesen Schritt wagen wird.

Ich hoffe, plausibel dargestellt zu haben, dass es nicht einen Schuldigen gibt. Alle an unserem Medizinbetrieb Beteiligten tun ihr Bestes, nirgendwo ist jemand mit einer teuflischen Absicht zu eruieren!

Stellen wir uns nun aber einmal vor, mehr und mehr Leser dieses Buches würden dazu übergehen, die Verantwortung für ihre Erkrankung bzw. Gesundheit nicht mehr nur den Ärzten zuzuschieben, sondern sie würden beginnen, nach den familiären Zusammenhängen zu forschen. Nehmen wir weiter an, dass diese Forscherpatienten auf einmal erkennen, welchen Sinn ihre Erkrankung in ihrem familiären Kontext macht und wie bisher alle – also auch der Symptomträger! – insgeheim mit dazu beigetragen haben, das Leiden am Leben zu erhalten.

Durch mühevolle Kleinarbeit legten sie sich jetzt die Lebensbewältigungsstrategien zu, die ihnen bisher verwehrt waren. Sie gerieten so nicht mehr in Situationen der Ohnmacht, Krankheiten erübrigten sich zunehmend! In Eigeninitiative würden auf diese Weise mehr und mehr Menschen gesund. Welche Konsequenzen hätte das?

Sobald weniger Patienten um ärztlichen Rat nachfragten – sie beraten sich ja nun selbst –, würden zunehmend Mediziner arbeitslos. Da heute ohnehin schon über zwölftausend

Jungärzte auf der Straße stehen, käme dies schnell einer Katastrophe gleich. Kredite könnten nicht mehr abbezahlt werden. Noch mehr Ärzte gingen in Konkurs. Die Banken müssten um ihr Geld fürchten, beträchtliche Summen müssten abgeschrieben werden. In der Pharma- und medizintechnischen Industrie gingen Arbeitsplätze verloren. Noch mehr Arbeitslose gälte es zu finanzieren.

Aber auch die Krankenkassen, so glaube ich, könnten über diese Entwicklung nicht allzu glücklich sein. Denn welche Bürokratie schätzt schon mündige Bürger? Schließlich würde auch das zu bewältigende Geldvolumen abnehmen. Da aber die Wichtigkeit einer Institution auch von der zu bewältigenden Finanzmasse abhängt, wäre dies ein arger Schlag für die Kassen.

Und auch den Politikern würden Sie keinen Gefallen tun. Das Thema der Kassenreform ist doch seit über zwanzig Jahren ein publikumswirksamer Dauerbrenner. Es gäbe also für Leute, die gern politisch Verantwortung tragen möchten, plötzlich ein Profilierungsthema weniger.

Ich hoffe, es ist Ihnen deutlich geworden, dass die Entscheidung, Ihre Gesundung selber in die Hand nehmen zu wollen, ringsherum nur Schlimmes auslöst. Wollen Sie wirklich unsere Republik ins Chaos stürzen? Ich glaube, Sie sind gut beraten, wenn Sie alles so belassen wie es ist.

Literaturverzeichnis

Alloy, L.B.: *Cognitive Processes in Depression.* The Guilford Press: New York 1988
Bateson, G.: *Geist und Natur. Eine notwendige Einheit.* Suhrkamp: Frankfurt 1982
Bischof, N.: *Das Rätsel Ödipus.* Piper: München 1985
Céline, L.-F.: *Leben und Werk des Philipp Ignaz Semmelweis.* Age D'omme Karolinger Verlag: Wien 1980
Cardinal, C.: *Schattenmund.* Rororo.1983
Cronin, A.J.: *Die Zitadelle.* Heyne: München1988
Csikszentmihalyi, M.: *Das Flow-Erlebnis.* Klett-Cotta: Stuttgart 1987
Csikszentmihalyi, M.: *Lebe gut.* Klett-Cotta: Stuttgart 1999
Dawkins, R. : *Das egoistische Gen.* Spektrum: Heidelberg 1994
Deneke, F.W.: *Wie erleben sich Gesunde?* In: Psychotherapie, Psychosomatik, Medizinische Psychologie 37/5, 1987, S. 156–160.
Dörner, D., Kreuzig, H., Reither, F., Stäudel, Th.: *Lohhausen.* Hans Huber: Bern 1983
Drigalski, D.v.: *Blumen auf Granit.* Ullstein Materialien: Berlin 1980
Dress, A., Hendrichs, H., Küppers, G.: *Selbstorganisation.* Piper: München 1986
Fischer, G.H.: *Krankheit und Schicksal.* Franckh'sche Verlagsbuchhandlung 1950

Groddeck, G.: *Das Buch vom Es.* Ullstein Taschenbuch: Berlin 1988
Fisch, R., Weakland, J.H., Segal, L.: *Strategien der Veränderung.* Klett-Cotta: Stuttgart 1987
Fischer, G.: *Störungen des Selbst- und Fremderlebens und die Funktion des Dritten.* In: Prax. Psychosom. 31/5, 1986, S. 221–230.
Frederich, B.: *Zuflucht in der Krankheit suchen.* Heyne: München 1989
–, *Zuwendungsintensive Medizin: Familienberatung in der hausärztlichen Praxis.* In: MMW 130/11, 1988
–, *Gesundheit und Kommunikation.* In: Therapie der Gegenwart, Heft 9, 1988
–, *Die Verliebtheitsfalle.* Kreuz: Zürich 1998
–, *Wenn Partnerschaft krank macht.* Droener-Knaur, München 1999
Genz, H.: *Symmetrie, Bauplan der Natur.* Piper: München 1987
Haken, H.: *Erfolgsgeheimnisse der Natur.* DVA: Stuttgart 1981
Hofstadter, D.R.: *Metamagikum. Kann sich in einer Welt voller Egoisten kooperatives Verhalten entwickeln?* In: Spektrum der Wissenschaft, Heft 8, 1983
Jellouschek, H.: *Der Froschkönig.* Kreuz Verlag: Stuttgart 1985
–, *Semele, Zeus und Hera.* Kreuz Verlag: Stuttgart 1989
Jensen, St.: *Systemtheorie.* Kohlhammer: Stuttgart 1983
Jürgens, U., D. Ploog: *Von der Ethologie zur Psychologie.* Geist und Psyche. Kindler: München 1974
Karasek R., Theorell T.: *Healthy Work.* Basic Books, New York 1990
Kast-Zahn, A.: *Jedes Kind kann Regeln lernen.* Osterbrink & Partner 1997

Kuhl, J.: *Motivation, Konflikt und Handlungskontrolle.* Springer: Berlin/Heidelberg 1983
Leymann, H.: *Mobbing.* Rororo: Reinbek. 1993
LeDoux, J.: *Das Netz der Gefühle.* Hanser: München 1998
McKeown, Th.: *Die Bedeutung der Medizin.* Suhrkamp: Frankfurt 1982
Maturana, Humberto R.: Erkennen: *Die Organisation und Verkörperung von Wirklichkeit.* Vieweg: Wiesbaden 1985
Miller, A.: *Du sollst nicht merken.* Suhrkamp: Frankfurt 1983
Minuchin, S., B.L. Rosman, L. Baker: *Psychosomatische Krankheiten in der Familie.* Klett-Cotta: Stuttgart 1983
Moyers, B.: *Die Kunst des Heilens. Vom Einfluss der Psyche auf die Gesundheit.* Artemis & Winkler. Zürich 1994.
Nicolis, G., Prigogine, I.: *Die Erforschung des Komplexen.* Piper: München 1987
Papp, P.: *Die Veränderung des Familiensystems.* Klett-Cotta: Stuttgart 1989
Prekop, J.: *Der kleine Tyrann.* Kösel: München. 1988
Shapiro, F.: *EMDR.* Eye Movement Desensitization and Reprocessing. Junfermann: Paderborn 1998
Schmidt, S.J.: *Der Diskurs des radikalen Konstruktivismus.* Suhrkamp: Frankfurt 1987
Seligman, M.E.P.: *Erlernte Hilflosigkeit.* Urban & Schwarzenberg: München 1986
Simon, F.B.: *Die Grundlage der systemischen Familientherapie.* In: Nervenarzt 56, 1985, S. 455-464.
–, *Lebende Systeme.* Springer: Berlin 1988
–, *Unterschiede, die Unterschiede machen.* Springer: Berlin 1988
Stierlin, H.: *Das Tun des Einen ist das Tun des Anderen.* Suhrkamp: Frankfurt 1976
–, *Ob sich das Herz zum Herzen findet?* Rowohlt: Reinbek bei Hamburg 1987

–, F.B. Simon, G. Schmidt: *Familiäre Wirklichkeiten*. Klett-Cotta: Stuttgart 1987
Tournier, P.: *Krankheit und Lebensprobleme.* Benno Schwabe & Co. Verlag: Basel 1943
Watzlawick, P.: *Die erfundene Wirklichkeit*. Piper: München 1981
Watzlawick, P., Weakland, J.H., Fisch, R.: *Lösungen. Zur Theorie und Praxis menschlichen Wandels*. Hans Huber: Bern 1984
Wirsching, M., H. Stierlin: *Krankheit und Familie*. Klett-Cotta: Stuttgart 1982

Die Texte der wiedergegebenen Märchen sind den »Kinder- und Hausmärchen« der Brüder Grimm entnommen.

Dank

Den Kollegen
Dr. Krehan
Dr. Trieb
Prof. Stegmann
und Schwester Norma, Leiterin einer Intensiv-Abteilung,
gewidmet:
Sie retteten mein Leben (1988).

Die Gedanken, Methoden und Anregungen in diesem Buch stellen die Meinung beziehungsweise die Erfahrungen des Verfassers dar. Sie wurden vom Autor nach bestem Wissen erstellt und mit größtmöglicher Sorgfalt überprüft. Sie bieten jedoch keinesfalls Ersatz für kompetenten ärztlichen oder therapeutischen Rat. Daher erfolgen Angaben in diesem Buch ohne jegliche Gewährleistung oder Garantie des Verlages oder des Autors. Eine Haftung des Verlages oder des Autors für etwaige Personen-, Sach- oder Vermögensschäden ist ausgeschlossen, es sei denn im Falle grober Fahrlässigkeit.

Die Deutsche Bibliothek – CIP-Einheitsaufnahme

Fredrich, Bernd:
Das Liebesrisiko : Was hilft, wenn die Beziehung krank macht / Bernd Frederich. – Zürich : Kreuz-Verl., 1999
ISBN 3-268-00240-4

1 2 3 4 5 03 02 01 00 99

Ein Unternehmen der Dornier Medienholding GmbH
Umschlaggestaltung: Atelier Reichert, Stuttgart
Umschlagillustration: Rainer Simon, Böblingen
Satz: Buch-Werkstatt GmbH, Bad Aibling
Druck und Bindung: J. Ebner, Ulm
Die Schreibweise entspricht den Regeln der neuen Rechtschreibung.
ISBN 3 268 00240 4